Transmissão Familiar
do Poder Político

CONSELHO EDITORIAL

Aurora Fornoni Bernardini – Beatriz Mugayar Kühl
Gustavo Piqueira – João Angelo Oliva Neto – José de Paula Ramos Jr.
Leopoldo Bernucci – Lincoln Secco – Luís Bueno – Luiz Tatit
Marcelino Freire – Marco Lucchesi – Marcus Vinicius Mazzari
Marisa Midori Deaecto – Paulo Franchetti – Solange Fiúza
Vagner Camilo – Walnice Nogueira Galvão – Wander Melo Miranda

LETÍCIA BICALHO CANÊDO

Transmissão Familiar do Poder Político

Copyright © 2024 by Letícia Bicalho Canêdo

Direitos reservados e protegidos pela Lei 9.610 de 19 de fevereiro de 1998.
É proibida a reprodução total ou parcial sem autorização, por escrito, das editoras.

Dados Internacionais de Catalogação na Publicação (CIP)
(Câmara Brasileira do Livro, SP, Brasil)

Canêdo, Letícia Bicalho
Transmissão Familiar do Poder Político / Letícia Bicalho Canêdo. – Cotia, SP: Ateliê Editorial, 2024.

Bibliografia.
ISBN 978-65-5580-121-7

1. Ciência Política 2. Família 3. Poder político 4. Sucessão I. Título.

23-169756   CDD-320

Índices para catálogo sistemático:
1. Ciências políticas   320

Eliane de Freitas Leite - Bibliotecária - CRB 8/8415

Direitos reservados à

Ateliê Editorial
Estrada da Aldeia de Carapicuíba, 897
06709-300 – Granja Viana – Cotia – SP
Tel.: (11) 4702-5915
www.atelie.com.br | contato@atelie.com.br
facebook.com/atelieeditorial | blog.atelie.com.br
instagram.com/atelie_editorial

2024

Printed in Brazil
Foi feito o depósito legal

Para

Afrânio Garcia e Joana Canêdo, meus incríveis parceiros intelectuais.

Lembrando François Bouvin.

Sumário

PREFÁCIO – *Yves Dezalay* 13

INTRODUÇÃO – *Letícia Bicalho Canêdo* 17

1. UM CAPITAL POLÍTICO MULTIPLICADO
   NO TRABALHO GENEALÓGICO 77

   O Tempo na Genealogia: Família e Poder Político............. 80

   A Genealogia como Objeto Político........................ 97

   Referências Bibliográficas..............................104

2. RITOS, SÍMBOLOS E ALEGORIAS NO EXERCÍCIO
   PROFISSIONAL DA POLÍTICA................................107

   *O Procedimento Ritual Diante da Morte
   e a Reprodução Familiar na Política*..................... 114

   *O Métier Político no Cerimonial de Comemoração do
   "Dia do Muriaense"*..................................... 118

   Símbolos e Alegorias...................................128

   Referências Bibliográficas............................. 131

3. HERANÇA NA POLÍTICA OU COMO ADQUIRIR DISPOSIÇÕES E
   COMPETÊNCIAS NECESSÁRIAS ÀS FUNÇÕES DE REPRESENTAÇÃO
   POLÍTICA (1945-1964)................................... 133

   *A Construção de um Espaço Político Autônomo nos Anos
   1950 e o Acesso aos Meios de Participar da Política*..... 139

    Considerações Finais..162

    Referências Bibliográficas.................................166

4. HERANÇAS E APRENDIZAGENS NA TRANSMISSÃO
   DA ORDEM POLÍTICA BRASILEIRA (1945-2002)..................169

    Introdução..169

    A Pesquisa..172

    Transmissão do Poder Político e Democracia..................174

    *Herança na Política e Familiarização com o Universo
   da Coisa Pública*..177

    *Os Diplomas e o Conhecimento que Concorre Para
   a Produção de um Político*.................................182

    Considerações Finais: Herança na Política ou Transmissão?.....189

    Referências Bibliográficas.................................190

5. HERDEIROS, MILITANTES, CIENTISTAS POLÍTICOS: SOCIALIZAÇÃO E
   POLITIZAÇÃO DOS GRUPOS DIRIGENTES NO BRASIL (1964-2010)....193

    *Transmissão de Poder e Enquadramento Moral
   em "Grandes Famílias"*.....................................196

    O Enquadramento Moral de Novos Quadros Políticos..........202

    A Primeira Geração de Militantes: Uma Elite Cosmopolita.....206

    A Segunda Geração de Militantes...........................213

    Três Biografias Exemplares.................................217

    Referências Bibliográficas.................................222

6. A FUNDAÇÃO FORD E A INSTITUCIONALIZAÇÃO DA CIÊNCIA
   POLÍTICA NO BRASIL..227

    *O Envolvimento da Fundação Ford na Formação
   de um Paradigma Internacional das Ciências Sociais*........231

    Peter Bell na Implementação do Programa da Fundação Ford...235

    *O Encontro dos Cientistas Sociais de Minas Gerais
   com Peter Bell e a Recomposição das Ciências Sociais*......236

*A Fundação Ford e a Junção de Cientistas Sociais Distintos
de Minas Gerais, do Rio de Janeiro e de São Paulo* 242

*Shepard Forman e a Organização da Comunidade Científica
em Ciências Sociais no Brasil* 245

Conclusão... 248

Referências Bibliográficas............................... 249

APÊNDICES 253

1. *Políticos Mineiros em Atividade – 1945-1964 (Seleção)* 254
2. *Políticos Paulistas em Atividade – 1945-1964 (Seleção)* 255
3. *Políticos Mineiros – Cargos Ocupados* 256
4. *Políticos Paulistas – Cargos Ocupados* 257
5. *Políticos Mineiros em Atividade no Período 1984-2001:
   Família e Escola*...................................... 258
6. *Políticos Paulistas em Atividade no Período 1984-2001:
   Família e Escola*...................................... 259
7. *Políticos Mineiros em Atividade no Período 1984-2001:
   Carreira Partidária e no Legislativo* 260
8. *Políticos Paulistas em Atividade no Período 1984-2001:
   Carreira Partidária e no Legislativo* 261
9. *Políticos Mineiros em Atividade no Período 1984-2001:
   Carreira no Executivo e Outras Atividades* 262
10. *Políticos Paulistas em Atividade no Período 1984-2001:
    Carreira no Executivo e Outras Atividades* 263
11. *Técnicos Políticos que Participaram dos Planos Cruzado
    e Real (Seleção)*..................................... 264
12. *Idade do Primeiro Cargo Eletivo. Políticos em Atividade
    1984-2001* 265

AGRADECIMENTOS 267

ÍNDICE ONOMÁSTICO 269

Prefácio[1]

YVES DEZALAY[2]

Como nos lembra Letícia Canêdo, citando Pierre Bourdieu, a abordagem da sociologia reflexiva representa "um longo percurso iniciático (no qual) conhecemos melhor o mundo na medida em que nos conhecemos melhor". Nesse sentido, o trabalho meticuloso de introspecção que ela nos apresenta em seu primeiro capítulo é bastante exemplar. Tanto porque descreve com grande precisão e lucidez as dificuldades ou obstáculos com que se viu confrontada no início do seu percurso de investigação quanto porque ela explicita, assim, como essa tomada de consciência lhe permitiu gradualmente objetivar em termos científicos todo um corpo de conhecimentos e de saberes práticos conhecimento, incorporados aos rituais familiares.

Foi com base nessa herança familiar tão estruturante que Letícia Canêdo conseguiu realizar o seu trabalho de objetivação da reprodução das elites políticas de Minas Gerais. No entanto, como o próprio Pierre Bourdieu reconhece, essa jornada iniciática envolve um esforço permanente, tanto mais essencial quanto jamais se realiza de maneira plena. Paradoxalmente, a autoanálise corre o risco de contribuir para um retraimento em um campo de pesquisa indissociável do próprio passado social e familiar. Com efeito, ainda que estimule uma certa objetivação científica, a aprendizagem da profissão acadêmica permanece fortemente determinada pelos

---

1. Tradução de Antonio de Padua Danesi.
2. Diretor de Pesquisa Emérito do Centre National de la Recherche Scientifique – CNRS.

posicionamentos sociais que condicionam os canais de acesso. O peso do passado, portanto, permanece sempre onipresente, inclusive nos investimentos acadêmicos que se empenham em objetivá-lo.

Se a leitura deste texto me tocou pessoalmente, não é apenas por uma certa semelhança entre os nossos respectivos percursos e os nossos campos de pesquisa – os agentes e as estratégias de dominação. É também porque essa comparação confirma, caso houvesse necessidade disso, os méritos heurísticos de uma abordagem comparativa quando nos interessamos por uma sociologia dos campos do poder estatal. E isso se aplica *a fortiori* a um retorno reflexivo às trajetórias de pesquisa particularmente expostas aos efeitos da dominação, porque os modos de acesso a esses campos estão intimamente ligados aos recursos específicos que devem ser mobilizados no trabalho de investigação no âmbito dos meios dominantes.

Como bem ressalta Letícia Canêdo, a abordagem da entrevista é tanto mais fácil e proveitosa quanto se baseia na familiaridade prévia entre entrevistador e entrevistado. Essa cumplicidade pode ser o legado de uma socialização precoce nas famílias de elite; ela também pode ser reforçada, ou mesmo complementada, pelo treinamento de condiscípulos em setores de excelência acadêmica. Essa abordagem de pesquisa não é isenta de riscos: ao mesmo tempo que se cultiva uma postura científica de objetivação, é preciso também jogar constantemente com o registro da cumplicidade. Esse jogo duplo, ao mesmo tempo fonte de lucidez mas também de cegueira, torna ainda mais imperativa uma preocupação permanente de análise sociológica para evitar as armadilhas inerentes a meios sociais perfeitamente capazes de controlar a produção de seus próprios meios de representação, protegendo-se de curiosidades sociológicas críticas. Dificuldade adicional, este trabalho de autoanálise deve ser realizado num quadro coletivo, de forma a ter em conta a grande diversidade de posições que na maioria das vezes são híbridas em função do peso relativo dos recursos do capital familiar e do capital escolar que são mobilizados em cada uma dessas situações de pesquisa bem específicas.

A fim de contribuir para esta reflexão coletiva sobre a socioanálise, gostaria de relembrar brevemente como o trabalho de pesquisa realizado com Bryant Garth sobre a *La Mondialisation des Guerres de Palais*[3] pode tornar

---

3 Bryant Garth, *La Mondialisation des Guerres de Palais*, Paris, Seuil, 2002.

possível não apenas estender a todo o campo do poder brasileiro as análises específicas de Letícia Canêdo sobre a reprodução das elites políticas de Minas Gerais como também ampliá-las integrando a dimensão internacional. Não apenas como fator externo – neste caso, as estratégias hegemônicas da Fundação Ford – mas também como impulsionador de uma dinâmica interna, alimentada pelas guerras palacianas em nível regional. De fato, como mostra Letícia Canêdo, as grandes famílias mineiras tiveram a habilidade de investir em setores de excelência acadêmica para reproduzir gerações de agentes tanto mais dispostos a colocar suas habilidades profissionais a serviço dos líderes políticos quanto eles próprios são menos dotados de capital familiar. Não surpreende, portanto, que a Fundação Ford tenha seguido essa mesma estratégia ao favorecer esses grandes e prestigiosos colégios mineiros para neles recrutar protegidos, tão talentosos quanto ambiciosos, destinados a constituir o núcleo de uma nova elite internacionalizada de intelectuais da política, como a figura emblemática de um Bolívar Lamounier. Com seus doutorados em Ciência Política ou em Economia, adquiridos nos prestigiosos *campi* da Ivy League, esses "tecnopolos" estão perfeitamente posicionados para promover os interesses do poder hegemônico, ao mesmo tempo que asseguram a sucessão das antigas linhagens familiares de políticos marginalizados pelos regimes militares.

Os trabalhos de Letícia inscrevem-se perfeitamente nessa problemática internacional, que eles complementam e enriquecem. Esta é também uma oportunidade para refletir sobre as condições de possibilidade de uma abordagem sociológica das lutas no campo do poder estatal. No que nos diz respeito, foi a competição hegemônica que facilitou o acesso a esses campos de poder nacionais jogando com sua oposição e sua complementaridade, em particular por meio de redes de importação-exportação de conhecimentos governamentais, como o Direito ou a Economia. Mas também nos beneficiamos de uma primeira iniciação nos circuitos de seleção e socialização representados pelos setores de excelência acadêmica como Yale, Stanford ou Sciences-Po Paris. Daí a nossa curiosidade sociológica por essas questões em torno da internacionalização dos campos do poder estatal.

A convergência em torno desses campos de investigação evidencia, assim, o que os aproxima para além das diferenças de posicionamentos que levaram esses pesquisadores a construí-los como objeto e método de pesquisa. Nesse sentido, não devemos nos contentar com a oposição excessivamente simplista entre recursos herdados em capital social de origem familiar e a aprendizagem escolar dos saberes do Estado, que, segundo caminhos específicos, facilitam o acesso a esses campos do poder estatal. Ao contrário, é a hibridização desses caminhos e a acumulação desses recursos, em proporções muito variáveis de acordo com os contextos específicos, mas também a progressão desses processos de investigação, se não os desvios ou avatares, que constitui a variável-chave de um reflexão comparativa em torno dos usos e propósitos de uma abordagem sociológica reflexiva.

O interesse heurístico desse modo de questionamento vai muito além de uma complacência quase narcisista e uma autoanálise. É também um formidável ponto de entrada para uma análise de alcance muito mais geral sobre a estruturação e as transformações dos campos nacionais do poder estatal.

Como Pierre Bourdieu havia mostrado em seus cursos *Sur l'État*, a reprodução da nobreza de Estado se baseia em processos ambíguos, tão complementares quanto contraditórios: o recurso ao capital educacional reforça o capital familiar herdado ao mesmo tempo que se opõe a ele. E, como mostramos recentemente em *Law as Reproduction and Revolution*[4], é essa contradição estrutural que está na raiz das guerras palacianas que se travam o tempo todo nos campos nacionais, onde são exacerbadas pela competição hegemônica. O trabalho reflexivo de autoanálise deve, pois, levar em conta a ambiguidade e a hibridez do posicionamento dos pesquisadores que os leva a interrogar-se sobre as lutas nos campos do poder estatal porque só assim o seu trabalho de investigação pode mostrar-se frutuoso, tanto para eles próprios quanto em relação ao seu objeto.

---

4   Yves Dezalay e Bryant Garth, *Law as Reproduction and Revolution: An Interconected History*, Berkeley, University of California Press, 2021.1

Introdução

LETÍCIA BICALHO CANÊDO

... colher experiências, mas também tê-las registradas em si próprio.

ELIAS CANETTI, *O Jogo dos Olhos*.

Do velório de um dos meus tios, em 1999, guardei na lembrança a presença dos então deputados Aécio Neves[1] e Bonifácio de Andrada[2] no círculo de políticos que cercavam o morto; no enterro, de pé ao lado do túmulo, a figura inconfundível do ex-governador de Minas Gerais, Eduardo Azeredo[3]. Quarenta anos antes, quando menina, eu já havia visto seu pai, Renato Azeredo[4], na cerimônia de enterramento de outro tio.

1. Aécio Neves (1960-), deputado federal por Minas Gerais (cinco legislaturas), presidiu a Câmara dos Deputados no biênio de 2001-2002; senador da República (2010-2018); governador de Minas Gerais (2002-2010). É neto de dois importantes políticos brasileiros, Tancredo Neves e Tristão Ferreira da Cunha. Seu pai, Aécio Cunha, foi deputado estadual e federal em várias legislaturas, presidente do conselho de administração do Banco Nacional de Desenvolvimento Econômico e Social (BNDES) e ministro do Tribunal de Contas da União (TCU).
2. Bonifácio José Tamm de Andrada (1930-), membro do ramo mineiro do clã Andrada, é tetraneto do Patriarca da Independência, José Bonifácio de Andrada e Silva, sobrinho de Antônio Carlos Ribeiro de Andrada, presidente do Estado de Minas Gerais (1926-1930) e neto do conselheiro do Império Lafayette Rodrigues Pereira. Seu pai, José Bonifácio Lafayette de Andrada, foi signatário do Manifesto dos Mineiros, membro-fundador da UDN em 1945, deputado federal por oito mandatos e presidente da Câmara dos Deputados (1968-1970).
3. Eduardo Azeredo (1948-) foi prefeito de Belo Horizonte (1990-1993), governador de Minas Gerais (1995-1999), senador por Minas Gerais (2003-2011) e deputado federal pelo mesmo estado (2011-2014). Filho de Renato Azeredo.
4. Renato Azeredo (1919-1983) ocupou a Subchefia da Casa Civil da Presidência da República, no Governo Kubitschek, de 1960 a 1962. Foi deputado federal de 1963 a 1982; secretário de Governo e Coordenação Política do governador Tancredo Neves. Seu avô materno, João Antônio de Avelar, foi deputado do Congresso Constituinte Federal e da 1ª Legislatura (1891-1893) e senador da Assembleia Legislativa mineira na 3ª Legislatura (1899-1902).

No mais recente velório familiar, em fevereiro de 2020, em Belo Horizonte, senti que algo destoava na cena que tantas vezes havia visto se repetir. Reconheci a desarmonia quando, ao lado do túmulo da família, notei a ausência do Eduardo e de qualquer outro político pertencente às grandes famílias políticas de Minas Gerais.

Ausência de políticos em velórios merece atenção. A presença nessas cerimônias quase faz parte do ofício, em especial no caso das grandes famílias mineiras. Pode-se dizer que se certificam que estão vivos politicamente em tais solenidades. É como se o morto desse vigor e forma concreta aos elos que os ligam aos eleitores, correligionários e demais pessoas do mundo social que os enredam no universo da política. O observador que internalizou as normas de conduta política nos rituais familiares constata, nessa ausência, uma alteração na função da cerimônia de prestar homenagem a um morto capaz de emanar vigor aos elos políticos.

O ritual do velório nas tradicionais famílias políticas de Minas Gerais, parafraseando o memorialista Pedro Nava, sempre pôs em movimento o Executivo, o Legislativo e o Judiciário, além de correligionários, primos de primos de primos, contraparentes, compadres e afilhados, deixando visível a rede de parentesco que os atam. Não por acaso, o Estado de Minas Gerais ficou conhecido como viveiro de políticos de envergadura nacional. Uma reputação derivada do poder exercido por suas elites burocráticas em uma rede familiar que controlou recursos políticos nos níveis estadual e federal por mais de 150 anos.

O tempo de atuação desses grupos de Minas Gerais na política e sua demonstrada capacidade de adaptação a mudanças – passaram pela transição do Império para a República, no século XIX; por duas ditaduras, 1930-1945 e 1964-1982; e por dois processos de redemocratização, 1945-1964 e 1980-1994 – indicam como as estratégias de seus membros para enraizar e difundir as representações de si mesmos desempenham um papel importante para a compreensão da estrutura das relações políticas no Brasil. Ainda mais porque essas estratégias contribuíram a fazer crer na existência de uma especificidade mineira na política, fazendo dela uma categoria para interpretar e justificar práticas que sustentaram formas legítimas de elo político.

Referi-me a essa elite política no passado, ciente de que é excessivo falar do desaparecimento da rede de poder do grupo dirigente de Minas Gerais apenas pela observação de ausências num velório de pouca expressão social.

Embora considere que são nesses rituais de contexto socialmente definidos que a História se revela – ao mesmo tempo que passa desapercebida do olhar do historiador que se limita às fontes documentais –, reconheço que não seja o suficiente para tirar conclusões definitivas. Não obstante, a situação presenciada me instigou a reunir aqui os artigos que escrevi sobre a transmissão do capital político familiar em Minas Gerais, com o objetivo de contribuir para uma reflexão mais afiada sobre as formas de politização das relações sociais.

SÓCIO-HISTÓRIA DA POLÍTICA

> *L'histoire politique s'intéresse plus particulièrement à la vie politique, en endossant bien souvent les catégories qu'utilisent les acteurs les plus professionnalisés dans leur compétition; alors que l'histoire du politique, tout en enquêtant sur les conditions de production et de fonctionnement de ces catégories, s'interroge sur le rapport au politique qu'entretient l'ensemble des acteurs sociaux*[5].
>
> Michel Offerlé, *Capacités Politiques et Politisations: Faire Voter et Voter, XIXe-XXe Siècles.*

Os artigos escolhidos para esta publicação examinam estratégias familiares de acumulação de capital político e social ao longo de décadas. Descrevem experiências práticas diversas, desde estratégias de casamento e inauguração de estátuas, passando pela organização de eventos cívicos e, como notei acima, rituais de sepultamento, por meio das quais o poder e as lutas pelo poder se manifestam. Foram escritos e divulgados entre os anos 1998 e 2018 em revistas e livros no Brasil e na França. Hoje, afastada da vida acadêmica, e podendo revê-los com olhar mais distanciado, perguntei-me sobre sua atualidade, tendo em vista a presente crise de legitimidade que afeta nossas instituições. Observando a produção contemporânea na área da sócio-história da política, senti que ainda é relevante insistir na proposta que perpassa todo o meu trabalho de pesquisa: procurar entender o que assegura a certos grupos, em momentos de reestruturação da ordem política, a força necessária para agir, com êxito, nas transformações do espaço político.

---

5. "A história política se interessa sobretudo pela vida política, com frequência endossando as categorias que os atores mais profissionalizados utilizam em sua competição; enquanto que a história do político, ao investigar as condições de produção e funcionamento dessas categorias, se indaga sobre a relação que o conjunto dos atores sociais mantém com a política".

As análises políticas habituais em geral isolam arbitrariamente a política do social e ignoram as formas de politização das relações sociais ao dar visibilidade somente às formas oficiais de pensar a política – governo, partidos, eleições, grupos de pressão e opinião pública. Ficamos assim prisioneiros de uma visão institucionalizada da política. As formas de transmissão das posições de poder político são estudadas misturadas a outros fenômenos sociais e tratadas pelas diversas disciplinas das ciências sociais como estudos insignificantes em relação às outras formas consideradas legítimas, como autoritarismo, formas de governo, aperfeiçoamento do sistema político, sistemas eleitorais etc. Não são abordadas por elas mesmas, mas com referência a idealizações produzidas pelos que visam resolver problemas pela ação política ou pela vontade política: eliminar o nepotismo, o apadrinhamento, tornar transparente o modo de acesso aos cargos políticos etc.

Busco redirecionar o olhar do cientista social para a sócio-história da política (no seu sentido amplo) ao relacionar histórias individuais com a história das instituições. Indago sobre as condições históricas do aparecimento da concorrência partidária ou da competição por posições de poder – entendidas no jargão dos politólogos como "mercados políticos" –, evitando ficar confinada a uma representação preestabelecida das instituições.

O material documental utilizado nesta produção sócio-histórica é bastante heterogêneo: genealogias publicadas, dicionários biográficos, cartas familiares recolhidas em arquivos particulares, documentos dos tribunais eleitorais, entrevistas com políticos e seus familiares – em especial as mulheres –, livros de memória, artigos de jornais da grande imprensa, repertório biográficos de deputados brasileiros, além da produção histórica e sociológica sobre o tema das relações de poder.

O conjunto de artigos aqui reunidos representa um terreno ainda pouco explorado pelos historiadores brasileiros, o qual percorri de forma pioneira no Brasil junto a colegas brasileiros[6] e franceses[7] que vêm criando espaços

---

6. Lembro aqui os colegas do Laboratório de Estudos sobre Elites (LEEPOC) do Programa de Pós-Graduação em Ciências Sociais da UFMA, sob a coordenação de Igor Gastal Grill. Remeto também ao Núcleo de Antropologia da Política (NUAP), do Programa de Pós-Graduação em Antropologia Social da UFRJ (Museu Nacional), sob a coordenação de Moacir Palmeira.
7. Michel Offerlé, École Normale Supérieure, Paris; Yves Deloye, Institut d'Études Politiques de Bordeaux; Jean-Louis Briquet, Centre Européen de Sociologie et de Science Politique (CESSP), Université Paris 1 – Département de Science Politique; Gérard Noiriel, Institut de Recherche Interdisciplinaire sur les Enjeux Sociaux (IRIS, EHESS, Paris).

de investigação – e de incertezas – sobre a política a partir de um material histórico que solicita problemáticas e métodos utilizados pelas ciências sociais. Escolhi desenvolvê-los com os instrumentos da sócio-história[8], atenta ao tempo longo da política, interrogando o passado no presente e o presente no passado, dispondo documentos e observações em perspectiva, sem determinismo cronológico. Ao investigar esse conjunto de famílias políticas, um grupo social atuante nos espaços de poder local e nacional, o intuito foi decifrar a história latente incorporada e depositada em dispositivos materiais, em papéis sociais e nos instrumentos de objetivação da política (leis, estatísticas etc.). Busquei apropriar-me e desvendar os marcos de pensamento herdados e registrados em nossa memória coletiva[9], mas também na minha memória e experiência pessoal, como membro de uma família política mineira.

Evocando aqui esse percurso de estudos e pesquisa, devo dizer que esse método sócio-histórico foi se formando aos poucos, à medida que seu poder de construção dos fatos se afirmava no trabalho sobre esses mesmos fatos, com uma tripla dimensão: sociológica, em suas técnicas e conceituações; antropológica, em suas análises descritivas; e histórica, em suas perspectivas.

O VISTO E O IMPREVISTO NA ELABORAÇÃO DE PROBLEMAS

> *Esse entrelaçamento de famílias... o entendimento entre elas... o sacrifício que um fazia pelo outro... Essa mania dos mineiros de querer formar os filhos... Era um negócio interessante.*
>
> EUGÊNIO KLEIN DUTRA[10]

Ao reler os primeiros textos escolhidos para compor esta coletânea, voltei a me sentir na figura do estrangeiro analisada por Georg Simmel: aquele

---

8. Gérard Noiriel, *État, Nation et Immigration. Vers une Histoire du Pouvoir*, Paris, Belin, 2001 (Socio-Histoires); Gérard Noiriel, *Introduction à la Socio-Histoire*, Paris, La Découverte, 2006 (Repères).
9. Michel Offerlé, *Perímetros de lo Político: Contribuciones a una Socio-Historia de la Política*, Buenos Aires, Antropofagia, 2011.
10. Entrevista concedida pelo ex-deputado Eugênio Klein Dutra em Belo Horizonte, 20.7.1986.

que está um pouco dentro, um pouco fora, que está distante e próximo, e por estar próximo está distante. Ao escrevê-los em meados dos anos 1990, me sentia dentro e fora do mundo acadêmico, onde começava a desenvolver a carreira como pesquisadora na área de história, dentro de uma faculdade de educação. Ainda percebia esse mundo como um espaço excêntrico – em todos os sentidos da palavra.

Foram essas sensações que me estimularam a revisitar minhas trajetórias pessoal e profissional para transformá-las em problemática científica. Comecei a pensar nas minhas contribuições às ciências humanas como um exercício de reflexão sobre a minha trajetória, ou socioanálise[11], buscando objetivar minha posição no campo acadêmico e no campo social. Não descobri a política nos bancos da academia nem nos movimentos estudantis da década de 1960. Experimentei o gosto doce e amargo da política como o do café: dentro da casa da minha infância, no interior de Minas, numa família de comerciantes de café e políticos. Esses gostos deslizam de lembranças associadas às figuras do meu pai, meu avô, meus tios, meus primos – que dão nomes a escolas, fundações culturais, ruas, avenidas e até à rodoviária da minha cidade natal.

* * *

Na casa do meu pai as eleições eram parte intrínseca da vida familiar. Cresci num cenário marcado por propagandas eleitorais. Folhetos, volantes e outros impressos circulavam pela sala de visitas, cozinha, banheiros e quartos, ao som de noticiários e *jingles* políticos. Cédulas de candidatos vitoriosos ou derrotados serviam o cotidiano doméstico, em forma de papel de rascunho, anotações ou desenho das crianças. Lá em casa, a política era apreendida desde cedo como uma atividade implementada por profissionais da política.

No birô eleitoral do PSD (Partido Social Democrático), desde menina, eu contribuía com o processo eleitoral ao lado dos meus parentes e correligionários. Quando minha caligrafia ainda era infantil, minha função era redigir em folhas de papel almaço solicitações para aquisição de título de eleitor para analfabetos e ensiná-los a desenhar o nome na parte debaixo da

---

11. Pierre Bourdieu, *Esquisse pour une Auto-Analyse*, Paris, Raison d'Agir, 2004.

petição. Mais tarde, com uma caligrafia caprichada de adolescente, copiava do cadastro da Companhia Força e Luz da cidade listas inteiras de nomes e endereços dos munícipes para depois subscritar envelopes para esses potenciais eleitores no período das festas de fim de ano, nos aniversários e nos meses que antecediam as eleições. "Recebi um cartão de aniversário do seu tio", dizia um vizinho satisfeito ao me encontrar na rua. "Madrinha ficou toda contente com o cartão do doutor. Ele pode contar com o nosso voto". Posso, ainda, visualizar o cartão exposto no alto da cristaleira da casa da Dona Hélia.

À mesa, experimentava com meus irmãos e primos o sabor do familiarismo político. Meu pai sentia prazer em narrar casos da participação de parentes em momentos históricos importantes. As histórias repetidas durante as refeições, em festas ou eventos o enchiam de contentamento. Ele se referia a generais e presidentes com a mesma emoção demonstrada pela sua avó quando acusava o marechal Hermes da Fonseca[12] pela morte de seu cunhado Afonso Pena[13]: "Não gosto dessa gente (os militares). Meu pai também não gostava. O Afonso Pena Júnior então tinha uma raiva danada deles, por causa do Hermes". Era sempre como se contasse aquela história pela primeira vez. Se alguém dizia que conhecia a história, ele se dirigia a um outro que dava mostras de atenção e repetia todo o acontecimento, desde a eleição do Afonso Pena, passando pelo Acordo de Taubaté até a morte do presidente. Contava eventos do passado político familiar com pormenores: "A minha prima Odete, que era casada com o Benedito Valadares[14]...", e narrava pela milésima vez a ascensão política do Benedito. "O Artur Bernardes[15], que foi

---

12. Marechal Hermes da Fonseca (1855-1923) governou o país entre os anos de 1910 e 1914. Foi o oitavo presidente da República do Brasil, sendo sobrinho do primeiro presidente da República, Marechal Deodoro da Fonseca. Foi contra a candidatura de Artur Bernardes, presidente eleito em 1922.
13. Afonso Pena (1847-1909) foi conselheiro do Império e sexto presidente da República, de 1906 a 1909. Estudou interno no Colégio Caraça e depois se diplomou em Direito em São Paulo. Casou-se com Maria Guilhermina de Oliveira Pena, tia do meu pai.
14. Benedito Valadares (1892-1973) governou Minas Gerais por doze anos. Foi deputado federal, senador por Minas Gerais e fundador e presidente do Partido Social Democrático (PSD). Casou-se com Odete de Maldonado, neta de Guilhermina Augusta de Oliveira Pena.
15. Artur Bernardes (1875-1955) foi presidente da República (1922-1926), governador e deputado estadual de Minas Gerais, além de senador e deputado federal pelo mesmo estado. Estudou no Colégio do Caraça e formou-se em Direito pela Universidade de São Paulo. Casou-se com Clélia Vaz de Melo, filha de Carlos Vaz de Melo, deputado durante o Império e a Primeira República.

colega do papai e do tio Antonico no Caraça"[16] – e lá vinha a história do sobrado do meu avô cercado por soldados da Força Pública, sempre finalizadas com "o Afonsinho (Afonso Pena Júnior) dizia que não se recusa o chamado de um velho amigo do Caraça".

Essas referências íntimas ligadas a figuras notáveis da história nacional, passadas de geração em geração, são as chaves da nossa unidade familiar. Nos encontros em casamentos e velórios, parentes distantes se reconectam e se reconhecem ao ouvir e recontar histórias compartilhadas por todos de tão repetidas que foram nas nossas infâncias, restabelecendo a relação familiar. Uma lembrança dessas e estamos todos preparados a fazer valer nossos laços históricos: hospedar um parente qualquer, ajudar em caso de doença, apresentar um sobrinho a pessoas em condições de encaminhá-lo na profissão, levá-lo a locais onde aprenderá o comportamento adequado ao grupo ao qual pertencemos, juntos, quer queiramos ou não.

Essas trocas recíprocas constituem a base do poder social dos grupos políticos familiares de Minas Gerais. Pois, diferentemente dos proprietários de capital econômico, preocupados com a ameaça de vê-lo dividido entre a família, os mineiros detentores de patrimônio político procuraram preservar dentro da família os ativos de todos os seus membros. A solidariedade familiar é a garantia das relações de clientela que se encontram na base da circulação de informações e trocas de serviço. A manutenção da coesão e dos símbolos familiares é fundamental num grupo para o qual a transmissão do capital político é mais importante que a herança econômica. O tombamento como patrimônio histórico de uma casa centenária no centro histórico da cidade significa para os membros da família um acúmulo de capital social e político. O genro recém-entrado na família enxerga no mesmo ato a perda de um valioso imóvel herdado: "Do que valem todas essas velharias que vocês tanto prezam? Só dão despesas, não podem ser vendidos e nem derrubados para uma nova construção". Talvez por isso o ex-deputado Eugênio Klein Dutra[17] tenha gracejado em entrevista de pesquisa, com expressões exageradas: "O político mineiro morre na miséria.

---

16. O Caraça foi uma escola brasileira dirigida por padres lazaristas, em Minas Gerais, que se tornou referência do ensino para a elite brasileira no final do século XIX e início do século XX.
17. Eugênio Klein Dutra (1930-2017), ex-deputado estadual de Minas Gerais pelo PSD (entrevista de pesquisa, Belo Horizonte, 20 jul. 1986).

Israel [Pinheiro][18] morreu pobre. Benedito [Valadares] também. D. Sarah anda vendendo os bens do Juscelino [Kubitschek]"[19].

Foi a solidariedade familiar que me proporcionou os meios necessários para sair da minha cidade natal no interior de Minas, prestar concurso para o vestibular, iniciar o curso de História na Faculdade Nacional de Filosofia (FNFi), na antiga Universidade do Brasil, e me manter no Rio de Janeiro quando as bolsas de estudo ainda não haviam sido institucionalizadas em nosso país. De 1966 a 1969 estive alocada no escritório de representação do governo de Minas Gerais no Rio de Janeiro, recebendo meu salário de professora de música do Grupo Escolar de Muriaé enquanto estudava numa universidade de prestígio. Guardo ainda o cartão com os dizeres que recebi na época: "Sei que você saberá mostrar sua competência de pesquisadora após as naturais dificuldades iniciais". Senti-me responsável. Somente muito mais tarde vim a entender o significado do cartão como parte de estratégias éticas familiares de produção de "agentes sociais dignos e capazes de receber a herança do grupo, ou seja, de retransmiti-la, por sua vez, ao grupo"[20], conforme abordo no capítulo "Ritos, Símbolos e Alegorias no Exercício Profissional da Política".

Na FNFi, senti imediatamente o que é ser estrangeira. Logo no primeiro dia de aula me dei conta de que seminário não era local de formação de padres. Nos seminários apresentados pelos detentores da forma institucionalizada de pensar a História, a visão do mundo histórico era muito diferente da que eu havia adquirido no birô do PSD, nos casos de família e na leitura de livros de Alexandre Dumas, Walter Scott, Leon Tolstói e os outros romances históricos que encontrara na Biblioteca Municipal de Muriaé. A essas primeiras situações inconfortáveis vieram somar o clima universitário da década de 1960 e as tensões no interior do movimento estudantil,

---

18. Israel Pinheiro (1896-1973), deputado federal, ex-governador de Minas Gerais, responsável pela construção de Brasília, primeiro prefeito do Distrito Federal. Era filho do ex-governador João Pinheiro e avô do economista André Lara Resende, um dos integrantes da equipe econômica que implementou o Plano Real, programa de estabilização da economia brasileira.
19. Juscelino Kubitschek (1902-1976) prefeito de Belo Horizonte, deputado federal, senador, governador de Minas Gerais, presidente do Brasil (1956-1961). Seu tio, João Nepomuceno Kubitschek, ocupou os cargos de senador estadual constituinte e vice-governador de Minas Gerais entre 1894 e 1898.
20. Pierre Bourdieu, "Stratégies de Reproduction et Modes de Domination", *Actes de la Recherche en Sciences Sociales*, vol. 105, n. 1, pp. 3-12, 1994.

manifestando-se ao vivo e a cores, em tempo real e nos corredores da faculdade, no momento mais significativo da ditadura que se instaurava no país. Um terreno estranho no qual as figuras de Benedito Valadares e Israel Pinheiro tinham um significado completamente diferente das histórias que escutara na minha casa. Mas me atirei nessa aventura sem bússola, com a vontade de examinar e compreender tudo aquilo que, para meus colegas, parecia evidente e normal.

Nada fácil considerando minha vida social e política precedente. Eu chegava de uma cidade comercial onde não havia oportunidades para jovens se associarem. As únicas associações, além do Rotary Club, eram as de grandes proprietários: a Associação Comercial e a Associação Rural. As irmandades de caridade religiosas, com exceção da de São Vicente, que mantinha um patronato de menores, não atuavam no meio social. A paróquia estava nas mãos de padres missionários holandeses que aí chegavam para aprender português, não conheciam nada dos nossos costumes e não se interessavam por causas sociais. Com eles aprendi a apreciar os grandes oratórios barrocos, a tocar harmônio na igreja e a ler alguns filósofos católicos, como Bergson, que me valeram muito para passar no vestibular. Mas não me deram nenhum recurso para entender a agitação estudantil que descobri no Rio de Janeiro.

Na minha cidade natal, do ponto de vista político, a luta girava em torno de dois lados, nós e eles: PSD × UDN. Eram as mesmas facções políticas que no Império estavam rotuladas como Partido Conservador × Partido Liberal e, mais tarde, Arena 1 × Arena 2, Arena × MDB (hoje não sei mais quais são as siglas do momento). Como em várias regiões mais antigas de Minas Gerais, onde não existia desenvolvimento industrial, esse padrão binário constituía uma das dimensões mais importantes das relações sociais. Eugênio Klein Dutra lembrou em entrevista uma expressão cara aos antigos políticos mineiros: "A luta política permanece. Na memória dos velhos é lembrança que não morre na orientação política". Essa frase foi bem salientada por Cid Rebelo Horta[21] ao narrar a pressa com que o irmão de Benedito Valadares se dirigiu ao Palácio da Liberdade para alertá-lo da chegada do ministro da Educação Gustavo Capanema, cuja família, durante o

---

21. Cid Rebelo Horta, "Famílias Governamentais em Minas Gerais", *II Seminário de Estudos Mineiros*, Belo Horizonte, UFMG, 1956.

Império, pertencera ao Partido Conservador: "Não te esqueças, Benedito, que esse Capanema é um Conservador..." Horta reafirma a força dessa memória familiar de orientação liberal na ordem dada pelo mesmo Benedito ao seu secretário particular durante as solenidades comemorativas do centenário da Revolução de 1842: "Elogie o Exército, mas não endeuse muito aquele Caxias, não, porque minha família sempre foi contra ele".

LIMITES E FRONTEIRAS

Um pensamento alimentado de tantos ecos, de lembranças, onde as vozes ouvidas revivem naturalmente, é o meu pensamento?

Fernand Braudel, *Escritos sobre a História*.

Na fervilhante Universidade do Brasil, a liderança estudantil tinha nome e sobrenome: eram filhos de políticos famosos, como o senador Rui Palmeira, o deputado Guilhermino de Oliveira ou parentes próximos de governadores como o líder do curso de Química, Jean Marc von der Weid, primo do Abreu Sodré. Eu me esgotava para assimilar o sentido do que falavam nas assembleias que eu frequentava. Ouvia suas oratórias. Sentia-os inteligentíssimos. A crítica aos acontecimentos do momento, ligados ao acirramento da ditadura recém-implantada, me emocionava. Desenvolviam, com naturalidade, grandes explicações para compreender o mundo, e as lutas verbais de abstração intelectual que usavam para suplantar os grupos políticos rivais me encantavam. Onde aprenderam tudo aquilo? Descobri, ao começar a ensinar artes em colégios de Botafogo e Laranjeiras, que haviam estudado em escolas muito especiais – Colégio São Fernando, em Botafogo; Colégio Santo Antônio Maria Zacaria, no Catete; Colégio São José, na Tijuca, o bairro preferido dos mineiros; Colégio Andrews, na Praia de Botafogo – que formaram artistas, jornalistas, arquitetos e políticos hoje célebres, como Barbara Heliodora, Oscar Niemeyer, Bibi Ferreira, Renato Machado, Merval Pereira, José Agripino Maia, Chagas Freitas, Daniel Aarão Reis.

As mulheres pouco discursavam nas assembleias da faculdade e não me lembro de tê-las escutado em grandes eventos públicos, longe do Diretório Acadêmico. Suas falas estavam mais ligadas ao fortalecimento do Centro de

Estudos Históricos para o qual dirigi os meus primeiros esforços para organizar minhas desordenadas ideias sobre História como ciência. Tentava examinar e compreender o que imaginava ser esse novo mundo no qual o conhecimento teórico e as abstrações sociais e políticas tinham um valor desconhecido no meio prático onde fui criada. Descobri que, diferentemente da liderança estudantil (masculina) que eu admirava, a maioria das mulheres havia cursado o Colégio de Aplicação da Faculdade Nacional de Filosofia ou o Colégio Pedro II, escolas públicas reconhecidas como excelentes e que formaram grandes professores de nossas universidades. Por isso sabiam o que era um seminário e não ficavam estonteadas diante de expressões estranhas como "pesquisa bibliográfica" e "trabalho em grupo"?, me perguntava. Mas estranhava elas não terem lido *Guerra e Paz*, *Jean-Christophe*, *Os Buddenbrook*, *Ivanhoé* e outros livros de onde eu retirava meios para viajar no tempo. Muitas delas desconheciam os maravilhosos filmes da Fox que passavam às quintas-feiras e aos domingos à noite no cinema de minha cidade.

O conhecimento escolar, até então, não havia ocupado espaço importante na minha formação. Minha mãe pouco se manifestava a respeito do colégio interno onde se formou normalista e dava pouca atenção aos meus estudos. Da escola nos dizia: "É um mal necessário". Sequer sabia se aprendíamos matemática, por exemplo, matéria em que eu tinha grande dificuldade. Era dramática frente a um mau desempenho escolar porque não gostava de ser incomodada por professores. Meus irmãos foram cedo para colégios prestigiosos do Rio de Janeiro. Deveriam voltar transformados em engenheiros, médicos ou políticos. Nós mulheres não nos esforçávamos no colégio de freiras local. Meu pai não se importava, pois tinha a ideia de que mulheres se casam. Frequentar o colégio era suficiente para eliminar desejo de uma vida na roça ou um mau casamento.

Se os estudos escolares não me interessavam, por outro lado é difícil explicar a sensação da minha primeira experiência na Biblioteca Municipal. Foi algo como descobrir o paraíso, que passei a frequentar assiduamente desde o primeiro ano do primário. Ali descobri o mundo, lendo desordenadamente tudo o que encontrava pela frente – em especial romances. Desde então quis sair da cidade para conhecer esse mundo.

Mas sair dali só seria possível se houvesse no radar um caminho considerado legítimo aos padrões familiares. Eu havia terminado o curso de piano no Conservatório e tentado me aperfeiçoar em música em Belo Horizonte. Porém, o mundo das artes não era um bom ambiente para moças, escutei. A escolha do curso universitário foi feita sem qualquer sentimento nobre relativo a alguma aspiração de me tornar historiadora. Precisava escolher uma carreira em que prevalecessem os conhecimentos que eu julgava possuir para entrar numa universidade. Pensei em jornalismo, inicialmente, que tinha promessas de aventura. Depois descobri, com espanto, que existia um curso de História na Faculdade Nacional de Filosofia, o qual era, aliás, muito procurado.

O que será que se estudava num curso de História? Ao rezar o terço conosco à noite, minha mãe contava sobre os lugares onde aconteciam cada mistério do rosário. Ela era muito imaginativa e adicionava detalhes às histórias da Bíblia: viajávamos por Sodoma e Gomorra com Ló, pelo Egito de José, pelos templos religiosos da Pérsia e do Vale do Jordão, pela Turquia, ao encontro de São Paulo em Éfeso. Eram maravilhosos os meus conhecimentos de História Antiga. Quando estive em Belo Horizonte no curso de Canto Orfeônico, fui aluna do maestro Magnani. Sua história da música relacionava catedrais góticas com a polifonia, e o poder absolutista com a quinta, dominante, usada por Beethoven para iniciar parte das suas obras. Foi meu estudo de História mais organizado. Cheio de sons.

Decidi me inscrever em História numa espécie de favas contadas para não retornar à minha cidade. Na primeira prova do vestibular, a de redação, 70% dos candidatos foram eliminados e eu me saí bem. A pergunta era: "História. Ciência ou Filosofia?" Jamais esquecerei este título e a minha arrogância escrevendo sobre a ciência dos fatos e das provas de arquivo, mentalmente agradecendo ao vigário da paróquia de Muriaé, que me fizera conhecer levemente Bergson, possibilitando-me acrescentar algo sobre o movimento do tempo. A verdade é que soube utilizar nas provas esses pedaços da História respigados da música, dos romances históricos, dos filmes assistidos às quintas e domingos no cinema da cidade, das reuniões de estudo de Teologia da casa paroquial, da memória de acontecimentos políticos do passado brasileiro, narrados pelo viés da minha família, e até mesmo das lindas histórias bíblicas contada pela minha mãe.

Só não sabia ainda o que era História.

Junto ao professor José Luiz Werneck da Silva, estudamos a polêmica dos historiadores com os sociólogos, iniciada no começo do século XX.

Charles Seignobos propunha a sistematização do método histórico (regras precisas e codificadas, definição do trabalho empírico fundamentado nos estudos de arquivo) para tornar possível o conhecimento de um fato que não existe mais, o entendimento da ação de homens que não podem mais ser vistos nem ouvidos. O sociólogo François Simiand denunciava, nesse método, a preocupação excessiva com o controle do documento, com o fato político (os acontecimentos) e a cronologia, os três ídolos desses historiadores: o político, o individual e o cronológico. O método histórico, eu lia em Simiand, deixava de lado o que seria essencial: o estabelecimento de regularidades e de leis nos movimentos de longa duração, como aqueles estudados por ele com relação aos salários.

Os seguidores de Seignobos, como era o caso do nosso catedrático de História Antiga e Medieval, Eremildo Luiz Vianna, defendiam que os acontecimentos eram únicos em cada época e não se reproduziriam jamais. Isto significava para mim que o estudo da História não poderia me servir a explicar o presente da minha situação. Então o que eu estava fazendo no curso de História? Eu ouvia coisa diferente da boca dos professores de sociologia, que diziam ser a pesquisa histórica tributária do presente, dando grande importância à comparação dos eventos contemporâneos no espaço e no tempo, o que parecia contradizer o que eu aprendia sobre o método histórico fundamentado na pesquisa de eventos considerados singulares.

Ouvindo essas discussões, distante da minha realidade familiar, de suas normas e seus centros de poder, eu me sentia mais próxima do mundo que eu quisera conhecer quando lia os mais diversos tipos de livro na Biblioteca Municipal da minha cidade. As polêmicas foram me empurrando, aos poucos, para a soleira do mundo universitário. O sentimento era positivo: uma combinação de distância e de proximidade. Menos limitada pelos pensamentos do local de origem e mais propensa à reflexão. Do outro lado da soleira, além da porta universitária, estava a necessidade de examinar com objetividade o pensamento histórico. Indagava: haveria um método histórico que combinasse modos de constituição das realidades presentes às lógicas sociais das realidades do passado no exame de problemas políticos precisos? Vim a conhecer esse método, e a praticar essa História, muito mais tarde, depois do meu contato com o Centro de Sociologia da Educação e da Cultura da École des Hautes Études en Sciences Sociales, na Paris de *Memórias de uma Moça Bem-Comportada*, quando fui orientada a escolher instrumentos teóricos para, com base nos documentos, formular perguntas sobre a transmissão do poder político, a circulação do conhecimento no mundo globalizado e o lugar da Escola – um dos principais espaços onde se produzem e se transmitem os sistemas de pensamento nacionais – nesse mundo alargado.

Mas no início do Curso de História tudo era por demais nebuloso.

Penso assim: quando sentimos fortemente que alguma coisa tem que ser levada adiante, uma espécie de fio interno aparece para guiar nossa atenção e pensamento. Naqueles primeiros meses de faculdade, esse fio – que descobri mais tarde ser o *habitus* – foi um estudo sobre as universidades medievais exigido no curso de História Medieval.

Deram-me uma bibliografia imensa, sem um livro em português. Na época não havia essa avalanche de traduções de hoje em dia. Eu mal lia francês. Com os rudimentos aprendido na escola, costumava ler ligeiros romances franceses na Biblioteca Municipal e, mais cuidadosamente, o *Cahiers du Cinéma* da assinatura de uma amiga (estávamos interessadas em criar um cineclube na minha cidade). No mais, tinha os elementos básicos do inglês escolar e era zero em alemão, a língua mais presente na bibliografia.

Acostumada à vazia biblioteca da minha cidade, estranhava o barulho das vozes na biblioteca da faculdade, situada nos porões da Academia Brasileira de Letras: discutia-se de tudo ali, em altos brados. Aflita com a bibliografia, me dirigi até a silenciosa Biblioteca da Maison de France, ao lado do prédio onde funcionava a Faculdade Nacional de Filosofia. Lá descobri o livro de um autor ausente na bibliografia indicada. Era intitulado *Les Intellectuels au Moyen Âge*, de Jacques Le Goff, hoje um clássico.

A obra diferia das demais que havia lido sobre a formação das universidades porque dava vida a essas corporações que reuniam mestres e estudantes. Deparei-me com o grau de consciência dos universitários medievais na sua vocação de descobridores, quase que os vendo desenvolver nas escolas urbanas o ofício da reflexão pessoal aliada à difusão do ensino. Parecia testemunhar o nascimento da figura social do que hoje conhecemos como intelectual: aquele que tem por ofício pensar e ensinar o seu pensamento. Esse intelectual que eu via dentro das universidades do século XIII, e que se transformaria durante a Renascença para perder seu caráter internacional com a criação das universidades nacionais, seria o mesmo que eu ouvia citado, com orgulho, nos debates das assembleias de estudantes e professores da FNFi e da PUC, como a *intelligentsia*? Na ocasião, escutei de Luiz Costa Lima uma admoestação a uma aluna que, no entusiasmo de narrar a Passeata dos Cem Mil (26 jun. 1968), enumerava a presença dos intelectuais presentes: "Nenhum desses é intelectual, disse ele. Você está se referindo a músicos, cineastas e jornalistas, não à *intelligentsia*". Que coisa formidável, pensei. Ainda estudarei essa comparação no tempo.

Essa leitura inesperada, reveladora e fundamental me ajudou a começar a compreender o que eu estava vendo acontecer nas ruas e nas assembleias de professores e alunos da faculdade, permitindo-me empurrar a porta da soleira para entrever as primeiras nesgas do espaço universitário. Mas não foi importante para o meu professor. Ele tinha uma visão jurídica da Idade Média, que omitia o social. Refutou no trabalho que lhe entreguei a pouca atenção dada à cronologia, necessária para a compreensão dos fatos, e meu uso do condicional: "O *se* não existe na História", ele sempre repetia. "O fato é o elemento a ser considerado pelo historiador". Perturbei-me quando ele disse: "Sua exposição sobre as universidades reproduz inovações equivocadas dos historiadores franceses da École des Annales, engolidos pela sociologia". Essa misteriosa École des Annales – sobre a qual ouvia pela primeira vez – ficaria na minha imaginação por muito tempo.

Um dos meus colegas de classe me sugeriu ler *Apologie pour l'Histoire ou Métier d'Historien*, de Marc Bloch. Era um manifesto em defesa da História e que fundamentava a École des Annales, disse ele. Tocou-me a ideia de que as indagações do presente são o que fazem o historiador voltar-se para o passado. Na Biblioteca da Maison de France pus-me a investigar a história como problema, o historiador dependente do presente, a necessidade de explicitar o problema científico antes de chegar nos arquivos.

Achei que tinha encontrado o caminho a seguir quando, em meados de 1968, surgiu a oportunidade de participar do grupo de estudos sobre a reforma universitária liderado pela professora Maria Yedda Linhares. Entusiasmei-me pela possibilidade de investigar a universidade brasileira, invadida pela polícia do Estado depois da Passeata dos Cem Mil, e comparar dois momentos históricos: o agora e o nascimento das universidades do século XIII. Mas a reforma foi antecipada com a divulgação do Relatório Meira Mattos, no final de agosto do mesmo ano. A Faculdade de Filosofia foi cindida em muitas unidades e institutos. O de História, junto com o de Ciências Sociais, foi transferido para uma casa linda em Botafogo, bem longe da Biblioteca da Maison de France.

Até que a violência do AI-5 e do Decreto 477, no início de dezembro, tornaram mais nítidos o terror da ditadura. O prédio do Instituto de Filosofia e Ciências Sociais, cheio de idealistas esquisitos, como eu, foi cercado de policiais em busca dos tais malditos comunistas. Nossos melhores professores deixaram de ser vistos e, à boca pequena, ficávamos sabendo o que acontecia com colegas presos.

No ano seguinte houve o desmantelamento de todo o movimento estudantil e a cassação dos principais professores responsáveis pelos grupos de estudo da reforma universitária. Aqueles mesmos que, além das experiências de arquivo e de discussão acadêmica, estavam nos introduzindo no conhecimento de clássicos, como Max Weber, no curso de História Moderna. *A Ética Protestante* se tornou um dos livros de maior influência na minha carreira universitária.

Um luxo foi pensar a História do Brasil com o incrível professor Manoel Maurício de Albuquerque no seu minúsculo apartamento atulhado de livros e documentos. Na FNFi ele era assistente de cátedra, não tinha liberdade para ensinar outra coisa que não fosse a história política factual do catedrático Hélio Viana. Ele costumava nos levar ao Cinema Paissandu e em seguida discutir longamente o filme com nosso grupo. Sempre que revejo, escuto comentários ou leio sobre um dos filmes vistos no Paissandu com o grupinho que o acompanhava eu me emociono com o que aprendi a ver com ele. Foi aposentado pelo governo militar e seu nome apareceu logo na primeira lista dos cassados de 1969. Na época ele andava muito impressionado com o marxismo acadêmico da vertente althusseriana, que nós líamos na versão difundida por Marta Harnecker no livro *Os Conceitos Elementares do Materialismo Histórico*. Foi com ele que retomei o estudo de Weber, a partir de *Os Donos do Poder*, de Raymundo Faoro, quando a professora Maria Yedda Linhares, também na lista de cassados, procurou abrir alternativas para o estudo e a pesquisa histórica livres, organizando o Colégio Brasil. O Colégio Brasil sofreu um atentado à bomba, sendo fechado, e o Curso Livre de História, dirigido pelo professor Manoel Maurício, foi invadido pelas forças policiais da ditadura nesse mesmo ano de 1969. O professor foi preso e duramente torturado.

Senti-me abandonada. Perigava eu própria não me reconhecer mais. Fui salva por ter recebido um convite para lecionar no Centro Educacional de Niterói, uma escola-modelo, como existiam outras na época, cheia de adolescentes promissores. O Centro Educacional funcionou como uma chegada ao porto após uma travessia difícil no mar. Lá pude dar asas à imaginação junto aos estudantes e aos professores, que tinham as quartas-feiras inteiras para estudar e discutir diversos assuntos em conjunto. Nesta escola fui incentivada a fazer um mestrado.

NA SOLEIRA DO ESPAÇO ACADÊMICO

> *A despeito de não estar organicamente anexado ao grupo, o estrangeiro ainda é um membro orgânico do mesmo. Sua vida regular inclui as condições comuns deste elemento. Apenas não sabemos como designar a unidade peculiar de sua posição, além de dizer que se compõe de certas medidas de proximidade e distância.*
>
> Georg Simmel, *O Estrangeiro*.

Minha entrada no mestrado em História na USP aconteceu dentro dos métodos conhecidos e vividos: uma carta de apresentação escrita pelo professor José Luís Werneck da Silva – meu professor de História do Brasil na FNFi – ao professor Eduardo de Oliveira França, diretor da Faculdade de Filosofia da USP e professor de História Moderna e Contemporânea. Como meu interesse estava no período republicano brasileiro, fui encaminhada pelo professor França ao professor Reinaldo Xavier Pessoa. Coincidentemente descobri no encontro que ele fora contemporâneo do meu marido nas lutas políticas do início dos anos 1960, no Recife de Arraes. Meu marido havia sido advogado nas Ligas Camponesas, trabalhando junto de Francisco Julião: "Um simples empregado do Julião", disse-me sua poderosa mãe, de família alagoana tradicional, com desprezo na voz. Uma rede de conhecimentos sendo construída fora dos limites da minha família mineira, estou pensando agora. Dava-me confiança para adentrar no mundo universitário.

Foi o professor Reinaldo que me sugeriu o tema "Sindicato dos Bancários" para a pesquisa de mestrado. Não escolhi o assunto: tropecei nele. O Sindicato dos Bancários estava fazendo cinquenta anos, disse

Reinaldo, havia desenvolvido uma atividade importante e tinha uma documentação enorme intocada pelos historiadores, que até então não haviam mostrado interesse por estudos sindicais, deixando-os nas mãos dos sociólogos. Deu-me as primeiras orientações para um projeto de pesquisa a ser apresentado ao professor Uacury Ribeiro de Assis Bastos, que era quem tinha vaga para aceitar estudantes de mestrado. O único problema: sindicato era um objeto desconhecido para mim. Mas minhas duas confusas aspirações de mestrado estavam contempladas na proposta de estudo que enviei ao professor: ter um futuro como historiadora; estudar processos políticos de mudança.

Nesse período, o Curso de História da USP já vivia o triunfo da História Social, tal como ela era concebida e ilustrada na École des Annales, isto é, uma história social fundada na análise sistemática de grandes divisões sincrônicas (social, econômica, profissional, cultural) e diacrônicas (constituições de séries temporais, estudadas em suas variações). Diante da minha insegurança com o tema dentro desse método histórico, Uacury me sugeriu matrícula no seminário dirigido por Leôncio Martins Rodrigues, no Departamento de Ciência Política.

Nas sessões do seminário entrosei-me com os paradigmas da ciência política e os trabalhos de cientistas políticos americanos sobre o autoritarismo (Juan Linz, Philippe Schmitter etc.). Mais do que tudo, inteirei-me da bibliografia sindical e ouvi do Leôncio que pesquisar sindicalismo bancário era "querer tirar leite de pedra". Por que não pensar no movimento estudantil do qual eu acabara de sair?, disse ele.

Sem traquejo no meio acadêmico, eu não sabia discutir o tema. Insisti nos bancários após uma visita aos arquivos do Sindicato, que se localizava na rua São Bento.

Na visita ao Sindicato, impressionou-me o poder da sede. A biblioteca ocupava quase um andar e havia muitos bancários aposentados espalhados nas mesas. Quanto aos arquivos, não havia um sistema organizado. A coleção completa dos jornais *Vida Bancária* e *Folha Bancária* encontrava-se na biblioteca, Atas de Reuniões de Diretoria e muitas fotografias estavam na sala da diretoria. Os demais documentos estavam empilhados, empoeirados e desordenados no chão de três salas do Prédio Martinelli, antiga sede do Sindicato, que estava sendo desocupada pela Prefeitura Municipal. Seria isso que Seignobos e Marc Bloch entendiam como pesquisa empírica fundamentada na investigação de arquivos? O único outro arquivo que eu consultara era o Arquivo Nacional, onde estivera algumas vezes para contribuir na pesquisa do professor Francisco Falcon sobre o Marquês de Pombal, durante o curso de História Moderna, na FNFi. Ali, era só olhar nas gavetinhas o nome Marquês, escolher a ficha que iria pesquisar, e pedir para a funcionária para conseguir o que eu queria.

Enquanto lia os trabalhos realizados sobre sindicalismo no Brasil, olhava para aquela bagunça espalhada e me vinha a imagem daquela gavetinha do Arquivo Nacional. Lindamente organizada para ser usada.

Lembro-me do esforço para não desanimar e da leitura de um dos capítulos da *Imaginação Sociológica*, de Wright Mills, no qual o autor dizia que para compreender suas possibilidades na vida o indivíduo deveria conhecer as possibilidades de todas as pessoas vivendo a mesma situação dele. Sem a menor ideia do que era ser bancário, como fazer para estudar esse assunto misterioso, num lugar estranho, sem saber nem por onde começar? Como adquirir noção do que poderia ser trabalhar num banco?

Decidi que iria procurar os homens que haviam produzido aqueles documentos cobertos de poeira preta. Não foi difícil encontrá-los. Conversei até mesmo com o criador da primeira Associação Bancária, em 1923. De conversa em conversa, acompanhada da *Vida Bancária* (1923-1939) e da *Folha Bancária*, que a substituiu, além das longas e minuciosas atas manuscritas, pude visitar cada uma das lideranças dentro de suas residências, apreender suas relações e aspirações relativas ao Sindicato. Ouvindo os dirigentes nas diversas fases pelas quais passou o Sindicato, cada qual na sua época, fui compondo a passagem conflituosa dos vínculos das lealdades primárias para a lealdade ao Estado burocrático. Dos bancários aposentados, meus companheiros na biblioteca, falados pelos dirigentes sem ter voz no Sindicato, guardei a menção várias vezes repetida a um terrível diretor do Banco Comércio e Indústria, Benjamim Soares, que "passeava com sua barriga pelo Largo do Café", próximo à sede do Sindicato. Que susto! Ele era um primo do meu pai, casado com uma também prima, que nos visitava de tempos em tempos e nos presenteava todos os anos com uma enorme cesta de Natal. A pesquisa estava sendo desenvolvida com bolsa da Fapesp (Fundação de Amparo à Pesquisa do Estado de São Paulo). Com ela, acreditava estar afastada do domínio familiar. O aparecimento do Benjamim na margem do rio que eu pretendia atravessar me encheu de temores.

Nesse início dos anos 1970, fui salva pela institucionalização da pós-graduação no Brasil que induzia transformações na formação para a pesquisa. A obrigação de conduzir pesquisas originais e inovadoras incrementou as agências públicas de financiamento à pesquisa. A bolsa da Fapesp me permitiu o desenvolvimento do projeto e sua defesa no Departamento de História da USP. Ela causou algum incômodo à visão europeia dos estudos sindicais no Brasil, pois indicava a presença da liderança bancária no movimento sindical. Foi o primeiro estudo sistemático que tomou um sindicato como objeto de análise para indagar a respeito das tendências gerais do sindicalismo brasileiro e demonstrar as condições para a existência de uma liderança bancária nele[22].

Contratada pela diretoria do Sindicato para terminar a pesquisa, eu realizei um segundo mergulho nesse objeto que se tornara mais familiar, agora que tomara café com as pessoas que fizeram parte do movimento, organizara e destrinchara os documentos que eles deixaram como testemunhas do seu trabalho.

Pude desta feita discutir as transformações no trabalho bancário ao longo dos anos 1950-1960 e fazer um estudo descritivo e estatístico das reivindicações e acordos, dentro do que acreditava ser a história social dos *Annales*: emaranhado de aspirações e de ações que conservam ao mesmo tempo que transformam; uma história dos grupos sociais e das suas relações com um setor central da história, os grupos organizados. Essa pesquisa foi defendida como tese de doutorado na USP, sob a orientação de Leôncio Martins Rodrigues[23].

Nesses sete anos instalada na sede do Sindicato, na rua São Bento, o fato de ser estrangeira ao setor favoreceu-me uma relação mais objetiva com o mundo organizado dos empregados em estabelecimentos bancários. Mas, de outro lado, talvez por uma limitação ligada à disciplina (os trabalhos de Carlo Ginzburg ainda não haviam chegado ao Brasil), desprezei muito do que eles próprios puderam me confiar de suas vidas, pensamentos e sentimentos. Como estrangeira, no sentido definido por Georg Simmel, minha estadia, mesmo longa, foi passageira.

---

22. Letícia Bicalho Canêdo, *O Sindicalismo Bancário em São Paulo*, São Paulo, Símbolo, 1978.
23. Letícia Bicalho Canêdo, *Bancários: Organização Sindical e Participação Política*, Campinas, Editora da Unicamp, 1986 (Teses).

DESVIO PELO PASSADO E AJUSTE À SITUAÇÃO

> *Pour que l'histoire sociale ait la valeur d'une psychanalyse de l'esprit scientifique et de la conscience sociale, il faut qu'elle reconstruise complètement, c'est-à-dire par un travail à proprement parler interminable, les conditions sociales de production des catégories sociales de perception et de représentation du monde naturel ou social qui peuvent être au principe de la réalité même de ce monde*[24].
>
> PIERRE BOURDIEU, *Une Classe Objet*.

Havia pensado na palavra "distraída" para me referir às minhas escolhas de objeto de estudo e de método de trabalho. Tinha guardada dentro de mim a frase famosa de Otto Lara Resende: "Entrei no jornalismo exatamente como cachorro entra na igreja: porque achei a porta aberta". De fato, não houve uma intenção clara na escolha do Curso de História; a opção pelo Sindicato dos Bancários para a dissertação de mestrado e a tese de doutorado tampouco foi resultado de uma preferência explícita. Oportunidades que se apresentaram, e que soube aproveitar, além de uma boa dose de improvisação, desempenharam papel importante nesse processo. O mesmo ocorrera no caso da minha formação para a leitura: as portas abertas da Biblioteca Municipal me atraíram. Das estantes, os livros eram retirados com muita liberdade, sem qualquer orientação (na escola para meninas, nenhum livro nos era oferecido, apenas decorávamos manuais para as provas semestrais).

Hoje entendo que o encadeamento de acasos, encontros ditosos e condutas improvisadas que influenciaram minhas ações podem ser melhor examinados por meio do que Bourdieu conceituou como *habitus*: uma incorporação de esquemas de percepção, de juízo, de apreciação e de ação inscritos no corpo pelas experiências passadas e permitindo atos de conhecimento prático e ajuste à situação[25].

---

24. "Para que a história social tenha o valor de uma psicanálise do espírito científico e da consciência social, é necessário reconstruir completamente, ou seja, por meio de um trabalho que é, a rigor, interminável, as condições sociais de produção das categorias sociais de percepção e representação do mundo natural ou social que podem estar na raiz da própria realidade desse mundo".
25. Pierre Bourdieu, *Le Sens Pratique*, Paris, Éditions de Minuit, 1980; e "Stratégies de Reproduction et Modes de Domination".

Pelo lado do *habitus*, sou levada a acreditar que, se não houve cálculo nessas escolhas, elas não deixaram de ser ponderadas por uma série de atos de conhecimento prático adquiridos por meio do trabalho pedagógico doméstico: gosto pela História; disposições necessárias para as tarefas políticas; uso de cadernos de endereços preciosos; controle das emoções, apreendido nos reveses políticos sofridos pelos familiares no exercício da profissão; enfrentamento de risco. Política é uma atividade de alto risco. "Quem não arrisca não petisca", dizia o meu pai, embora ele próprio não fosse muito chegado ao risco. Ele não era o representante político da família e sim um dos encarregados de fazê-la existir por meio de pequenos serviços prestados à reprodução da política local.

Aprender a lidar com o risco é a resultante do grande trabalho pedagógico de uma família de políticos tradicionais. A longevidade na política exige conhecimento prático e ajuste rápido a situações inusitadas, pois a representatividade eleitoral não se dá por sorteio e nem por herança direta: o político depende da relação com o representado, o eleitor. Meu tio nos dizia no birô eleitoral: "Não se sabe o que se passa na cabeça deles [eleitores]. Fique na convivência e não banque a importante". Escutava de outro que iniciou a atividade política nos anos 1920, em substituição a seu tio, que por sua vez substituíra o pai, sobrinho de um estadista do Império: "Na política não se herda: política é um investimento difícil que exige sacrifícios pessoais e vocação para a vida pública". Ou seja, o trabalho político no mundo doméstico do político profissional é visto como um desafio constante a exigir investimento e redefinições também dos familiares[26].

Penso que foi por esse caminho do desafio que investi nas minhas descobertas do mundo acadêmico. Enfrentei riscos, multipliquei perspectivas, escapando de um ponto de vista unilateralmente determinado pelo conhecimento socialmente situado. Mas nessa época não conhecia os textos de Pierre Bourdieu. Só vim a conhecê-los quando entrei na Faculdade de Educação da Unicamp por meio de um outro encadeamento de circunstâncias, que hoje vejo como um projeto orientado desde o princípio.

Terminada a defesa da tese de doutoramento, procurava trabalho numa universidade quando recebi um telefonema de Maurício Tragtenberg,

---

26. Letícia Bicalho Canêdo, "As Metáforas da Família na Transmissão do Poder Político: Questões de Método", *Cadernos Cedes*, vol. 18, pp. 29-52, 1997.

professor do Departamento de Administração e Supervisão Escolar na Faculdade de Educação da Unicamp, de quem pouco havia ouvido falar. Havia lido a minha tese. Disse-me que haveria uma seleção para professor no seu departamento e que, dado o fato de eu haver estudado organização sindical, eu poderia, talvez, me interessar pela organização educacional. Seria de interesse para o Departamento recrutar alguém que tivesse trabalhado na história social, sem os vícios da formação pedagógica em administração. Ele me forneceria bibliografia para o conhecimento da área.

Fiquei estarrecida. Escola era algo que estava distante do meu radar. Um vento que passou na minha vida, deixando poucos traços, quase nenhum ruído e um enorme pavor de provas, os únicos momentos em que a instituição se fazia presente e opressora: na necessidade de declinar e rimar o verbo honrar com patrimônio familiar. Um boletim com boa aparência era necessário para tal. Era o papel do resultado que contava – não o que acontecia entre as quatro paredes da escola.

Mas o que escutei do Maurício não tinha a ver com provas. Recordo-me de ele ter mencionado a polêmica do Anísio Teixeira[27] com Alceu Amoroso Lima[28] acerca da escola republicana, que eu acompanhara em Muriaé, nos anos 1950, do lado do Alceu, evidentemente. Minha mãe – que enviara todos os seus filhos para colégios católicos, os homens para internatos de prestígio e as meninas para as freiras da cidade – era fã dele, lia suas colunas no jornal, recortava algumas delas para que lêssemos. O Curso de Licenciatura em História me mostrou o outro lado da polêmica que abarcava o sistema educacional brasileiro, dessa vez por meio dos projetos do Anísio para a escola pública. Sua trágica morte, por outro lado, havia contribuído para

---

27. Anísio Teixeira (1900-1971) foi o idealizador das grandes mudanças que marcaram a educação brasileira no século XX. Pioneiro na implantação de escolas públicas, foi influenciado pelo filosofo John Dewey (1852-1952), de quem foi aluno ao fazer um curso de pós-graduação nos Estados Unidos. Sua defesa da escola leiga como princípio norteador da educação pública brasileira levou-o a embates com representantes da Igreja Católica.
28. Alceu Amoroso Lima (1893-1983), crítico literário e polígrafo, converteu-se ao catolicismo e tornou-se um dos mais respeitados líderes da Igreja Católica. Era membro da Academia Brasileira de Letras e fez parte do Conselho Nacional de Educação. Catedrático de Literatura Brasileira na Faculdade Nacional de Filosofia, foi um dos fundadores da Pontifícia Universidade Católica do Rio de Janeiro. Além da vasta obra literária, desenvolveu grande atividade jornalística e destacou-se pela sua posição combativa aos princípios da escola leiga defendida por Anísio Teixeira no debate pedagógico brasileiro em torno da Escola Nova.

que retalhos dos seus projetos continuassem circulando no fundo da minha cabeça. Poderia ser interessante revisitar esses fatos. Fiquei curiosa.

Maurício deu-me uma longa bibliografia sobre questões que ainda não havia me detido para pensar. As lembranças são confusas, mas entre elas estava a análise institucional e sua relação com a Educação (Georges Lapassade e René Lourau), os fundamentos da organização burocrática (Max Weber) e demais temas específicos relacionados ao sistema educacional. Preparei o projeto de pesquisa exigido para o concurso com a ajuda dessa bibliografia e de uma experiência prévia em Administração Municipal, no Cepam – Centro de Estudos e Pesquisas de Administração Municipal (1980-1982). Fiz uma adaptação dos conhecimentos adquiridos nesse órgão do governo do Estado de São Paulo e me concentrei na entrevista. Deu certo.

Com a orientação de Maurício Tragtenberg, o meu primeiro curso na pós-graduação da Faculdade de Educação da Unicamp versou sobre Estado, educação e cultura. Com uma bibliografia bem weberiana, que era a especialidade dele, recheada de romances do século XIX, pude melhor meditar junto aos doutorandos sobre o conceito de dominação patrimonial e os valores que dão sentido à ação dos indivíduos na sociedade. *O Minotauro Imperial*[29], *O Sistema Administrativo Brasileiro*[30], *Os Donos do Poder*[31], *Bases do Autoritarismo Brasileiro*[32], *A Construção da Ordem*[33] foram livros que nessa ocasião deram-me um conjunto de pistas para pensar o conceito de dominação no funcionamento do sistema educacional brasileiro. Foi uma oportunidade para refazer o projeto de pesquisa que havia apresentado ao Departamento já com uma nova visão da ideia de poder.

De forma latente, penso que esses livros foram os primeiros a preparar meu espírito para enfrentar a pesquisa sobre as elites políticas e os modos de transmissão do poder em Minas Gerais. Pareceu-me que todos os autores falavam a minha língua. Até então, estivera perdida na visão estruturalista e naquela sociologia do sindicalismo, que não me satisfaziam. A leitura mais atenta de Weber e a descoberta dessas pesquisas brasileiras foram uma

---

29. Fernando Uricoechea, *O Minotauro Imperial*, São Paulo, Difel, 1978.
30. Mário Wagner Vieira da Cunha, *O Sistema Administrativo Brasileiro*, Rio de Janeiro, CBPE, 1963.
31. Raymundo Faoro, *Os Donos do Poder*, Porto Alegre, Globo, 1975.
32. Simon Schwartzman, *Bases do Autoritarismo Brasileiro*, Rio de Janeiro, Campus, 1982.
33. José Murilo de Carvalho, *A Construção da Ordem*, Rio de Janeiro, Campus, 1980.

espécie de apoio para dizer a mim mesma "vamos ver se eu saio dessa posição de estrangeira e me envolvo em alguma coisa mais próxima".

Essa "alguma coisa" me foi, mais uma vez, apresentada por Maurício Tragtenberg. Para organizar um curso para a Licenciatura, indicou-me o artigo "Les Catégories de l'Entendement Professoral"[34] e dois livros abarcando a relação que um indivíduo mantém com a escola e com a cultura que ela transmite, *Les Héritiers*[35] e *La Reproduction*[36]. Impressionaram-me tanto que iniciei uma série de reflexões que não havia podido fazer nos meus primeiros trabalhos de mestrado e doutorado, quando lidava com o objeto estrangeiro que era o Sindicato. Reflexões que tinham a ver com a minha experiência na escola e na cidade onde o nome da minha família tinha significado. Vi-me na tensão dos exames escolares (e no bom resultado deles) e como professora de Música no Grupo Escolar. Cantava e dançava com aquelas crianças dos mais variados matizes e origens sociais devidamente separadas em classes hierarquizadas: filho de Fulano na classe da D. Tereza Bandeira de Melo, que é a melhor professora; filho de pai sem sobrenome conhecido na classe da D. Maria da Silva, porque não tem futuro mesmo. E eu correndo de sala em sala, juntando grupos pelo gosto da música. "Era muito divertido", disse-me um ex-aluno da classe da D. Maria (repetente quatro anos na mesma série), quando fui reconhecida por ele anos depois. Acrescentou também que nas últimas eleições havia votado no meu irmão, pensando na D. Letícia.

Mas só agora começava a atinar para os critérios pedagógicos do julgamento dos professores em relação aos estudantes, impostos pela instituição escolar; a brutalidade psicológica desses julgamentos e veredictos que dispõe todos os alunos numa hierarquia das formas de excelência; a socioanálise dos sistemas de classificação dos estudantes e professores; os processos de constituição identitária; a noção de herança cultural, enfim, a crítica ao sistema de ensino desigual, tudo isso vasculhou minha memória e estimulou minha capacidade de relacionar lembranças com o presente que eu então vivenciava.

---

34. Pierre Bourdieu e Monique Saint-Martin, "Les Catégories de l'Entendement Professoral", *Actes de la Recherche en Sciences Sociales*, vols. 1-3, pp. 68-93, 1975.
35. Pierre Bourdieu e Jean-Claude Passeron, *Les Héritiers. Les Étudiants et la Culture*, Paris, Éditions de Minuit, 1964.
36. Pierre Bourdieu, *La Reproduction. Éléments pour une Théorie du Système d'Enseignement*, Paris, Éditions de Minuit, 1970.

Estar na Faculdade de Educação durante essas leituras foi uma grande oportunidade para poder refletir não somente sobre a reprodução das estruturas sociais apoiada nas instituições, e na dimensão de violência simbólica aí contida, mas, principalmente, na maneira como são transmitidos e incorporados os recursos acumulados. A tensão e chance contidas nesses processos sociais atingiu-me como uma gaveta inesperada sendo aberta na minha cabeça fervilhante pela descoberta da dimensão simbólica dos processos de dominação como relação histórica e cultural construída. Retomo aqui essa sensação, remetendo ao caso da minha nomeação como professora de Música no Grupo Escolar.

O Grupo Escolar tinha o nome de um tio avô, deputado federal na Primeira República, Silveira Brum. Meus irmãos, primos e eu cursamos o primário nessa escola, nas classes de professoras com nomes pomposos. Minha nomeação como professora de música para essa escola veio quinze dias após a minha festa de formatura na Escola Normal e no Conservatório, sem eu ter a mínima ideia de que isso aconteceria. Não havia professores de Música nesse Grupo Escolar. A nomeação, assinada pelo governador Bias Fortes, se deu após a derrota inesperada de Tancredo Neves (PSD) ao governo do Estado (1960). Era urgente fazer as nomeações para lugares que garantissem a honra dos derrotados, antes da posse do novo governador Magalhães Pinto (UDN). E lá comecei minha vida profissional, numa escola onde havia uma udenista na direção.

Revisitar esses fatos, que me mostravam como as instituições legitimam os processos reprodutores de desigualdade numa sociedade de pretensão democrática, suscitou muitas perguntas sobre nossas representações políticas. Era o fim do ano de 1984, o final de muitas coisas: do governo militar, do "milagre econômico", das Diretas Já. As manchetes de jornais e capas de revistas exibiam em tons alarmantes dados sombrios sobre a situação de desemprego, recessão profunda, criminalidade crescente, greves. Foi quando, por meio de um acordo entre os partidos de oposição ao governo militar, Tancredo Neves se apresentou candidato às eleições indiretas à Presidência da República. De qual jogo de penumbras e sombras ele surgira candidato em momento tão crucial? "Vim em nome da conciliação", discursou no colégio eleitoral. Uma aposta na arte da conciliação mineira – segmento do segredo de Minas? O acontecimento, que parecia estar sendo vivido como ordem natural das coisas, fez arder em mim uma enorme vontade de estudar a escolha de Tancredo nesse momento tão crucial na política brasileira. Em meio às minhas leituras sobre o poder simbólico, a candidatura de Tancredo revelava a internalização de um sistema de categorias, de percepção, de pensamento e de ação sobre a política e os políticos de Minas Gerais, continuadamente legitimados pela mídia: "o fiel da balança", "a busca do meio-termo", "aversão aos extremos", o mistério e o sucesso: "O mais que eles falam é segredo mineiro"; e o enigma: "Quem entende o código dos mineiros?"

Haveria uma maneira de abordar o problema político do momento com uma perspectiva diferente daqueles estudos que prescreviam ações para a modernização do país, dos que usavam as grandes teorias e as comparações de regiões e instituições para ordenar caminhos? Dessas questões, os cientistas políticos se ocupavam muito bem. Seria possível ultrapassar o acontecimento político visível e a efervescência que o envolvia para estudar o que se passava à margem da atividade política propriamente dita? Procurar com as ferramentas da História além da cena política oficial, compreender o que garantia a determinados agrupamentos políticos de Minas Gerais, em determinados momentos de reestruturação do espaço político, a força que lhes permitia a manutenção no poder? Eu levava dentro de mim, como um ferrete, a atuação desses grupos políticos na liderança do processo de sucessão/eleição após a morte de Getúlio Vargas em 1954; na solução parlamentarista à crise criada pela renúncia do presidente Jânio Quadros em 1961; na legitimação da deposição de João Goulart em 1964, sancionando a instalação do novo regime sob a presidência de Humberto Castello Branco e, por último essa citada solução do colégio eleitoral para a chamada "transição para a democracia".

As pesquisas e estudos que eu fizera até então haviam se desenvolvido em espaços longínquos da minha experiência – sindicato, sistema escolar. Eu os visitara como uma estrangeira. Será que poderia estar perto de mim o que eu havia procurado tão longe? Lembrei-me de um conto de fadas de que gostava muito: procurando longe o que estava perto. A ideia foi abandonada. Não teria condições para pôr em contato dois espaços internalizados, o profissional e o da reputação familiar.

Entretanto, "a vida é assim: esquenta e esfria, aperta e daí afrouxa, sossega e depois desinquieta. O que ela quer da gente é coragem", já dizia o Riobaldo. Um grave acidente ocorrido em fins de 1985 me deixou hospitalizada e me desinquietou. Tentei objetivar a agressão de que fui vítima – e como a solidariedade familiar foi decisiva para me manter em vida – no memorial do concurso para livre-docente. Foi quando me pus a pensar nos fatos e nos acasos (sim, os acasos novamente) que me livraram da morte por uma bala no pescoço, de uma infecção hospitalar iminente, da mudez, do domínio das relações impessoais e da terrível sensação de estar só no mundo, fora do universo da família, da amizade, da patronagem e do parentesco.

Duas redes de relações sociais me proporcionaram rapidez e qualidade no atendimento médico e hospitalar. Uma delas me remetia à parentela, o patrimônio social e político da minha família em Minas Gerais. A outra era formada por meus amigos de São Paulo, a partir da escola onde minhas filhas estudavam, um novo patrimônio social sendo construído nessa cidade grande que me acolhia sem se atentar para meu nome de família.

O patrimônio político construído por minha família esteve presente desde o início de meu socorro, no hospital particular para onde fui conduzida por um policial militar e dada, inicialmente, como morta. A direção do hospital não cobrou nem mesmo a cirurgia de emergência, assustada com telefonemas chegados da área política de Brasília, de Belo Horizonte e do Conselho Federal de Medicina. Temia consequências desastrosas da minha presença, em razão dos muitos problemas que possuía com o Inamps. Cabos eleitorais foram mobilizados com presteza para resolver os problemas práticos do caso e a rede de parentesco mobilizada para pagamento de ambulância e transferência para um dos melhores hospitais da rede pública estadual.

O grupo de amizades pertencia à pequena escola particular que escolhi para as minhas filhas estudarem em São Paulo, a partir de um jornal do bairro que noticiava a visita do Caetano Veloso no local, num *show* para as crianças. Uma escola bem distante do mundo escolar da minha infância: além de prezar a participação dos pais, tinha a Madá, filha do Paulo Freire, como alfabetizadora. Na verdade, eu via essa escola como um grupo de amigos, minha família paulistana à qual sou fortemente ligada até hoje. Vários desses pais eram da área da medicina, vinculados ao serviço público e, como eu, haviam participado ativamente dos acontecimentos de 1968 na universidade. Os funcionários do Hospital dos Servidores do Estado de São Paulo, para onde fui transferida, não puderam ignorar o marido da diretora da escola, especialista em infecção hospitalar, os médicos da Santa Casa, a direção do Conselho Federal de Medicina, o Sindicato dos Médicos, entre outras pessoas e representantes de entidades que me rodearam graças a esses vínculos de amizade. A indicação de cirurgia nas cordas vocais para abertura da passagem de ar foi desaconselhada graças à intervenção de um desses amigos, que encaminhou o caso para o melhor otorrinolaringologista da época. Saí viva, com a corda vocal avariada pela paralisia, mas com tratamento contínuo, por muitos meses, no próprio hospital, até a recuperação da voz.

Esses acontecimentos me levaram a refletir sobre a profundidade das redes de relações pessoais a que estamos imersos no Brasil, e aos recursos sociais que essas redes mobilizam e distribuem, segundo Roberto DaMatta, contrariando a regra básica de um regime democrático, de que todos nós somos submetidos às mesmas leis que governam o espaço público[37].

Do reconhecimento dessas relações acumuladas dentro de mim – de parentesco, de escola, de vizinhança, de herança – e que se substanciaram após o acidente, ressurgiu a vontade de enfrentar o desafio para a pesquisa sobre as redes familiares de Minas Gerais com base na genealogia da minha família tradicional, mineira, com tantos nomes conhecidos.

UM ARTEFATO MEMORIAL

De nada nada se tira
A nada nada se dá.

FERNANDO PESSOA, "Se Tudo o que Há É Mentira".

O "livro da família" era como meu pai nomeava uma publicação genealógica, *Raízes Mineiras e Cearenses*[38], de autoria de um dos seus primos, Waldemar Alves Pequeno. "Olha aí, Bizé, no livro da família", escuto a sua voz, "se você olhar com cuidado vai encontrar alguém para lhe dar emprego". Dizia isso à minha sobrinha que terminava faculdade. Era o jeito de ele representar o mundo, o mundo dominante incorporado na nossa casa. Faria sentido iniciar um projeto de pesquisa sobre acumulação do capital

---

37. Roberto DaMatta, *A Casa e a Rua: Espaço, Cidadania, Mulher e Morte no Brasil*, São Paulo, Brasiliense, 1985, p. 70.
38. Waldemar Alves Pequeno, *Raízes Mineiras e Cearenses*, Belo Horizonte, Imprensa Oficial, 1970.

político familiar de Minas Gerais a partir do "livro da família", utilizando aquela aparelhagem estatística existente nos *Héritiers*?[39]

Foram muitas as perguntas que me fiz. Procuro me lembrar delas agora, passando os olhos pelas minhas anotações de época. Foram feitas para não me sentir condenada a ser instrumento daquilo que queria desesperadamente pensar. As pesquisas de Pierre Bourdieu e os sociólogos que inspirava reunidos na revista *Actes de la Recherche en Sciences Sociales* me garantiam que eu estaria segura caso trabalhasse com objetividade. Encorajada pelos trabalhos que li nessa revista, dei início ao projeto, tendo a citada genealogia como principal fonte de dados.

Uma longa conversa gravada com meu tio Pio Canêdo, político da lavra denominada "em extinção", convenceu-me da viabilidade do projeto. Devo a ele a facilidade dos contatos e dos acessos a muitos dos citados na genealogia, primos e primas da sua geração, que me concederam entrevistas.

Fui muito bem recebida por todos. As mulheres, em especial, chamaram a minha atenção porque me receberam de maneira exatamente igual. Em todas as casas havia guaraná com biscoito *champagne*, o mesmo jeito das minhas tias, a mesma postura física, e as perguntas, também semelhantes, todas remetendo a um personagem que pudesse me ligar a elas:

Mas você é o que mesmo do Antônio? Sobrinha? Ah! A Oneyda era muito elegante. Ela ainda está viva? E a Tita? Meu Deus! Quando me disseram que você viria aqui e era Canêdo, sobrinha do Pio, pensei que fosse o Pio Alves Pequeno. Ele foi meu namorado, mas meu pai não deixou sair o casamento porque ele era primo e moreno forte. Essa daqui não é a sua bisavó? Olha só, está aqui, bem do lado da minha avó. Como a sua tia Yayá tocava harpa! Você chegou a conhecê-la? Tinha um defeito físico.

Essas memórias foram uma fonte inestimável para o entendimento do tipo de sociabilidade que praticavam, os amores, os casamentos, os conflitos, as inimizades e as alianças que ocorriam fora do campo visual da representação política, mas de grande importância para que essa representação ocorresse. Jean-Pierre Faguer foi certeiro sob esse aspecto, ao comentar que esta pesquisa

---

39. Pierre Bourdieu e Jean-Claude Passeron, *Les Héritiers. Les Étudiants et la Culture*.

[...] desvenda um dos aspectos determinantes da divisão do trabalho político: as mulheres tecem os laços de parentesco necessários à mobilização e à acumulação do capital político enquanto os homens exercem sua função em seu próprio nome[40].

De valor desconhecido por seus próprios beneficiários, as ações cotidianas relatadas por estas mulheres revelaram-me o paradoxo de uma vida feminina, oculta, engolida pelo poder dos que decidem os casamentos, as celebrações das mortes, o controle do dinheiro, os recursos políticos, as leis, sendo ao mesmo tempo capazes de tanta força para agir no mundo exterior, seja para conservar a ordem, como o caso das que aceitaram o celibato, seja para contestá-la com a própria morte. Uma das depoentes narrou o destino trágico de uma prima:

> Ela se chamava Ernestina e era muito bonita. Disse que iria se suicidar se seu pai não a deixasse casar com o farmacêutico. E se suicidou mesmo. Tinha longos cabelos que iam até os pés. [...] Toda a noite ela lavava esses cabelos e dormia com eles molhados. Ficou tuberculosa e morreu.

O projeto contou também com outro membro da família para a parte técnica: meu cunhado Mauro Freitas, que era engenheiro, desenvolveu um programa de informática especialmente para a pesquisa. Naquele ano de 1988 ainda não havia programas prontos com a facilidade de hoje.

Eu havia inicialmente adaptado o método do historiador demógrafo Louis Henry[41] relativo às fichas de família, como havia feito Lucila Brioschi[42]. Mauro, com todas as minhas explicações, criou um modelo de ficha familiar que usei para preencher os dados biográficos de dois mil indivíduos a partir da genealogia publicada e completada com dados de cartório, registros paroquiais, entrevistas, livros de memória etc. Contei com a ajuda de um colega de escola da minha filha para inserir os dados no computador, o que me permitiu organizá-los e tabulá-los.

---

40. Jean-Pierre Faguer, "Continuité et Discontinuité des Conditions de Reproduction des Elites Politiques: La Famille comme Cadre Social de la Vocation Politique", *Cahiers du Brésil Contemporain*, n. 47-48, pp. 121-131, 2002.
41. Louis Henry, *Manuel de Demographie Historique*, Genève/Paris, Librairie Droz, 1967.
42. Lucila Brioschi, *Família e Genealogia: Quatro Gerações de uma Grande Família do Sudeste Brasileiro (1750-1850)*, Universidade de São Paulo, Faculdade de Filosofia, Letras e Ciências Humanas, 1985 (Dissertação de Mestrado em Sociologia).

O historiador André Burguière, ao olhar as tabelas resultantes desse trabalho, remeteu-as ao livro que ele havia publicado com os dados demográficos da Comuna de Plozévet. "Os resultados quantitativos do trabalho demográfico ficam muito aquém do trabalho exaustivo que ele requer", disse-me ele. Mas, por ocasião dessa conversa, em 1990, o trabalho com o Mauro já estava terminado e eu, após um trabalho exaustivo para preencher as fichas de família, estava satisfeita com as tabelas produzidas.

O Programa do Mauro, como ficou conhecido, havia me permitido estabelecer a relação entre os três espaços sociais que me interessavam: o espaço familiar, onde as estratégias de educação e casamento são colocadas em prática; a instituição escolar, onde são preparados os portadores do saber necessário aos diferentes movimentos do processo social e político; e o espaço das agências governamentais, com os postos e as posições de poder que aí estavam estabelecidas.

Como se pode ver, desde a montagem, a pesquisa contou com práticas de pertencimento a um grupo que reproduzia seu próprio sentido e afiançava sua existência por diferentes tipos de vínculos. Mas dentro da longa história do político, a pesquisa se sustentava, de forma objetiva, na estatística – qual origem, quantas mulheres, que tipo de casamento? etc. –, sempre comparativa, com perguntas sobre os laços que uniram (ou dividiram) os personagens que iam saltando da minha lembrança e dos documentos consultados. Esse procedimento, creio, ajudou-me a controlar minha relação emocional com o objeto, meus sonhos, minha paixão. Pude assim fazer, no Centre de Sociologie de l'Éducation et de la Culture da EHESS, em Paris, a primeira demonstração da combinação de estratégias de reprodução das grandes linhagens políticas de Minas Gerais: estratégias matrimoniais, econômicas, de sucessão e de fecundidade – mas principalmente as estratégias educativas e das relações familiares, que implicavam na mobilização do conjunto da parentela.

Minha presença do Centre de Sociologie se deu em função de duas bolsas de pós-doutorado concedidas pelo CNPq e pela Fapesp, respectivamente. Estes estágios profissionais, nos anos 1989-1991 e 1997-1998, foram marcantes na minha formação acadêmica e no meu treinamento como pesquisadora. Possibilitaram-me avançar muitos passos no entendimento sobre o que é um trabalho intelectual, em especial no que se refere ao traquejo para elaborar argumentos, que até então haviam me deixado muda e isolada durante a realização dos trabalhos sobre a organização sindical e o sistema educacional. O modo de funcionamento do Centre, sob a direção de Monique de Saint-Martin, ajudou-me a superar esses embaraços intelectuais.

Havia pesquisadores de muitos países europeus, com bolsa de pesquisa, nesse centro e noutro que lhe era associado, o Centre de Sociologie Européenne, sob a direção de Pierre Bourdieu. Vinham das mais diversas formações. Os integrantes dos dois centros liam os textos produzidos por cada um, fosse de um estagiário, de um *maître de conférence* ou de um *directeur d'études*. Liam tudo o que lhes era dado, com minúcias de atenção. Em seguida esses textos eram criticados e discutidos por todos. A diversidade de formações se manifestava na elaboração e no repertório de questões e sugestões que surgiam de cada um deles. No meio de outros estrangeiros, pude perceber que eu possuía, como qualquer intelectual, as mesmas disposições críticas, as inquietações e a profunda vontade de conhecer o funcionamento da nossa sociedade, como um pedaço do mundo que se apreende com base em trabalhos empíricos e com um olhar de jogador. "Você precisa ousar", dizia Monique.

Dessa maneira fui me inteirando dos termos das perguntas necessárias para identificar a marca da política impressa nos arquivos de família que utilizava. Permiti-me consolidar relações científicas com os sócio-historiadores que me levaram a rever a genealogia, balizando-a como produto politicamente negociado, para além de um arquivo histórico. Fizeram-me ver que eu podia conversar e discutir em grupos de estudos, coisa que eu não conseguira no Brasil, talvez pela minha incapacidade em entender a fala acadêmica, pelo desconhecimento dos códigos, dos encontros científicos, o que me tornava resistente a esse meio. Foram os pesquisadores desse centro que me deram a oportunidade de construir um objeto próprio de estudo, no domínio dessa nova área do conhecimento para mim, a da sócio-história do político. Foi um ganho inestimável.

De volta ao Brasil, escrevi uma série de artigos que, com base na pesquisa genealógica, contêm a demonstração dos modos de transmissão do capital político em Minas Gerais[43]. Cada um desses textos, por toda uma série de

---

43. Letícia Bicalho Canêdo, "Estratégias Familiares na Construção Social de uma Qualificação Política", *Educação e Sociedade*, vol. 7, ago. 1991; "Caminhos da Memória: Parentesco e Poder", *Textos de História*, vol. 2, n. 3, pp. 85-123, 1994; "Metáforas do Parentesco e a Duração em Política", *Textos de História*, vol. 3, n. 1, pp. 82-103, 1995; "As Metáforas da Família na Transmissão

correções e emendas sugeridas pela leitura de novos trabalhos, novos dados, novas discussões críticas com colegas, acrescenta algo para a mesma questão: como o capital familiar em política se transmite numa sociedade que se organiza por meio de leis que ignoram os privilégios ligados a um nome de família e para a qual os partidos políticos são importantes no jogo da sucessão.

Desse conjunto de artigos, escolhi "La Production Généalogique et les Modes de Transmission d'un Capital Politique Familiale dans le Minas Gerais Brésilien" para abrir este volume. Foi publicado em 1998, pela revista *Genèses*.

ENTRE A HISTÓRIA E A SOCIOLOGIA, A QUESTÃO POLÍTICA

Vivendo, se aprende; mas o que se aprende, mais, é só fazer outras maiores perguntas.

João Guimarães Rosa, *Grande Sertão: Veredas*.

Constituir a "transmissão do poder político" num objeto histórico bem definido significou enfrentar algumas certezas que a obscurecem.

A primeira dessas certezas se refere ao coronelismo, voto de cabresto e outras representações que tais, descritas por historiadores e sociólogos como cálculos cínicos ou desvios democráticos. É o que aparece nos muitos estudos voltados para regiões consideradas arcaicas, à margem das evoluções republicanas do conjunto do território nacional[44]. O número marcante desses estudos, contagiados pela lenda do coronelismo, faz contraste com

---

do Poder Político: Questões de Método"; "La Production Généalogique et les Modes de Transmission d'un Capital Politique Familiale dans le Minas Gerais Brésilien", *Genèses*, vol. 2, n. 31, pp. 4-28, juin 1998; "Herança na Política, ou Como Adquirir as Disposições e Competências Necessárias às Funções de Representação Política, 1945-1964", *Pró-Posições*, vol. 13, n. 3, set./dez. 2002.

44. Lembro aqui, entre outros, o importante trabalho de Linda Lewin sobre a oligarquia da Paraíba, *Política e Parentela na Paraíba*, Rio de Janeiro, Record, 1993. Como grande parte dos autores que pesquisaram a política regional, ela circunscreve o fenômeno à zona rural jogando-o para o arcaico, além de confundi-lo com o coronelismo. Sobre este aspecto ver o excelente artigo de José Murilo de Carvalho, "Mandonismo, Coronelismo, Clientelismo: Uma Discussão Conceitual", *Dados*, vol. 40, n. 2, pp. 229-250, 1977.

a quase ausência de pesquisas interessadas em compreender – como o fez Briquet sobre a política da Córsega[45] – a racionalidade que se encontra por trás da reprodução dessas práticas supostamente arcaicas. Seria resultado de um processo histórico de adaptação da tradição à modernidade, não identificável pelo que é proposto como modelo ideal de democracia?

A segunda certeza é a forte continuidade do pessoal que atua politicamente em órgãos do governo, um pessoal capaz de recriar constituições, sustentar generais ou democratas, transmitir postos administrativos e eletivos sem perder o controle das instituições. A ausência de análises descritivas das experiências práticas pelas quais se manifesta a transmissão do poder e as lutas pelo poder nesses grupos – com suas estratégias educacionais, de casamento, de gerenciamento de redes sociais ou outras – impede o detalhamento dos sistemas autônomos de percepção política que estão envolvidos nesta continuidade e a compreensão da razão dessa perpetuação em contextos políticos evolutivos.

Há ainda o sinal do familiar na política, que é visto pela modernidade como uma espécie de "paródia da verdadeira política"[46]. As falas de políticos e de cientistas políticos, entretanto, estão sobrecarregadas de um vocabulário que remete ao parentesco: sucessor, herdeiro, filiação, geração etc.[47] Esse vocabulário revela a possibilidade de convivência de coisas contrárias, uma se realizando ao esconder a outra: fala da possibilidade de democracia, mas celebra as relações sociais e familiares como parte inerente.

Estas certezas, junto aos comentários geralmente repreensíveis da imprensa, contribuíram para formar a imagem enigmática dos profissionais da política mineira e do próprio Estado de Minas Gerais, que chegou a ser considerado como o fiel da balança política do país[48]. O tema, consequentemente, suscitou uma abundante literatura e nutriu debates de cientistas

---

45. Jean-Louis Briquet, *La Tradition en Mouvement. Clientélisme et Politique en Corse*, Paris, Belin, 1997.
46. Idem, ibidem.
47. Letícia Bicalho Canêdo, "As Metáforas da Família na Transmissão do Poder Político: Questões de Método".
48. John D. Wirth, *O Fiel da Balança: Minas Gerais na Federação Brasileira, 1889-1937*, Rio de Janeiro, Paz e Terra, 1982. Entre outros comentários da imprensa, em *O Estado de S. Paulo*, 27 set. 1997: "Itamar Franco volta hoje para Minas. Diz que aprendeu com sua mãe que 'deveria estar sempre atento aos sinais de Minas que identificam no espírito o início, o meio e o fim de qualquer jornada'. "Quem pode compreender o código dos mineiros?", pergunta Cristiana Lobo no artigo "Mineirices", *Coluna do Estadão*, 4 out. 1996.

políticos, de historiadores e de jornalistas políticos, em especial durante a transição política dos anos 1980[49]. Mas pouco a pouco desapareceu da agenda das controvérsias, sendo substituído, na década de 1990, pelo brilho dos políticos paulistas na proposição da modernidade política.

Como o resultado acumulado dessas produções não foi, posteriormente, retomado do ponto de vista empírico, muitas das importantes conclusões dos trabalhos realizados sobre Minas e seus políticos nos anos 1980 terminaram por se transformar em evidências destinadas ao consumo acadêmico e à mídia. E, como muitas narrativas repetidas sem pensar, o tema da sagacidade dos políticos mineiros em relação aos demais profissionais da área é paradoxal: revela uma realidade singular ao mesmo tempo que oculta os princípios que fundamentam esta realidade.

Após constatar que a bibliografia voltada para Minas e seus políticos não havia sido retomada do ponto de vista empírico e nem reintegrada nos estudos que estavam sendo feitos sobre o Estado de São Paulo, decidi, no início dos anos 2000, aproveitar os trabalhos acumulados para criar um conjunto comparativo – políticos mineiros e paulistas – e tentar transformá-lo em objeto de reflexão no âmbito da problemática da transmissão do poder político.

Sabia bem da dificuldade em tomar pé na conexão da história de vida dos profissionais da política paulistas com seus feitos, num contexto histórico-político muito distinto do de Minas Gerais[50] e da minha socialização política. Mas os políticos paulistas vinham atraindo minha atenção desde a minha chegada na cidade de São Paulo, em 1973. Nessa ocasião, um grupo de militantes do PCB do período de Arraes, ligados ao meu marido, estava envolvido na organização de diretórios do MDB pelo interior paulista, em torno de Orestes Quércia como candidato ao Senado Federal. Alguns deles estavam voltando discretamente do exílio, outros saindo de seus

---

49. Para os anos 1980, período de transição política há entre outros estudos: Maria Arminda do Nascimento Arruda, *Mitologia da Mineiridade*, São Paulo, Brasiliense, 1990 [2. ed. Cotia, SP, Ateliê Editorial, 2024]; Otávio Soares Dulci, "As Elites Mineiras e a Conciliação: A Mineiridade como Ideologia", *Ciências Sociais Hoje*, 1984; Antonio Candido de Mello e Souza et al., "Minas Não Há Mais?", *I Seminário de Economia Mineira*, Diamantina, 1982; Norma de Góes Monteiro (coord.), *V Seminário de Estudos Mineiros*, UFMG/Proed, 1982. Ver também Amilcar Vianna Martins Filho, *The White Collor Republic: Patronage and Interest Representation in Minas Gerais*, University of Illinois, 1986 (Tese de Doutorado); sem esquecer Otto Lara Resende, "O Segredo de Minas", *Istoé*, 14 out. 1981.
50. Joseph Love, *A Locomotiva: São Paulo na Federação Brasileira 1889-1937*, São Paulo, Paz e Terra, 1982; Simon Schwartzman, *Bases do Autoritarismo Brasileiro*.

esconderijos. Eu os recebia na minha casa e frequentava outras reuniões em torno da candidatura de Alberto Goldman para deputado estadual. A eleição de 1974 foi um símbolo importante da ação dos militantes do PCB e de outros grupos da esquerda para o fortalecimento do MDB como partido político e o enfraquecimento do regime militar brasileiro. Algo muito original aos meus olhos de mineira politizada numa região conservadora da Zona da Mata: presenciar migrantes diplomados pela Faculdade de Direito de Recife – portadores de nomes de família conhecidos no Nordeste – batalhar na campanha pela eleição, em São Paulo, de dois candidatos com sobrenomes de origem imigrante muito diferente uma da outra, e sem qualquer antecedente familiar na política regional ou nacional: Quércia e Goldman. Mas, na vitória de Quércia contra Carvalho Pinto, o que me chamou mais a atenção – além da presença desses apaixonados comunistas nordestinos, com experiência no governo de Arraes e nas Ligas Camponesas de Julião – foi perceber que estava implícita a derrota final de uma linhagem política da Primeira República paulista: Carvalho Pinto[51] era sobrinho-neto do ex-presidente Rodrigues Alves[52].

Lembro de ter me dado conta, pela primeira vez, do quão surpreendente havia sido a renovação política de São Paulo a partir do fim da ditadura varguista, diferentemente do que havia acontecido em Minas Gerais e em Estados do Nordeste brasileiro. Carvalho Pinto derrotado era o último político herdeiro que sobrevivera ao abalo sofrido pelas oligarquias paulistas após a Revolução de 1932 e às novas exigências do dinamismo da economia do Estado que, com seu ritmo urbano, suscitava outras concepções de clientela. Meu encontro com o pessoal da campanha quercista foi tão marcante para mim quanto o encontro, na mesma época, com pessoal do Sindicato dos Bancários, fortemente controlado pelo Partidão desde os anos 1930, e sofrendo a pressão de jovens bancários, estudantes universitários trotskistas. Com nomes muito pouco portugueses, buscavam outra concepção de trabalho e fomentavam tipos de clientela e patronato diferentes do que eu estava acostumada a ver.

---

51. Carlos Alberto Alves de Carvalho Pinto (1910-1987) foi o 19º governador do Estado de São Paulo, no período 1959-1963.
52. Rodrigues Alves (1848-1919): conselheiro do Império, presidente da província de São Paulo, presidente do Estado de São Paulo, ministro da Fazenda e quinto presidente do Brasil.

A renovação política de São Paulo como problema a ser pensado na pesquisa comparativa desejada delimitou o período histórico a ser estudado. Eu deveria iniciar em 1945, momento em que a transformação brutal do sufrágio – que passou a ser secreto[53] e obrigatório para os alfabetizados – e a criação de partidos políticos nacionais[54] intensificaram as relações entre o eleitor (obrigado a votar) e o candidato (que tem necessidade do voto) e exacerbaram a concorrência entre os próprios candidatos, assim como os procedimentos de recrutamento dos partidos. Nessa nova configuração, eu precisava pensar nas condições que tornaram possíveis eleitores e candidatos se interessarem em agir para a produção de um regime democrático que durou dezenove anos (1945-1965), precedido por uma definição das regras e das práticas do sufrágio[55]. Nesse período o amadorismo político esteve sem lugar. Novas regulamentações e novos dispositivos eleitorais concretos foram impostos, exigindo ajustamentos às práticas sociais e eleitorais dos profissionais da política.

Havia a necessidade de fazer existir eleitores em grande número. Entretanto, ser eleitor não era evidente para grande parte da população que acabara de receber acesso ao sufrágio. O significado do retângulo de papel que é colocado na urna com o nome de um candidato que não se conhece era algo muito abstrato[56]; difícil conectar esse ato com a vida cotidiana. Aprende-se a votar pela repetição do ato; somente as múltiplas disputas poderiam fornecer, com o tempo, um grau de realidade para o cidadão sentir

---

53. Antes de 1930, 3,5% da população brasileira votava, isto é, 1,2 milhões de votantes (Diretoria Geral de Estatística, *Annuario Estatistico do Brazil 1908-1912*, Rio de Janeiro, Typographia da Estatistica, 1916). A maioria da população era de origem rural. Nas eleições presidenciais de 1930, o eleitorado inscrito não alcançara 2,5 milhões ou 5,7% da população adulta (IBGE – Conselho Nacional de Estatística, *Anuário Estatístico do Brasil – 1960*, Rio de Janeiro, IBGE, 1960). O Decreto-lei n. 7.586, de 28 de maio de 1945, determinou o sufrágio universal, o voto obrigatório, direto e secreto, e o monopólio dos partidos políticos na indicação dos candidatos. 15% da população compareceu às urnas para eleger senadores e deputados para compor a Assembleia Constituinte e o Presidente da República. Houve quase 7,5 milhões de votantes (TSE – Tribunal Superior Eleitoral, *Dados Estatísticos*, 2, 1952). São Paulo era o Estado mais urbanizado. Em Minas Gerais, a maioria da população continuava rural. Nas eleições nacionais de 1950 votaram 8,3 milhões eleitores, perto de 17% da população brasileira. Em 1960 o número de votantes foi de 15.543.332, isto é, 22% da população brasileira, segundo o TSE (*Dados Estatísticos*, 5, 1963).
54. Os partidos políticos na Primeira República eram regionais: Partido Republicano Paulista (PRP); Partido Republicano Mineiro (PRM) etc.
55. Letícia Bicalho Canêdo, "Aprendendo a Votar", em Jaime Pinsky e Carla Pinsky (org.), *História da Cidadania*, São Paulo, Contexto, 2003.
56. Michel Offerlé, *Un Homme, Une Voix? Histoire du Suffrage Universel*, Paris, Gallimard, 2002.

a que esse ato serve e encontrar interesse nele[57]. No período 1945-1964 havia muito a observar e pensar sobre as diferenças geográficas e sociais que pontuavam esse aprendizado, tanto por parte do eleitor quanto dos políticos. Esses últimos precisavam se profissionalizar nas técnicas e estratégias de conquista do voto. Para se fazerem elegíveis, precisavam fazer o eleitor: levá-lo a se alistar no corpo eleitoral, conseguir para ele a documentação necessária (certidões de nascimento ou casamento perdidas ou situadas em outras cidades ou Estados da federação etc.). O eleitor começava a aprender que podia regatear votos; os políticos precisavam aprender quais recursos poderiam ser investidos nessa troca (favores, empregos etc.).

A elite política mineira, concentrada em ocupações burocráticas, saíra ilesa do período ditatorial dos anos 1930; sua população rural também se mantivera estável, o que contribuía para a continuidade de práticas assentadas na lógica de obrigações recíprocas nos termos da amizade, da fidelidade ou do reconhecimento. Mas, em São Paulo, a crise no modo de reprodução política após a derrota no campo de batalha de 1932 forçou a renovação dos quadros políticos que precisavam lidar com uma população urbana diversa, imigrante, em busca de oportunidade de ascensão. Esse novo eleitorado, insatisfeito e reivindicativo, obrigou a criação de outros discursos e de outras apresentações públicas, de outras estratégias de política clientelista, fundada na oferta de bens mais abstratos (discursos, reformas sociais) do que os exigidos pela população rural. Enfim, para os mineiros, a expectativa era a preservação do patrimônio político, a conservação dos espaços ocupados pela mobilização constante das relações sociais. Para os paulistas, que precisavam conquistar o poder, a expectativa era de espaços a ocupar.

Dentro de um birô eleitoral do PSD, cheguei a acompanhar nossa primeira grande experiência democrática de 1950. Vi os dispositivos concretos ao ato do voto sendo colocados à disposição do cidadão – cédulas, urnas, cabines de isolamento etc. – e as tentativas incertas das elites políticas para lidar com um outro princípio de transmissão da autoridade, advindo da oferta da cidadania proposta no novo código eleitoral aprovado por um Congresso liderado por dinastias da burocracia civil[58].

---

57. Letícia Bicalho Canêdo, "Aprendendo a Votar"; Letícia Bicalho Canêdo (coord.), *O Sufrágio Universal e a Invenção Democrática*, São Paulo, Estação Liberdade, 2005.
58. O Código Eleitoral de 1950 (Lei n. 1.164, de 24 de julho) substituiu o Decreto-lei 7586 de 1945.

Eu tinha oito anos de idade nas eleições de 1950. Uma animação. A rua em frente ao sobrado do meu avô estava tomada por eleitores que chegavam conduzidos pelos cabos eleitorais para receber as cédulas dos candidatos e o título eleitoral para votar. O código eleitoral permitira o alistamento eleitoral pelos partidos políticos e estipulara que "quando se proceder a diversas eleições no mesmo dia, a votação se fará em uma cédula para cada eleição, sendo todas as cédulas encerradas em uma só sobrecarta"[59]. As cédulas eram entregues ao eleitor formando um caderninho, que nós, mulheres e crianças, havíamos dobrado cuidadosamente numa ordem específica. Lembro até hoje: presidente da República, Cristiano Machado; vice-presidente da República, Altino Arantes; senador, Benedito Valadares; suplente de senador, Camilo Nogueira da Gama; governador do Estado, Juscelino Kubitschek; vice-governador, Clovis Salgado; deputado federal, Carlos Luz; deputado estadual, Pio Soares Canêdo; prefeito municipal, Cândido Monteiro de Castro; juiz de paz, José Messias. "O jeito de dobrar é importante", dizia meu tio Zezé. "A cédula do presidente da República deve ser colocada na palma da mão primeiro. Vão empilhando uma a uma, seguindo a ordem. A última da pilha será a do juiz de paz". Por trás desse ritual estava o receio de que o adversário político rasurasse as cédulas do eleitor. "Se o fizer, só conseguirá rasurar a do presidente da república ou a do juiz de paz. O que nos interessa precisa estar no miolo do montinho: as cédulas do governador, dos deputados e a do prefeito". Eu o escutava dizer que a disputa, a luta e o interesse político visavam o governo do Estado. "O governo do Estado é domínio dos deputados federais".

A lembrança marcante do miolo do caderninho de cédulas, uma estratégia para garantir a eleição daqueles que importam e a perenização do poder político, levou-me a pensar nas relações que os protagonistas das eleições mantêm com a tecnologia do voto e nas relações de concorrência entre os políticos como ação para reativar os enraizamentos locais e as filiações ancestrais. Sob esse prisma, tomei o tema do clientelismo como ponto de partida para as práticas que criam o hábito de votar. E busquei enxergar os partidos políticos não como siglas representando organizações ideológicas de direita ou esquerda, mas por meio dos indivíduos que o habitam, o servem

---

59. Lei n. 1.164, de 24 de julho de 1950, art. 78, parágrafo 2.

e se servem dele⁶⁰. Meu tio Zezé, que me orientava no trabalho dentro do birô do PSD, tinha a explicação na ponta da língua: "O eleitor não vai atrás de siglas. Ele vai atrás de um nome que está atrelado a um partido. É como seguir o boneco da baiana no desfile de carnaval. Ela dança porque tem um homem que a carrega".

Um método de pesquisa que me permitisse definir os grupos por suas propriedades relacionais e não por partidos políticos foi minha preocupação seguinte. Procurei um método capaz de unir o institucional ao social, que me permitisse visualizar as práticas, e que não se detivesse na documentação serial, como costumam fazer os cientistas políticos. Para tal, retomei uma antiga sugestão de Monique de Saint-Martin: as biografias coletivas. Ela havia me sugerido, anos antes, a leitura do método prosopográfico do historiador Lawrence Stone⁶¹, bem como o trabalho do historiador francês Christophe Charle, que havia utilizado biografias coletivas para estudar as elites da República francesa de maneira comparativa⁶². Mas foi o estudo de Sergio Miceli sobre os intelectuais e as estratégias que lançaram mão para alcançarem altas posições nos mercados de postos de trabalho nos anos 1920-1940 que me chamou a atenção para o tipo de leitura que eu deveria fazer das memórias e biografias dos políticos a fim de seguir os rastos sociais que eles revelavam na determinação de suas carreiras⁶³.

A outra questão fundamental foi a escolha dos agentes políticos a serem estudados. Foi resolvida por meio da visibilidade nacional e o tempo de atuação política de sucesso. O critério levou em consideração o fato de que, historicamente, as funções políticas se tornaram uma profissão de tipo particular: as regras são imprecisas, seus protagonistas não as registram como sua profissão, e implicam uma especialização e lógicas de profissionalização múltiplas. A maior parte dos políticos exerceu, ou mesmo ainda exerce, outras atividades. Sendo assim, nem todos podem ser considerados profissionais, no sentido de consagrar tempo completo à suas responsabilidades de homens públicos (viver para e da política no sentido weberiano). A profissionalização se desenvolve, entretanto, na medida do crescimento das posições ocupadas na hierarquia dos cargos. Como argumenta Daniel

---

60. Michel Offerlé, *Sociologie de la Vie Politique Française*, Paris, La Découverte, 2004 (Repères).
61. Lawrence Stone, "Prosopography", *Daedalus*, vol. 10, n. 1, 1971.
62. Christophe Charle, *Les Élites de la République, 1880-1900*, Paris, Fayard, 1987.
63. Sergio Miceli, *Intelectuais e Classe Dirigente no Brasil (1920-1945)*, São Paulo, Difel, 1970.

Gaxie, "nem todos os políticos são profissionais, mas os principais são", pois "a atividade política no nível mais elevado supõe uma total disponibilidade psicológica e econômica"[64].

Selecionei assim 34 políticos brasileiros em posições representativas nas instituições centrais do Estado (Parlamento, Executivo) em dois períodos de reestruturação do espaço político brasileiro (1945-1964 e 1984-2002). O objetivo era analisar os recursos sociais e o tipo de conhecimento escolar utilizados por esses políticos e avaliá-los a partir das chances desiguais que lhes foram oferecidas para se iniciar, atuar e permanecer no campo instável da política. Para tanto destrinchei dicionários biográficos, repertório biográfico dos deputados brasileiros, testemunhos de políticos publicados em livros de jornalistas e de historiadores, memórias, entre outras fontes historiográficas. A classificação e a definição precisa das variáveis a localizar nessas diferentes fontes foi feita de forma a restituir coerência a práticas políticas que determinaram as atividades neste campo, tais como heranças familiares na política, na militância, em movimentos políticos ou profissionais, presença em instituições, escolarização etc. Mas também procurei acompanhar sua adaptação dentro da implantação dos partidos políticos nacionais e das modificações consequentes dos modos de legitimação política.

Jean-Pierre Faguer havia me chamado a atenção, quando da apresentação de uma das minhas pesquisas no Centre du Brésil Contemporain da EHESS, que, ao considerar a família uma categoria de prática política munida de um capital de cumplicidade, eu não havia considerado esse capital existente em outros grupos sociais, como associações profissionais ou organizações religiosas. Valeria refletir sobre a especificidade dos laços familiares em relação aos demais tipos de relação social mobilizados na competição política. Como são formados os laços e a cumplicidade que unem os políticos de uma determinada região e de uma determinada geração entre si e com seus eleitores em uma ação que é antes de tudo coletiva? O que separaria os "herdeiros" de longas linhagens no poder dos políticos de "primeira geração"? O que os distingue daqueles que são produto de uma seleção social diferente e, portanto, de uma outra forma de qualificação profissional?

Sob este prisma, o método de trabalho adotado diferiu daquele utilizado pelos cientistas sociais para o estudo de recrutamento político, pois não

---

64. Daniel Gaxie, *La Démocratie Représentative*, Paris, Montchrestien, 1993, p. 88.

partiu da visão institucionalizada e não se limitou a um exame vertical de trajetórias individuais, como fazem os dicionários biográficos e as agências de opinião[65]. Seguindo proposições de Christophe Charle, procurei relacionar, de maneira metódica e sistemática, cargos políticos, relações familiares, redes de sociabilidade, formação escolar – desde as escolas secundárias até os cursos superiores e a experiência acadêmica ou profissional no exterior –, visando a uma análise fina e profunda das práticas que guiam as ações políticas. O método ajudou-me a detectar o potencial de um político pertencente a uma determinada rede de relações e acompanhar como esse potencial se realizou pela ação dos membros dessas redes e pelas operações simbólicas efetuadas a partir de atribuições de filiações. Enfim, pude pensar o poder político como o produto de estratégias de sucesso de determinados grupos sociais capazes de mobilizar meios sociais e familiares como recursos necessários para assumir e transmitir altos cargos da política.

O resultado da pesquisa consta em dois capítulos deste livro: "Herança na Política, ou Como Adquirir as Disposições e Competências Necessárias às Funções de Representação Política, 1945-1964" e "Heranças e Aprendizagens na Ordem Política Brasileira (1945-2000)" .

O estudo do trabalho coletivo do político articulado em redes significou um mergulho não só nas estratégias de educação (família e escola), de socialização (associações, congregações...) e nas diferentes maneiras de aquisição de competências parlamentares, mas, ainda, no significado das conexões eleitorais, ligado às complexas situações de pertencimento e cadeias de influências. O caso de Lula e a fundação do PT me parece exemplar para sintetizar esse último aspecto: dispondo somente de um capital político militante, acumulado em movimentos sindicais operários e em momento político favorável às alianças e recomposições de vínculos, Lula conseguiu se articular com outros grupos, seja de militantes de partidos de esquerda, sindicalistas ou universitários, para fundar o PT. No crepúsculo do período militar, havia toda uma esquerda militante brasileira que recolhia seu espólio para investi-la em algo. Tenho muito a agradecer ao Afrânio Garcia, que me sugeriu procurar a ata da criação do PT e ver a assinatura dos presentes na reunião do Colégio Sion. Os seis primeiros signatários do manifesto

---

65. Letícia Bicalho Canêdo, "As Metáforas da Família na Transmissão do Poder Político: Questões de Método".

eram: Mário Pedrosa (da ala trotskista); Manoel da Conceição (líder camponês); Sérgio Buarque de Holanda (da ala socialista); Lélia Abramo (da ala anarquista); Apolônio de Carvalho (Partido Comunista); Moacir Gadotti (ala da pastoral da Igreja Católica). Sintetizo o resultado com a narrativa de um socialista histórico, Antonio Candido sobre a fundação do PT, em 1980:

> Não hesitei em ir à reunião histórica do Colégio Sion, em fevereiro de 1980, na qual me sentei ao lado de um antigo companheiro do Partido Socialista, Paul Singer, vendo que lá estavam também outros companheiros mais velhos, como Lélia Abramo, Mário Pedrosa, Sérgio Buarque de Holanda, que receberam grandes aplausos. Lembro que chamou minha atenção um sinal dos tempos: a presença de pessoas originárias de tendências ideológicas que alguns anos atrás se hostilizavam, por vezes com grande aspereza: stalinistas, trotskistas, socialistas democráticos. Ao vê-los reunidos em coexistência pacífica, como quem partilha de convicções comuns, percebi que estava começando uma era diferente na história da esquerda brasileira[66].

ENTRE A REPRODUÇÃO FAMILIAR E A SELEÇÃO ESCOLAR: COMPLEMENTARIDADE E OPOSIÇÃO

> *Ce n'est pas la famille en tant que catégorie politique qui a disparu du monde politique, mais plutôt la famille qui, en tant que réalité historique, s'est transformée, scolarisée, internationalisée, en partie "démasculinisée", et qui, sous d'autres formes, essaie aujourd'hui, de tendre aux mêmes buts : la reproduction et l'extension de son pouvoir familial, c'est-à-dire politique[67].*
>
> JEAN-PIERRE FAGUER, *La Famille comme Cadre Social de la Vocation Politique.*

Estudei música em Belo Horizonte, no ano de 1963. Um ano de grandes agitações sociais polarizadas em torno da implementação e condução das reformas sociais e econômicas de que o país necessitava. Por estar numa

---

66. Antonio Candido de Mello e Souza, "Lembranças PT", *Especial PT 20 Anos*, São Paulo, Fundação Perseu Abramo, 2000.
67. "Não é a família, enquanto categoria política, que desapareceu do mundo político, mas sim a família que, como realidade histórica, foi transformada, educada, internacionalizada, em parte "desmasculinizada", e que, sob outras formas, tenta hoje, atingir aos mesmos objetivos: a reprodução e a extensão de seu poder familiar, ou seja, político".

área estrangeira ao mundo acadêmico, e ainda muito vinculada à família, não conheci, na época, um grupo de sociólogos e de militantes estudantis que atuava nessa cidade dentro da AP, da Polop e de outros agrupamentos políticos de esquerda. Estiveram invisíveis para mim, até mesmo nas animadas vesperais dançantes de domingo do DCE. Muitos desses militantes, anos depois, obtiveram uma grande visibilidade em altos postos na República, na Academia Brasileira, tanto de Ciências quanto de Letras, em cargos de consultoria na alta administração do Estado e em organismos internacionais.

Mas esses ex-militantes de Minas Gerais só entraram no meu radar quando se juntaram ao problema da transmissão do poder político por ocasião do desenvolvimento de um projeto temático sobre circulação internacional dos conhecimentos científicos, do qual participei como coordenadora nos anos 2000-2012.

Idealizado por Afrânio Garcia, então diretor do Centre de Recherches sur le Brésil Contemporain (CRBC/EHESS), esse projeto temático permitiu o estabelecimento de uma rede internacional de pesquisadores de várias disciplinas. Tinha por alvo identificar os recursos sociais e institucionais que foram mobilizados por aqueles que receberam bolsas de estudos em universidades no exterior. Procurava, ainda, conhecer o uso que esses estudantes fizeram dessas bolsas como passaporte para o acesso ao campo mundial da formação de dirigentes e, ao mesmo tempo, ao centro da difusão da crença de que esta formação em centros de pesquisas internacionais seria a melhor para a promoção dos interesses nacionais na competição internacional[68]. Meu interesse por esse projeto era enorme. Eu, pessoalmente, havia me beneficiado muito com essas bolsas, graças às quais abri um espaço para mim no meio universitário.

Financiado pela Capes, e posteriormente pela Fapesp, o projeto tinha por pista inicial investigar o fluxo de doutorandos no exterior extraído das listas fornecidas pelas três mais importantes agências de fomento à pesquisa do Brasil: Capes, CNPq e a Fapesp. Dizia o Afrânio: "Estágios de estudo no exterior são fatos sociais bons para pensar". E repetia, como bom

---

68. Afrânio Garcia, "Mobilité Universitaire et Circulation Internationale des Idées. Le Brésil et la Mondialisation des Savoirs", *Cahiers de la Recherche sur l'Éducation et les Savoirs, Revue Internationale de Sciences Sociales*, Hors-Série n. 2, juin 2009.

antropólogo, que essa era uma expressão célebre usada por Lévi-Strauss a propósito de mitos.

Afrânio tinha mais que razão. A lista de estudantes bolsistas no exterior financiados pelas agências estatais *deu o que pensar*. E me tocavam de perto porque mostravam a dificuldade das mulheres em escapar de um "destino feminino". Cruzar os nomes das mulheres com os seus estudos foi espantoso para mim: as bolsas concedidas às mulheres que desejavam se aperfeiçoar nos grandes centros de pesquisas internacionais se limitavam às especialidades afastadas do poder político, das questões públicas e dos grandes debates econômicos, domínio ainda reservado aos homens. Lembrei-me não só das mulheres da genealogia, no ombro das quais repousava toda uma linhagem política masculina, mas também de quando, nos anos 1960, procurava decidir qual vestibular eu faria e descobri que a minha iniciação intelectual fraca no colégio de freiras, cheia de reservas e pensamentos dissimulados, não me permitiria alcançar o que pensava ser uma "profissão de homem". As "profissões de homem" exigiam matemática no vestibular. Eu não havia estudado matemática no Curso Normal, muito menos física. Havia um bom curso de biologia no colégio, ministrado por um dedicado médico que muito se esforçava para nos atrair pela matéria. Mas eu não pensava em profissão que envolvesse o corpo ou o cuidado dele.

Esses dois fatos, sem dúvida, motivaram-me a pensar a distância entre as expectativas femininas e masculinas em matéria científica, observando as bolsas de estudos conferidas pelas agências estatais brasileiras. O percentual de bolsas distribuído por sexo no nível das disciplinas indicava a maior procura feminina justamente para formas de vida, em geral as mais invisíveis (genética dos micro-organismos, bioquímica molecular) e suas aplicações na medicina, isto é, anatomia patológica e patologia clínica. As outras escolhas as situavam numa extensão do espaço doméstico (a saúde/o ensino) e uma boa parte estava dirigida à produção simbólica (letras e artes), onde entram em jogo a sensibilidade e a afetividade. Eram disciplinas para as quais foram socialmente preparadas, com a atuação voltada para o interior, a esfera íntima, dando-lhes grande poder de ação nos bastidores da vida pública, o poder feminino que eu havia descoberto a partir da genealogia estudada. Por outro lado, a maior representatividade masculina voltava-se para a razão, a abstração e a teoria (física teórica, matemática, por exemplo). Na área das ciências sociais, certas especializações em economia, tais como teoria econômica e economia monetária e fiscal, atraíam os homens, enquanto as bolsas outorgadas às mulheres para essa especialização concerniam à versão analítica e prática da economia. Relacionei a descoberta nesse domínio do conhecimento às grandes carreiras masculinas, como ministros de Estado[69]. Mas, quanto à disciplina ciência política, a lista tinha pouco a oferecer quanto às expectativas masculinas ou femininas: a ciência política só começava a aparecer com valor estatístico na lista de bolsistas nos anos 1990.

Essa quase ausência da ciência política da lista de bolsas concedidas era, portanto, um fato muito bom para se pensar. Eu não me lembrava de cientistas políticos em comissões no Congresso Nacional ou em postos de relevância nos importantes ministérios, como acontecia com os economistas. No entanto, eles eram muito visíveis em entrevistas na TV e nas colunas nos jornais, prescrevendo de maneira muito articulada o que os governos deveriam ou não fazer em tais e tais planos políticos. No mundo acadêmico haviam mostrado muita energia na criação da Anpocs (Associação Nacional de Pós-Graduação em Ciências Sociais). Por que não constavam entre os bolsistas das agências de fomento brasileiras? Quem eram esses cientistas políticos que eu via na TV brasileira e na Anpocs? Descobrir que eram originários de Minas Gerais e que o apoio recebido para os estudos no exterior viera da Fundação Ford foi o ponto de partida para eu estudar a introdução da ciência política no Brasil e sua relação com os modos de funcionamento de seleção das elites políticas em Minas Gerais.

Tratava-se dos estudantes que estiveram invisíveis para mim no período em que eu estudava música em Belo Horizonte, no início dos anos 1960. Eram estudantes que haviam adquirido predisposição para a "defesa de uma causa política" em pastorais da Igreja Católica ou no ambiente escolar, e não no familiar, como os "herdeiros políticos". Não dispunham de apoios políticos das gerações precedentes, nem de socialização precoce nessa atividade, como era comum em Minas Gerais a todo candidato interessado em fazer da política sua ocupação principal. Mas encontraram no ambiente

---

69. Letícia Bicalho Canêdo, "Masculino, Feminino e Estudos Universitários no Estrangeiro: Os Bolsistas Brasileiros de 1987 a 1998", em Letícia Bicalho Canêdo, Afrânio Garcia, Agueda B. Bittencourt e Ana Maria F. Almeida, *Circulação Internacional e Formação Intelectual das Elites Brasileiras*, Campinas, Editora da Unicamp, 2004.

escolar e nos movimentos trotskistas e católicos outras formas de luta para alcançar poder no campo político. Nos anos posteriores ao regime militar, transformaram-se em importantes atores da reestruturação do espaço político brasileiro.

Diferentemente da maioria dos estudantes brasileiros que ambicionavam um estudo em universidades no exterior, esses militantes, de fato, não haviam recebido apoio das agências brasileiras. Após o golpe civil-militar de 1964, uma parte deles foi recrutada pela Fundação Ford para estudar ciência política em universidades americanas, em plena Guerra Fria. Que situação, social, política, humana ou institucional levou militantes trotskistas e católicos ao encontro da organização filantrópica americana (e vice-versa) ou ao exílio, com apoio da Igreja Católica? Como foram tecidas as redes que os levaram a agir no campo da política acadêmica e nas transformações do espaço político?

No projeto temático que eu coordenava com Afrânio havia trocas intelectuais intensas. Trabalhávamos numa rede onde havia pessoas que eu considerava muito inovadoras, cada qual no seu domínio. Havia uma atmosfera muito estimulante no grupo. Trocávamos nossos pontos de vista, organizávamos seminários internacionais para discutir o projeto, frequentávamos colóquios internacionais voltados para a internacionalização dos conhecimentos na França, na Argentina, e até mesmo ao Marrocos fui, graças ao apoio da Fapesp. Nessa atmosfera, o meu trabalho com os cientistas políticos foi incorporado a um grande projeto conduzido por um grupo internacional de pesquisadores intitulado "International Cooperation in the Social Sciences and Humanities", centrados na École des Hautes Études en Sciences Sociales – EHESS.

Os dois últimos capítulos deste livro – "Herdeiros, Militantes, Cientistas Políticos: Socialização e Politização dos Grupos Dirigentes no Brasil (1964--2010)" e "A Fundação Ford e a Institucionalização da Ciência Política no Brasil" – devem muito a essa experiência internacional propiciada pelo financiamento da Fapesp para a pesquisa e os seminários internacionais. Apresentam alguns dos resultados das minhas inquietações sobre a questão dos cientistas políticos e a transmissão do poder. Os dois textos estão voltados para a análise das "invisíveis barreiras de entrada" a uma carreira profissional na política enfrentadas por estudantes de origem social e intelectual bem diferentes dos herdeiros políticos.

O texto sobre herdeiros, militantes e cientistas políticos compara predisposição para a atividade política destacando o enquadramento moral e os objetivos iniciais atribuídos a ações militantes. Baseia-se na hipótese de que é o modelo de socialização política original que distingue os ex-militantes dos anos 1960 do grupo dos herdeiros, explicando os recursos materiais e simbólicos distintos que investiram na política. Por meio da trajetória dos militantes, chamo a atenção para a maneira como tanto as habilidades conferidas pela militância (valorização do trabalho ideológico, domínio do aparelho e uma concepção tática da política) como as competências importadas do exterior (via doutorados completados em universidades dos Estados Unidos e via modos de condutas adquiridos em ações vinculadas a organizações internacionais católicas durante exílio) foram requalificadas na prática, sem renúncia a qualquer uma delas .

O capítulo sobre a institucionalização da ciência política no Brasil está centrado no encontro do grupo de jovens intelectuais de Minas Gerais com dois representantes da Fundação Ford num momento de reestruturação do espaço político brasileiro após o golpe civil-militar de 1964. Investiga as práticas que presidiram o recrutamento tanto dos agentes da Fundação quanto o dos bolsistas que eles selecionaram; analisa o complexo espaço de concorrência acadêmica com e contra o qual a Fundação interagiu para influenciar a concepção e a organização da disciplina ciência política numa direção coerente com a sua ambição internacional: substituir os estudos políticos tradicionais pelos estudos comparativos relativos às formas de governo e aos comportamentos políticos. Para tal, a Fundação Ford valeu-se da capacidade operacional já existente, ajustando-a numa certa continuidade aos esforços desenvolvidos pelas elites tradicionais mineiras que disputavam a hegemonia nacional com as novas elites de São Paulo e do Rio de Janeiro. O recurso utilizado foram as motivações da meritocracia para indivíduos escolarizados na dependência dessas mesmas elites[70].

Os dois capítulos testemunham meu interesse em refletir sobre os caminhos, no mais das vezes improváveis, pelos quais homens e mulheres, dotados de percepções diferentes e contraditórias, se apropriam, por meio

---

70. Yves Dezalay, "Les Courtiers de l'International", *Actes de la Recherche en Sciences Sociales*, n. 151-152, pp. 4-35, 2004; Yves Dezalay e Bryant Garth, "L'Impérialisme Morale", *Actes de la Recherche en Sciences Sociales*, n. 171-172, pp. 40-55, 2008.

de práticas e usos diversos, de responsabilidades políticas que acreditam "dever" assumir. Como os demais capítulos que compõem este conjunto, têm por objetivo pensar a politização sem reduzi-la à difusão ou à ingestão de categorias universais vindas do alto; considerá-la resultado de práticas e crenças de atores sociais que, conscientemente, ou não, episodicamente ou de maneira contínua, contribuem para produzir transformações na instituição política[71].

CONSIDERAÇÕES FINAIS

> N'y a-t-il pas quelque chose d'un peu délirant dans le fait de vivre les progrès que l'on a pu faire, tout au long d'une vie de recherche, comme une sorte de lent parcours initiatique, convaincu que l'on connaît de mieux en mieux le monde à mesure qu'on se connaît mieux, que la connaissance scientifique et la connaissance de soi et de son propre inconscient social progressent d'un même pas, et que l'expérience première transformée par la pratique scientifique transforme la pratique scientifique et réciproquement?[72]
>
> Pierre Bourdieu, L'Objectivation Participante.

A intenção de reunir meus estudos sobre a transmissão familiar do poder político em livro, com a inclusão de uma narrativa introdutória da minha socialização política, da formação escolar e das etapas do meu percurso de pesquisa em história foi explicitar, como outros o fizeram, que o olhar do historiador sobre o passado é fortemente influenciado pela sua experiência vivida[73]. Muitas das experiências aqui relatadas estavam registradas no meu cérebro, mas eram apenas *flashes*, não história. Reconstituir os processos históricos nos quais os fatos cotidianos da minha vida ocorreram, ganharam

---

71. Jacques Lagroye (org.), *La Politisation*, Paris, Belin, 2003; Michel Offerlé, "Capacités Politiques et Politisations: Faire Voter et Voter, XIXe-XXe Siècles", *Genèses*, juin-sept. 2007.
72. "Não há algo de delirante no fato de vivenciarmos os progressos que logramos alcançar ao longo de uma vida inteira de pesquisa como uma espécie de lenta jornada iniciática, convencidos de que conhecemos o mundo cada vez melhor, assim como conhecemos melhor a nós mesmos, que o conhecimento científico e o conhecimento de si e do próprio inconsciente social avançam no mesmo ritmo, e que a experiência original, transformada pela prática científica, transforma a prática científica e vice-versa?"
73. Gérard Noiriel, *Penser avec, Penser contre. Itinéraire d'un Historien*, Paris, Belin, 2003 (Socio-Histoires).

significado e contribuíram a moldar meu olhar sobre o mundo aos poucos se transformou em uma necessidade para que eu pudesse controlar os efeitos deles no meu trabalho na universidade. Considerei valer a pena o esforço para lembrar a intencionalidade dos atos praticados e descrevê-los de forma precisa no compasso de uma aprendizagem científica, tendo um espaço de referência muito específico – Minas Gerais. Essa evocação levou-me à redescoberta de um mundo do qual pensava ter escapado, mas que estava muito próximo das ideias que me habitavam. Ao mesmo tempo, era distante quando visualizado a partir de todo o deslocamento produzido por minha experiência universitária e a convivência com mestres e colegas moldados por pressupostos e itinerários bem diversos. De onde a necessidade de descrever a sensação desconfortável e ao mesmo tempo positiva do estrangeiro definida por Simmel, que acompanhou minhas rupturas biográficas aliadas às conceituais. O desafio enfrentado foi tentar expressar nos conceitos o aprofundamento do conhecimento embutido na percepção inicial de minha experiência das instituições de seleção e reprodução das elites: família e escola. Em outras palavras, retraduzir as categorias emocionais em categorias científicas (o sentido do social) e políticas.

Com esse exercício deliberado e metódico de reflexão sobre a minha trajetória diante da longa duração das instituições que estruturam o espaço público, espero ter fornecido as chaves para a compreensão dos capítulos aqui reunidos. Eles desenvolvem argumentos que demonstram, numa história das relações de poder, o que torna possível a acumulação e a transmissão do capital político. Discutem a maneira como a universalidade das regras e a impessoalidade das relações sociais – definidas com o sufrágio universal, em 1945 – foram adaptadas nas formas particulares de tramitação dos conflitos da sociedade brasileira. No conjunto, os textos aspiram propor novas hipóteses capazes de contribuir para reflexões mais finas sobre modos de transmissão familiar do poder político em sociedades organizadas por leis que ignoram os privilégios ligados a um nome de família e para a qual os partidos políticos são importantes no jogo da sucessão.

Trata-se de um fenômeno de difícil medição, porque inscrito em estratégias de jogo duplo. Fala-se da possibilidade de a democracia realizar-se, mas permite-se a convivência de padrões de conduta e concepções que parecem negar os mecanismos impessoais e legais de participação. Os agentes políticos que fazem a ideia democrática existir dentro dos partidos políticos, por exemplo, são os mesmos que encarnam as qualidades abstratas aludidas ao familiar (fidelidade, honra, proteção, segurança contra mudanças). Nos recentes resultados das eleições municipais em Pernambuco e São Paulo[74], novas elites filiadas em partidos modernos foram vistas, através da mídia, crescendo imersas em rede de parentes, amigos e padrinhos. Outros exemplos vindos da composição do Congresso nacional também poderiam ser citados.

O que mostram as pesquisas aqui reunidas é que a transmissão não se faz automaticamente como os resultados eleitorais comentados na imprensa levariam a pressupor. O herdeiro, antes de se apropriar da herança, é apropriado pelas redes familiares (e sua clientela) e de patronagem, o que nunca se realiza sem uma preparação, uma predisposição e, sobretudo, um profundo aprendizado de normas, condutas e maneiras de se relacionar com membros da família e das relações políticas. O herdeiro herdado pela herança[75] precisa aceitar que ela foi feita para ele (ver capítulos 1 e 2), o que se dá por meio de um trabalho específico produzido pela família nos bastidores da vida privada. As mulheres tecem os laços de parentesco necessários à mobilização e à acumulação do capital político nas atividades sutis que realizam: promover cerimônias familiares úteis, convidar e conviver com pessoas proeminentes em certas celebrações, escrever cartões de parabéns, agradecimento e votos em rituais festivos, supervisionar os casamentos etc. São atividades realizadas por pessoas invisíveis na representação política e politicamente dominadas (madrinhas, afilhadas, empregadas e dependentes da família etc.). O trabalho fundamental de socialização política é o trabalho doméstico de enquadramento, tendo por objetivo adquirir as disposições necessárias ao exercício de uma atividade de risco que exige tempo para acumulação do capital necessário: laços precoces com o mundo da

---

74. Nas eleições referidas de 2020, foi eleito o neto de Miguel Arraes em Pernambuco, vindo de longa dinastia política atuante no Nordeste. Em São Paulo, foi eleito o neto de Mário Covas. Mais recentemente, o jornal digital UOL (20.8.2021) noticia que "O governador João Doria (PSDB-SP) deu um jeito para convidar Tomás Covas, filho do ex-prefeito Bruno Covas, para estagiar no governo. Com admissões suspensas por decreto desde janeiro, o jovem trabalhará junto ao Palácio dos Bandeirantes por meio da parceria com uma ONG". O governador escreveu no Twitter: "Que alegria receber @covas_tomas, filho do meu querido amigo, o saudoso Bruno Covas. Tomás completa hoje 16 anos. Na semana que vem ele começa a estagiar aqui no Governo de São Paulo. Seu pai certamente está muito orgulhoso de você! Bem-vindo, Tomás!"
75. Pierre Bourdieu, "Le Mort Saisit le Vif. As Relações entre a História Reificada e a História Incorporada", *O Poder Simbólico*, Lisboa, Difel, 1989.

política, frequência e familiaridade com as tarefas políticas, com os lugares e as pessoas do poder, exercício do uso da palavra em público sem timidez, utilização e controle das emoções. O controle da escolarização e de acesso à administração do Estado é fundamental nesse aprendizado, junto com o da representação simbólica: *1*. manifestar o poder social e político da família (por exemplo, publicando um genealogia que seleciona os membros dotados de capital político); 2. promover o conhecimento e o reconhecimento do patrimônio familiar, criando redes estruturadas pelo sentimento de uma unidade comum e de obrigações afetivas, capazes de construir um capital de cumplicidade entre as pessoas a serviço da acumulação e da transmissão do patrimônio. Essa modalidade familiar na competição política esclarece não só diversos tipos de transmissão de postos de poder como também casos de fracasso sucessórios, pois o recurso é sujeito a flutuações diante estratégias inversas de desqualificação em nome da democracia.

Entre os problemas abordados, muitos são desafios para a pesquisa histórica. As variáveis ocultas do familismo[76], em formas "modernas" de transmissão do poder político, por exemplo, são de suma importância para se compreender estratégias republicanas de integração de grupos dominados no espaço do poder. Nas escolas privilegiadas de formação das elites, cabe um olhar aprofundado sobre as mulheres que exercem por procuração, como cúmplices, os feitos específicos e cumulativos da dominação masculina e da dominação política[77]. Vale desenvolver, ainda, a verificação da capacidade de atores dominados de subverter as regras que não os beneficiam, tanto através de estratégias escolares quanto de experiências de militantismo político (capítulos 3, 4, 5 e 6).

Os estudos neste volume podem ser lidos de forma independente. Cada um exprime uma pesquisa feita separadamente, variando com a natureza do enfoque. Apenas o objeto transmissão familiar do poder percorre todos eles. Mas decidi manter a ordem em que foram escritos. Acredito que esse ordenamento preserva o que cada um deles acrescenta de novo à

---

76. Florence Weber, *Le Sang, le Nom, le Quotidien: Une Sociologie de la Parenté Pratique*, La Courneuve, Éd. Aux Lieux d'Être, 2005.
77. Letícia Bicalho Canêdo, "Masculino, Feminino e Estudos Universitários no Estrangeiro: Os Bolsistas Brasileiros de 1987 a 1998"; Letícia Bicalho Canêdo, "Instituição do Voto Secreto e Feminino", em Dirce Bittencourt e Carla Pinsky (coord.), *Dicionário de Datas da História do Brasil*, São Paulo, Contexto, 2006.

compreensão do problema, tanto no que se refere aos dados como às sugestões advindas da leitura de novos trabalhos e discussões críticas com colegas, que me levaram a ler os documentos de outra forma, dispô-los diferentemente sob o incentivo de uma historiografia que não tem fim.

As discussões com colegas num trabalho em equipe, além de me ajudarem a garantir a objetividade desejada durante a realização das pesquisas, conduziram também minha prática docente na Faculdade de Educação da Unicamp e movimentaram minhas reflexões junto a doutorandos no Grupo de Pesquisa sobre Instituição Escolar e Organizações Familiares – Focus, que criei com minha colega Agueda Bittencourt nesse âmbito. As oficinas de trabalho, as diferentes reuniões, os colóquios e a organização de publicações coletivas do Focus tiveram um papel decisivo na evolução de minhas hipóteses e na definição das maneiras de trabalhar e de abordar o problema. Cada dissertação, tese ou artigo elaborado dentro desse grupo de pesquisa é um produto em si, mas permitiu a cada um de nós, em paralelo ou em conjunto, enfrentar problemas complicados, como essas modalidades de transmissão do poder que envolvem a família como categoria política na construção da cidadania.

Espero que essa publicação incentive jovens historiadores e cientistas sociais a se dedicarem ao trabalho de equipe sem ficarem tolhidos por barreiras disciplinares. E que ela possa contribuir para que eles ousem aplicar, de maneira controlada e consciente, suas experiências pessoais nas reflexões sobre seus dados de pesquisa. Um trabalho duplo de analista de si mesmo e de pesquisador, lento e difícil porque vem acompanhado de uma autoanálise necessária. Como já foi dito, o passado social de cada um de nós, intimamente ligado, entrelaçado com o explorado pela psicanálise, é pesado e embaraçoso quando se trata de fazer ciências sociais. No entanto, é o que reconcilia o pesquisador com ele próprio e com suas propriedades sociais[78].

Por fim, aproveito a ocasião para deixar registrado o meu agradecimento ao CNPq, que financiou essa pesquisa de 1988 a 2002, à Capes e, em especial, à Fapesp, que apoia meus trabalhos de pesquisa desde 1975.

---

78. Pierre Bourdieu, *Esquisse pour une Auto-Analyse*.

REFERÊNCIAS BIBLIOGRÁFICAS

Arruda, Maria Arminda do Nascimento. *Mitologia da Mineiridade*. São Paulo, Brasiliense, 1990. [2. ed. Cotia, sp, Ateliê Editorial, 2024].

Bourdieu, Pierre. *Esquisse pour une Auto-Analyse*. Paris, Raison d'Agir, 2004.

____. *La Reproduction. Eléments pour une Théorie du Système d'Enseignement*. Paris, Éditions de Minuit, 1970.

____. "Le Mort Saisit le Vif. As Relações entre a História Reificada e a História Incorporada". *O Poder Simbólico*. Lisboa, Difel, 1989.

____. *Le Sens Pratique*. Paris, Éditions de Minuit, 1980.

____. "Stratégies de Reproduction et Modes de Domination". *Actes de la Recherche en Sciences Sociales*, vol. 105, n. 1, pp. 3-12, 1994.

____. "Une Classe Objet". *Actes de la Recherche en Sciences Sociales*, vol. 17-18, pp. 2-5, 1977.

____. & Passeron, Jean-Claude. *Les Héritiers. Les Étudiants et la Culture*. Paris, Éditions de Minuit, 1964.

Bourdieu, Pierre & Saint-Martin, Monique. "Les Catégories de l'Entendement Professoral". *Actes de la Recherche en Sciences Sociales*, vol. 1-3, pp. 68-93, 1975.

Brioschi, Lucila. *Família e Genealogia: Quatro Gerações de uma Grande Família do Sudeste Brasileiro (1750-1850)*. Universidade de São Paulo, Faculdade de Filosofia, Letras e Ciências Humanas, 1985 (Dissertação de Mestrado em Sociologia).

Briquet, Jean-Louis. *La Tradition en Mouvement. Clientélisme et Politique en Corse*. Paris, Belin, 1997.

Canêdo, Letícia Bicalho. "Aprendendo a Votar". *In*: Pinsky, Jaime & Pinsky, Carla (org.). *História da Cidadania*. São Paulo, Contexto, 2003.

____. "As Metáforas da Família na Transmissão do Poder Político: Questões de Método". *Cadernos Cedes*, vol. 18, pp. 29-52, 1997.

____. *Bancários: Organização Sindical e Participação Política*. Campinas, Editora da Unicamp, 1986 (Teses).

____. "Caminhos da Memória: Parentesco e Poder". *Textos de História*, vol. 2, n. 3, pp. 85-123, 1994.

____. "Estratégias Familiares na Construção Social de uma Qualificação Política". *Educação e Sociedade*, vol. 7, ago. 1991.

____. "Gestão Familiar da Escola e Aprendizagem das Habilidades para o Ofício da Política'". *In*: Almeida, Ana Maria F. & Nogueira, Maria Alice (org.). *A Escolarização das Elites*. Petrópolis, Vozes, 2002.

_____. "Herança na Política, ou Como Adquirir as Disposições e Competências Necessárias às Funções de Representação Política, 1945-1964". *Pró-Posições*, vol. 13, n. 3, set.-dez. 2002.

_____. "Herdeiros, Militantes, Cientistas Políticos: Socialização e Politização dos Grupos Dirigentes no Brasil". *In*: CANÊDO, Letícia Bicalho; TOMIZAKI, Kimi & GARCIA, Afrânio (org.). *Estratégias Educativas das Elites Nacionais no Mundo Globalizado*. São Paulo, Hucitec, 2013.

_____. "Instituição do Voto Secreto e Feminino". *In*: BITTENCOURT, Dirce & PINSKY, Carla (coord.). *Dicionário de Datas da História do Brasil*. São Paulo, Contexto, 2006.

_____. "La Production Généalogique et les Modes de Transmission d'un Capital Politique Familiale dans le Minas Gerais Brésilien". *Genèses*, vol. 2, n. 31, pp. 4-28, juin 1998.

_____. "Masculino, Feminino e Estudos Universitários no Estrangeiro: Os Bolsistas Brasileiros de 1987 a 1998". *In*: CANÊDO, Letícia Bicalho; GARCIA, Afrânio; BITTENCOURT, Agueda B. & ALMEIDA, Ana Maria F. *Circulação Internacional e Formação Intelectual das Elites Brasileiras*. Campinas, Editora da Unicamp, 2004.

_____. "Metáforas do Parentesco e a Duração em Política". *Textos de História*, vol. 3, n. 1, pp. 82-103, 1995.

_____. *O Sindicalismo Bancário em São Paulo*. São Paulo, Símbolo, 1978.

_____. "Ritos, Símbolos e Alegorias no Exercício Profissional da Política". *In*: CANÊDO, Letícia Bicalho (coord.). *O Sufrágio Universal e a Invenção Democrática*. São Paulo, Estação Liberdade, 2005.

_____. (coord.). *O Sufrágio Universal e a Invenção Democrática*. São Paulo, Estação Liberdade, 2005.

_____. "The Ford Foundation and the Institutionalization of Political Science in Brazil". *In*: HEILBRON, Johan; SORÁ, Gustavo & BONCOURT, Thibaud. *The Social and Human Sciences in Global Power Relations*. London, Palgrave Macmillan, 2018.

CARVALHO, José Murilo de. *A Construção da Ordem*. Rio de Janeiro, Campus, 1980.

_____. "Mandonismo, Coronelismo, Clientelismo: Uma Discussão Conceitual". *Dados*, vol. 40, n. 2, pp. 229-250, 1977.

CHARLE, Christophe. *Les Élites de la République, 1880-1900*. Paris, Fayard, 1987.

CUNHA, Mário Wagner Vieira da. *O Sistema Administrativo Brasileiro*. Rio de Janeiro, CBPE, 1963.

DAMATTA, Roberto. *A Casa e a Rua: Espaço, Cidadania, Mulher e Morte no Brasil*. São Paulo, Brasiliense, 1985.

DEZALAY, Yves. "Les Courtiers de l'International". *Actes de la Recherche en Sciences Sociales*, n. 151-152, pp. 4-35, 2004.

____. & GARTH, Bryant. "L'Impérialisme Morale". *Actes de la Recherche en Sciences Sociales*, n. 171-172, pp. 40-55, 2008.

DIRETORIA Geral de Estatística. *Annuario Estatistico do Brazil – 1908-1912*. Rio de Janeiro, Typographia da Estatistica, 1916.

DULCI, Otávio Soares. "As Elites Mineiras e a Conciliação: A Mineiridade como Ideologia". *Ciências Sociais Hoje*, 1984.

FAGUER, Jean-Pierre. "Continuité et Discontinuité des Conditions de Reproduction des Elites Politiques: La Famille comme Cadre Social de la Vocation Politique". *Cahiers du Brésil Contemporain*, n. 47-48, pp. 121-131, 2002.

FAORO, Raymundo. *Os Donos do Poder*. Porto Alegre, Globo, 1975.

GARCIA, Afrânio. "Mobilité Universitaire et Circulation Internationale des Idées. Le Brésil et la Mondialisation des Savoirs". *Cahiers de la Recherche sur l'Éducation et les Savoirs, Revue Internationale de Sciences Sociales*, Hors-Série n. 2, juin 2009.

GAXIE, Daniel. *La Démocratie Représentative*. Paris, Montchrestien, 1993.

HENRY, Louis. *Manuel de Demographie Historique*. Genève/Paris, Librairie Droz, 1967.

HORTA, Cid Rebelo. "Famílias Governamentais em Minas Gerais". *II Seminário de Estudos Mineiros*, Belo Horizonte, UFMG, 1956.

IBGE – Conselho Nacional de Estatística. *Anuário Estatístico do Brasil – 1960*. Rio de Janeiro, IBGE, 1960.

LAGROYE, Jacques (org). *La Politisation*. Paris, Belin, 2003.

LEWIN, Linda. *Política e Parentela na Paraíba*. Rio de Janeiro, Record, 1993.

LOVE, Joseph. *A Locomotiva: São Paulo na Federação Brasileira 1889-1937*. São Paulo, Paz e Terra, 1982.

MARTINS FILHO, Amilcar Vianna. *The White Collor Republic: Patronage and Interest Representation in Minas Gerais*. University of Illinois, 1986 (Tese de Doutorado).

MELLO e SOUZA, Antonio Candido de. "Lembranças PT". *Especial PT 20 Anos*. São Paulo, Fundação Perseu Abramo, 2000.

____. et al. "Minas Não Há Mais?" *I Seminário de Economia Mineira*. Diamantina, 1982.

MICELI, Sergio. *Intelectuais e Classe Dirigente no Brasil (1920-1945)*. São Paulo, Difel, 1970.

MONTEIRO, Norma de Góes (coord.). *V Seminário de Estudos Mineiros*, UFMG/Proed, 1982.

Noiriel, Gérard. *État, Nation et Immigration. Vers une Histoire du Pouvoir.* Paris, Belin, 2001 (Socio-Histoires).

____. *Introduction à la Socio-Histoire.* Paris, La Découverte, 2006 (Repères).

____. *Penser avec, Penser contre. Itinéraire d'un Historien.* Paris, Belin, 2003 (Socio-Histoires).

Offerlé, Michel. "Capacités Politiques et Politisations: Faire Voter et Voter, xixe--xxe Siècles". *Genèses,* juin-sept. 2007.

____. *Perímetros de lo Político: Contribuciones a una Socio-Histoire de la Política.* Buenos Aires, Antropofagia, 2011.

____. *Sociologie de la Vie Politique Française.* Paris, La Découverte, 2004 (Repères).

____. *Un Homme, une Voix? Histoire du Suffrage Universel.* Paris, Gallimard, 2002.

____. "Usages et Usure de l'hérédité en Politique". rfsp, n. 5, 1993.

Pequeno, Waldemar Alves. *Raízes Mineiras e Cearenses.* Belo Horizonte, Imprensa Oficial, 1970.

Schwartzman, Simon. *Bases do Autoritarismo Brasileiro.* Rio de Janeiro, Campus, 1982.

Simmel, Georg. "O Estrangeiro". In: Moraes Filho, Evaristo (org.). *Sociologia.* São Paulo, Ática, 1983 (Grandes Cientistas Sociais).

Stone, Lawrence. "Prosopography". *Daedalus,* vol. 10, n. 1, 1971.

tse – Tribunal Superior Eleitoral. *Dados Estatísticos,* 2. 1952.

____. *Dados Estatísticos,* 5. 1963.

Uricoechea, Fernando, *O Minotauro Imperial.* São Paulo, Difel, 1978.

Weber, Florence. *Le Sang, le Nom, le Quotidien: Une Sociologie de la Parenté Pratique.* La Courneuve, Éd. Aux Lieux d'Être, 2005.

Wirth, John D. *O Fiel da Balança: Minas Gerais na Federação Brasileira, 1889-1937.* Rio de Janeiro, Paz e Terra, 1982.

1

Um Capital Político Multiplicado no Trabalho Genealógico[1]

Biografias, entrevistas e crônicas literárias são algumas das fontes comumente utilizadas pelos historiadores para funcionar como princípio de avaliação do poder da elite política mineira durante o Império (1822-1889) e, em especial, sob a República: seis presidentes da República, oito vice-presidentes, numerosos ministros (entre os das pastas mais importantes), uma forte representação nas principais comissões de finanças e de justiça no Congresso Nacional, e as principais funções em todos os ministérios. Desde o início da Nova República, nos anos 1980, a formação política de três presidentes sobre cinco foi realizada em Minas Gerais.

No II Seminário de Estudos Mineiros, promovido pela Universidade Federal de Minas Gerais, em 1956, numa provocativa conferência intitulada "Famílias Governamentais de Minas Gerais", Cid Rebelo Horta mostrou os laços dessa elite atados numa rede de 27 famílias controlando a política do Estado, do nível local ao nacional[2]. O autor, que também se entrosa nas famílias-matrizes que o texto fixou, viu seu texto muito citado em estudos de ciências sociais, mas raramente solicitada nos trabalhos dos cientistas

---

1. Este capítulo é uma versão retrabalhada do artigo "La Production Généalogique et les Modes de Transmission d'un Capital Politique Familial dans le Minas Gerais Brésilien", publicado na revista *Genèses*, vol. 2, n. 31, pp. 4-28, 1998. Em 2011, uma versão traduzida para o português foi publicada na REPOCS – *Revista Pós Ciências Socias*, da UFMA, vol. 8, n. 15, 2011. A pesquisa foi, inicialmente, financiada pelo CNPq, nos anos 1990, e o artigo se tornou possível com o apoio da Fapesp.
2. Cid Rebelo Horta, "Famílias Governamentais em Minas Gerais", II *Seminário de Estudos Mineiros*, Belo Horizonte, UFMG, 1956.

políticos. O texto foi retomado em 1990 por Frances Hagopian, na sua tese sobre política tradicional e mudança de regime no Brasil contemporâneo[3]. Ela mostra os membros dessas famílias nos postos mais elevados da administração durante o governo militar de 1964-1982 e também influenciando a transição negociada para a democracia, o que lhes assegurou a manutenção de posições proeminentes no pós-autoritarismo, permitindo-lhes manter o controle clientelístico, seu mais importante recurso político.

Estas informações não têm a intenção de relançar debates sobre o arcaísmo ou a modernidade política, ligados a uma concepção convencional da modernização em política, e sim dar uma visão das estratégias de acumulação do capital social e político das famílias de Minas Gerais que controlam os recursos políticos no nível de Minas e no do Estado Federal. O capítulo traz elementos capazes de ajudar a pensar as formas como este poder se expande no trabalho genealógico, que, paradoxalmente, suprime, corta e se apoia nas mulheres, sujeito e objeto dessas dinastias políticas, na expressão usada por Michel Offerlé para apresentar a primeira versão deste texto[4].

Uma observação do antigo deputado mineiro Eugênio Klein Dutra me orientou para esta fonte de pesquisa. Face às minhas dificuldades para apreender a natureza dos mandatos eletivos dos mineiros, ele me disse: "O político mineiro não escreve nunca. Os arquivos da política mineira se encontram na memória"[5]. Contrariamente a esta afirmação, descobri que os políticos mineiros escreveram as suas memórias, que se encontram escondidas nos meandros da genealogia. Na genealogia escolhida para estudo, os modelos de casamentos aí desenhados ordenam uma visão do mundo. A regularidade nas escolhas dos cônjuges, e também da atividade profissional, indica, na prática, uma lógica que garante a permanência de uma ordem política baseada sobre o poder da burocracia do Estado. Isto porque se trata de uma genealogia na qual muitas das pessoas aí registradas são conhecidas por suas atividades na função pública[6]. Duas outras fontes

---

3. Frances Hagopian, *Traditional Politics and Regime Change in Brazil*, Cambridge, Cambridge University Press, 1996.
4. Michel Offerlé, "Femme, Famille, Individu", *Genèses*, juin 1988, p. 2.
5. Cf. entrevista com Eugênio Klein Dutra, 20.7.1986.
6. Waldemar Alves Pequeno, *Raízes Mineiras e Cearenses*, Belo Horizonte, Imprensa Oficial, 1970. O trabalho sobre a genealogia consistiu numa transposição de dados sobre fichas individuais. Os dados foram completados interrogando pessoas aí registradas. Foram catalogadas 1692 pessoas, 1036 estudos em diferentes níveis, 575 profissões, 266 postos na carreira política. A partir

foram igualmente utilizadas nesta pesquisa: entrevistas e documentos de arquivos familiares[7].

Alguns fatos contribuíram mais de perto para a escolha da genealogia construída pelo advogado Waldemar Alves Pequeno como objeto de estudo:

- Os políticos aí inscritos pertencem todos a uma das 27 famílias governamentais citadas por Cid Rebelo Horta.
- Esta linhagem retoma os três elementos sublinhados por Frances Hagopian como essenciais para a ascensão da elite mineira no centro político: raízes oligárquicas, a vocação para a função pública e a competência técnica de seus membros.
- A genealogia foi publicada por uma editora oficial do Estado de Minas Gerais e não por uma editora privada.
- Ela apresenta, na conclusão, uma síntese biográfica de personalidades escolhidas pelo genealogista.
- A data da publicação do livro (1970) coincide com um dos períodos de decadência vivido por este grupo familiar no seu sucesso político. O fato de a família ter tido interesse em publicar esta genealogia foi tomado como hipótese de ela ter sido utilizada como uma arma na luta pela perenidade política de um grupo familiar que exerce poder político desde a independência do Brasil.

---

daí foram relacionados três espaços sociais: o espaço familiar (onde as estratégias de educação e de casamento são colocadas em prática), o espaço escolar (onde são preparados os portadores do saber necessário aos diferentes momentos do processo social) e o espaço das agências governamentais, com os postos e as posições de poder aí estabelecidas.

7. As entrevistas foram realizadas com pessoas inscritas na genealogia. Duas delas são políticos, treze são altos técnicos da administração do Estado (um deles era no momento da entrevista presidente do Clube de Engenharia, uma organização nacional). Com o testemunho de quinze mulheres da linhagem, foi possível aceder a um bom número de documentos familiares, como cartas e folhetos celebrando seus parentes. Os arquivos de um ramo dessa família encontram-se na Fundação Henrique Hastenreiter, em Muriaé, MG. Foram recolhidos também testemunhos de outros políticos que aparecem em livros escritos por jornalistas e historiadores, tais como: Assembleia Legislativa de Minas Gerais, *Pio Soares Canêdo*, Belo Horizonte, ALMG, 1996 (Memória Política de Minas); Vera Alice Cardoso Silva e Lucília de Almeida Neves Delgado, *Tancredo Neves: A Trajetória de um Liberal*, Petrópolis/Belo Horizonte, Vozes/UFMG, 1985; Aspásia Camargo, Lucia Hippólito, Maria Celina d'Araújo e Dora Rocha Flaksman, *Artes da Política – Diálogo com Amaral Peixoto*, Rio de Janeiro, Nova Fronteira/CPDOC–FGV/ UFF, 1986; Alisson Mascarenhas Vaz, *Israel, uma Vida para a História*, Rio de Janeiro, Vale do Rio Doce, 1996.

A primeira parte do capítulo sublinha, com base em dados históricos, o jogo dos interesses familiares ligados aos postos da administração do Estado, desde o Império até a República. A análise de alianças matrimoniais cumulativas demonstra o que permitiu a este grupo, durante mais de cento e cinquenta anos, jogar com sucesso num campo de forças tão instável como a política.

A segunda parte é dedicada à construção genealógica como instrumento político, examinando a forma escolhida pelo autor para marcar a solidez do poder político e social da família à qual ele próprio pertence[8]. Mais do que um instrumento construído para celebrar políticos, a presença da editora reafirma os laços da família do genealogista com as atividades do serviço do Estado.

Dessa maneira, este capítulo, com base numa genealogia publicada, avalia os recursos de um grupo político em momentos de reestruturação política.

O TEMPO NA GENEALOGIA: FAMÍLIA E PODER POLÍTICO

Uma genealogia se apresenta ao sócio-historiador sob um duplo aspecto. De um lado, reúne e ordena informações sobre nascimento, morte, casamentos etc., os quais, interpretados, servem de base às análises históricas, sociológicas e políticas. De outro lado, contém toda uma dimensão simbólica, resultado de uma maneira própria de conceber o real. Ela dá uma identidade à família, estabelecendo uma origem que rompe com tudo que a precedeu. O traçado regular, cronológico e cumulativo da trajetória familiar garante a continuidade e a coesão da família. A genealogia encerra e modela as práticas individuais e coletivas do presente, mas as mostra

---

8. Waldemar Alves Pequeno (1892-1988) era filho de um médico diplomado na Faculdade de Medicina do Rio de Janeiro, mas originário do Crato, no Ceará. A ideia de escrever tal obra, como ele próprio diz no primeiro capítulo, lhe veio após a leitura de um artigo intitulado "Famílias Ilustres de Barbacena", publicado no *Jornal do Commercio*, do Rio de Janeiro, no final dos anos 1940. O autor do artigo era o então senador Nestor Massena. Alves Pequeno, após notar incorreções a propósito da descendência de sua trisavó Balbina Honória, decidiu corrigi-las, acrescentando novos dados e incluindo sínteses biográficas de alguns parentes "que tiveram grande importância na vida social, política e cultural do país". O objetivo era "salvaguardar o prestígio de famílias saídas de um mesmo tronco".

como que fazendo parte de um quadro herdado que se projeta num futuro: ela torna presente o passado, pensando-os num futuro imutável. Por estas razões, o sócio-historiador não pode trabalhar sobre as informações brutas, tais como elas foram organizadas pelo genealogista, sob pena de tornar-se prisioneiro de evidências.

Para dar conta desse duplo aspecto, a genealogia em estudo foi utilizada como fonte de dados históricos e, principalmente, analisada como uma categoria da prática política, ou melhor, como um instrumento de uso social e político.

É nesses termos que percebemos Alves Pequeno reconstituir a descendência de sua trisavó, Balbina Honória Severina Augusta Carneiro Leão (1797-1874), "até nossos dias". Desde a introdução de sua obra, o genealogista nos faz entrever o duplo aspecto mencionado acima. Em primeiro lugar, a coesão das gerações é feita a partir de uma mulher, e não de um casal. É a trisavó que dá início a uma descendência em que, segundo as próprias palavras do genealogista, se encontram personagens masculinos "da mais alta extração social e política". Ela é apresentada como irmã mais velha do Marquês de Paraná, célebre estadista brasileiro, responsável pela formação do Gabinete da Conciliação (1853-1857) e pela reforma eleitoral que, em 1855, dividiu as províncias em distritos eleitorais (círculos), cada uma elegendo um deputado.

Ora, na sociedade ocidental, a descendência está assentada no poder masculino, que se afirma por meio da patrilinearidade. Só o pai transmite o nome. Em consequência, a descendência da trisavó Balbina está registrada na genealogia sob os nomes mais diferentes. Na página de rosto da publicação se leem todos os nomes reconhecidos pelo autor: famílias Carneiro Leão, Canêdo, Oliveira Penna, Oliveira Diniz, Moreira Penna, Almeida Magalhães... Aí, a questão da coesão interna do grupo torna-se mais clara, porque o genealogista, sem ser explícito, atribuiu a uma mulher, irmã de um homem célebre, a primazia dos laços de parentesco, a fim de garantir uma identidade familiar a grupos nomeados diferentemente a partir de uma linhagem masculina. É exatamente a esta identidade familiar a que o autor faz referência em sua introdução:

> [...] compreende essa descendência, efetivamente, personagens da mais alta expressão social e política: chefes de Estado, ministros, secretários, senadores,

advogados, médicos, banqueiros, escritores, professores, militares, comerciantes, industriais, agricultores, jornalistas, sacerdotes etc.[9]

Apesar do caráter atemporal, e de aparência ilusória, esta citação, pela forma como as experiências profissionais foram organizadas, permite concretizar os valores que orientaram a conduta da descendência. O serviço do Estado e a representação política vêm em primeiro lugar. Em seguida, vêm as profissões. As atividades de produção e a religião são relegadas ao fim. As atividades preferenciais enumeradas não dão, pois, primazia ao sucesso econômico, indicando, ao contrário, a valorização de um tipo de ajustamento às exigências do campo político.

Entretanto, banqueiros e industriais não foram encontrados na descendência registrada. Os banqueiros citados por Alves Pequeno eram homens que ocuparam postos elevados nos bancos do Estado. Da mesma forma, o conjunto de advogados e médicos não se distinguiu por seu papel de profissionais liberais, e sim pelo gosto que demonstraram pelo serviço público. Entre as 575 ocupações identificadas na genealogia, 327 (56,9%) estavam ligadas à função pública. Pode-se igualmente observar que os deputados e os senadores desta família ocuparam também os postos de responsabilidade na administração do Estado onde a competência técnica era exigida.

Mas até que ponto a construção dos laços dentro deste grupo familiar foi elaborado tendo em vista a função pública?

A Organização do Poder Político na Sociedade Mineira durante a Primeira Metade do Século XIX

O casamento de Balbina Honória com Manoel da Silva Canêdo, analisado de acordo com os dados selecionados pelo genealogista, não é desprovido de sentido. Aconteceu em Barbacena, no ano de 1814, às vésperas da elevação da colônia brasileira à categoria de Reino Unido a Portugal e a Algarves, durante o processo de independência.

---

9. Cf. Waldemar Alves Pequeno, *Raízes Mineiras e Cearenses*, pp. 13-14.

Quadro 1. *Perfil profissional da descendência de Balbina Honória.*

Profissão	<1890		1890-1930		1931-1945		1946-1964		1964-1970*		TOTAL	
	Total	%	Total	%	Total	%	Total	%	Total	%	Total	%
Altos funcionários	20	55,6	43	76,8	50	67,6	90	62,9	124	46,6	327	56,9
Profissionais liberais	4	11,1	6	10,7	13	17,6	35	24,5	71	26,7	129	22,4
Grandes empresários	1	2,8	1	1,8	4	5,4	2	1,4	4	1,5	12	2,1
Pequenos/médios empresários					1	1,4	3	2,1	14	5,3	18	3,1
Executivos da iniciativa privada	3	8,3	3	5,4	3	4,1	11	7,7	46	17,3	63	11,0
Proprietários de terra	3	8,3	3	5,4	3	4,1	2	1,4	7	2,6	18	5,1
Cargos honoríficos	8	22,2									8	1,4
TOTAL	36	100	56	100	74	100	143	100	266	100	575	100

* A genealogia foi lançada em 1970.

Barbacena situa-se na montanha da Mantiqueira e o desenvolvimento do seu povoamento foi rápido no século XVIII, pois era etapa obrigatória na ligação comercial da região das minas de ouro com o Rio de Janeiro, então capital da colônia. No início do século XIX, Barbacena era uma importante cidade comercial.

O casamento de Balbina, diante das transformações vividas pela sociedade com o fim da glória do ouro, revela dois aspectos. De um lado, o interesse da família por formar alianças com portugueses brancos capazes de alargar as redes de amizade e as relações com as associações de comerciantes[10]. De outro, uma luta para manter laços burocráticos nos espaços urbanos após a decadência do ouro e o início do movimento para a zona rural.

Balbina vinha de uma família de grandes comerciantes. Seu tio, Brás Carneiro Leão, era proprietário de uma empresa de exportação, no Rio de Janeiro. Era por intermédio desta empresa que seu pai abastecia a região das minas[11]. Junto a outros comerciantes portugueses, ele estava imbricado numa rede de parentesco e trocas informais de extensão internacional[12]. O marido de Balbina era conselheiro municipal em Barbacena, e português de nascimento.

A aliança de Balbina com um influente local rompeu com a regularidade dos casamentos endogâmicos do lado Carneiro Leão e colocou esta família de comerciantes na via do poder político. Esta via não era difícil para este conselheiro municipal. Filho de um capitão português, ele aprendeu cedo a ser obedecido sem discussão[13].

10. A raridade de nomes não portugueses na genealogia está de acordo com a realidade de Minas Gerais, que relega ao imigrante somente as atividades econômicas. Assis Barbosa observa a dificuldade da elite política mineira em absorver os elementos estrangeiros (Assis Barbosa, *Juscelino Kubitschek: Uma Revisão na Política Brasileira*, Rio de Janeiro, José Olympio, 1960, pp. 235-236). O grande memorialista Pedro Nava faz também observações interessantes sobre casamentos realizados fora de Minas Gerais (ver, em especial, *Galo das Trevas*, Rio de Janeiro, Nova Fronteira, 1987, p. 352).
11. Nestor Massena, *Barbacena: A Terra e o Homem*, Belo Horizonte, Imprensa Oficial, 1985.
12. Elizabeth Kuznesof, "A Família na Sociedade Brasileira; Parentesco, Clientelismo e Estrutura Social – 1700-1890", *Revista Brasileira de História*, vol. 9, n. 17, 1988, p. 153; Maria Yedda Linhares, *História do Abastecimento, uma Problemática em Questão (1530-1918)*, Brasília, Binagri, 1979, pp. 163-164; Diogo Gualhardo Neves, *Associação Comercial do Maranhão: Recrutamento e Atuação Política da Liderança Empresarial (1880/1940)*, Universidade Federal do Maranhão, 2011 (Dissertação de Mestrado em Ciências Sociais).
13. Os capitães eram escolhidos pelo governador português a partir de uma lista de três nomes; apresentados pela câmara de sua jurisdição. Eles eram designados tendo em vista "sua

Para compreender o significado do casamento da filha de um comerciante internacional com o filho de um homem detentor de um título da Coroa portuguesa, é preciso ter em conta o fato de que a sociedade mineira, com atividade econômica baseada na exploração do ouro de aluvião, produziu uma camada social dominante mais instável do que, por exemplo, aquela dos senhores do açúcar. A produção do açúcar no Nordeste brasileiro permitiu a emergência de uma espécie de nobreza baseada na propriedade da terra. Em Minas, o "enobrecimento" dependeu diretamente dos laços com a burocracia do Estado português[14].

Em Minas Gerais, a urbanização e a burocratização são anteriores à "ruralização". Ao mesmo tempo em que um importante contingente populacional e um crescimento urbano sem precedente redesenhavam o espaço das minas, a Coroa portuguesa foi criando dispositivos administrativos para controlar a região mais rica do Império Colonial. O efeito para os comerciantes foi a perda da autonomia; o comércio se fazia pelos centros administrativos, as mercadorias eram transportadas de Portugal ao Rio de Janeiro por barcos controlados e escolhidos pela administração portuguesa. Por este fato, uma parte da burocracia tinha o sentimento de pertencer a um grupo influente politicamente, conforme bem estuda Schwartzman[15].

Um dos resultados imediatos do tipo de investimento social e político feito pela família dos grandes comerciantes Carneiro Leão com o casamento de Balbina foi a inserção política precoce do irmão mais novo, Honório Hermeto, na Corte brasileira. Ele havia feito seus estudos de Direito em Coimbra, o que lhe permitiu atingir, com a idade de 25 anos, o mais alto cargo da magistratura brasileira, o de desembargador. Poucos anos mais tarde, recebeu os títulos de Visconde e depois de Marquês de Paraná, já na carreira política. Foi senador, Ministro da Justiça, presidente das províncias do Rio de Janeiro e da de Pernambuco até, finalmente, exercer a presidência do Conselho de Ministros, coroada pelo sucesso da sua

---

nobreza e riqueza" e deviam ser obedecidos sem discussão (Elizabeth Kuznesof, "A Família na Sociedade Brasileira; Parentesco, Clientelismo e Estrutura Social – 1700-1890", p. 41). Este título era outorgado desde 1766, junto ao de nobreza, como via de acesso ao poder local (Enrique Peregalli, *Recrutamento Militar no Brasil Colonial*, Campinas, Editora da Unicamp, 1986).

14. Sérgio Buarque de Holanda, *História Geral da Civilização Brasileira*, São Paulo, Difel, 1960, vol. 1, p. 18.
15. Simon Schwartzman, *Bases do Autoritarismo Brasileiro*, Rio de Janeiro, Campus, 1982, pp. 27-42.

política no Gabinete da Conciliação (1853-1855). Ajunta-se a isso o título de Comendador do Império acordado, em 1853, a Manoel Canêdo, o marido de Balbina. Dois filhos de Balbina foram gratificados com o mesmo título, assim como o seu genro.

Com a penúria do ouro, a partir dos anos 1780, a "ida para a roça", as Gerais ficaram presas à ideia de decadência, de queda social, associada ao enfraquecimento dos contatos nos meios urbanos, as Minas. Desenvolveu-se no meio rural o sentimento de ausência de influência e, portanto, de poder[16]. A terra existia em quantidade e era de acesso fácil[17]. O poder político, ao contrário, exigia um investimento muito mais custoso, dada a concorrência no seio da Corte portuguesa. Os proprietários de terras de Minas Gerais reverenciavam esta classe de burocratas. Eles reconheciam nela a mesma importância social que os funcionários públicos se atribuíam[18].

O Progresso dos Membros da Família na Burocracia do Império

A fim de defender seus privilégios, os agentes da burocracia central, após a independência (1822), acentuaram a concepção do bem público, reorganizando a proteção dos interesses do Estado contra os titulares dos postos locais monopolizados pelos proprietários de terra. Em 1841, uma interpretação dada à Lei do Código Criminal centralizou o Império nas mãos do Ministro da Justiça. Na expressão célebre de um deputado liberal, Tavares Bastos, o ministro da Justiça passou a comandar "um exército de funcionários hierárquicos, desde o presidente da província até o inspetor de quarteirão"[19].

---

16. A nova configuração histórica de Minas Gerais (de urbana para rural) só se mostrou claramente no início do século XIX. Não se tratava de uma economia agrícola de *plantation*, pois não estava orientada para exportação. O isolamento frente ao mercado externo, a diversificação e a autossuficiência eram suas principais características. Foi pela presença desses traços que a temática da decadência ganhou terreno. Para um estudo, não da decadência econômica, que parece não ter havido em Minas Gerais, mas da decadência existente no imaginário mineiro, ver Maria Arminda do Nascimento Arruda, *Mitologia da Mineiridade*, São Paulo, Brasiliense, 1990 [2. ed. Cotia, SP, Ateliê Editorial, 2024]. Sobre a economia de Minas no século XIX, Roberto Martins, na sua tese com sugestivo título *Growing in Silence*, Nashville, Vanderbilt University, 1984.
17. Emília Viotti da Costa, "Política de Terras no Brasil e nos Estados Unidos", *Da Monarquia à República*, São Paulo, Ciências Humanas, 1979, pp. 127-147.
18. Peter Louis Blasenheim, *A Regional History of the Zona da Mata in Minas Gerais, Brasil: 1870-1906*, Stanford University, 1982, p. 82 (Tese de Doutorado).
19. Tavares Bastos, *A Província*, São Paulo, Companhia Editora Nacional, 1937, p. 159.

Essa lei, da qual um dos redatores foi o Marquês de Paraná, irmão de Balbina, criou uma magistratura profissional dependente do governo central, por meio do poder de nomeação. Os descendentes de Balbina tiraram um enorme proveito dela, seguindo a carreira clássica dos diplomados em Direito: juiz municipal, procurador-geral, juiz em primeira instância, desembargador. Muitos desses diplomados entraram na magistratura ao mesmo tempo que ocupavam postos de representação (deputado, senador). Nesses últimos postos, sua formação profissional os levava a participar da elaboração das leis do Estado. O fato foi observado com espanto pelo Conde de Strater Ponthos, um financista belga: "No Brasil, os representantes da Nação são ao mesmo tempo aqueles do Estado, e os fiscais do governo são os seus próprios funcionários"[20].

Os arquivos de Antônio Augusto da Silva Canêdo, neto de Balbina, permitem compreender o espanto desse visitante, porque eles esclarecem dois aspectos, aparentemente contraditórios, da maneira como se tentou centralizar o Império: disciplinar o poder local por meio do Ministério da Justiça e ao mesmo tempo utilizá-lo em favor da centralização, por meio de um recrutamento fiel que seguia os laços de parentesco e de amizade. Neste arquivo encontram-se os rascunhos de várias sentenças que ele, como juiz na Zona da Mata, proferiu para apaziguar brigas de família dos senhores locais, na década de 1860. Encontram-se aí também as cartas do ministro da Justiça pedindo informações sobre pessoas a nomear, bem como o rascunho das respostas:

São Paulo do Muriahé, 11 de março de 1872

Tive a honra de receber a prezada carta confidencial que V. Excia. me dirigiu pedindo-me a indicação dos nomes dos cidadãos que eu julgasse idôneos para ocupar os cargos de Substitutos dos Juízes Municipais dos Termos desta comarca. Satisfazendo a V. Excia, envio as relações juntas porque, além da [incompreensível] a Termo desta Comarca, compreende também o Termo de Barbacena e o de Rio Novo, por cujas nomeações eu me interesso. Quanto aos Termos dessa comarca V. Excia. está lembrada de que solicitei em muitas cartas que V. Excia. aguardasse a minha proposta, pois eu me empenhava pelas nomeações de alguns de meus amigos. Agora, enviando os nomes dos que proponho, não só peço a V. Excia. que

20. Cf. Sérgio Buarque de Holanda, *História Geral da Civilização Brasileira*, vol. 1, p. 83.

escolha dentre eles os que tem de nomear, como também peço com a maior insistência que em caso nenhum nomeie para qualquer cargo dos lugares o Português naturalizado x. A nomeação dele importaria em desonra para mim e me causaria profundo desgosto. [...] Sou filho de Barbacena, tendo ali família e propriedade e muito me interesso pelo [incompreensível] daquele lugar. Por isso também me empenho com V. Excia. pelas nomeações daquele Termo. Os primeiros propostos são meus parentes [...][21].

Tal influência só se tornou possível graças aos laços matrimoniais da família com pessoas bem implantadas no comércio. Antônio Augusto casou-se com uma prima Carneiro Leão e sua testemunha de casamento foi o Marquês de Paraná. Sua irmã, a filha mais velha de Balbina, casou-se com um rico comerciante de Barbacena, João Fernandes de Oliveira Penna, quatro vezes deputado provincial e chefe do Partido Liberal da região. Seus dois outros irmãos, diplomados em Direito, casaram-se com suas próprias sobrinhas, filhas de João Fernandes e sua irmã. Antônio Augusto, além de magistrado, foi também deputado à Assembleia Geral do Império pelo Partido Conservador.

A filiação deste grupo familiar aos dois partidos políticos existentes, Liberal e Conservador, o manteve no poder durante todo o Império.

Os casamentos no meio de comerciantes prósperos permitiram às novas gerações a ascensão às custosas escolas de elite que preparavam para a função pública. O Quadro 2 mostra a monopolização dos postos públicos, que asseguraram a certos descendentes de Balbina uma participação nos três níveis do governo: o executivo, o legislativo e o judiciário. Para compreendê-lo, é preciso não esquecer que os períodos 1931-1945 e 1964-1982 foram de governo autoritário, em que as eleições foram raras.

Os Casamentos Fora da Descendência e seu Impacto Político durante o Período Republicano

Na segunda metade do século XIX, o alargamento da rede de instituições e de postos políticos deu nascimento à necessidade de estender a rede

---

21. Arquivo da Cúria Metropolitana do Rio de Janeiro, São José, 17 nov. 1850, 5°, 201v. Agradeço a Paulo Carneiro da Cunha as indicações para este documento.

Quadro 2. *Perfil da carreira política da descendência de Balbina Honória.*

	<1890	1890-1930	1931-1945	1946-1964	1964-1970	Total
POSTOS ELETIVOS	10	14	3	13	9	49
Vereadores e Prefeitos	2	4	1	6	3	16
Senadores e Deputados	7	8	1	7	5	28
Governadores e vices	1	1	1	0	1	4
CARGOS DO EXECUTIVO	5	15	29	40	78	166
Cargos técnicos diversos no Estado	2	0	11	28	43	84
Segurança pública	0	1	1	2	0	4
Secretário de Estado, Chefe de gabinete	0	6	4	2	3	15
Interventor (municipal e estadual)	0	0	7	0	0	7
Dirigente de corporação profissional	0	2	0	1	5	8
Ministro, Chefe de gabinete	2	3	1	0	7	13
Dirigente técnicos do Estado	0	3	5	7	20	35
OUTROS CARGOS	4	8	8	17	14	51
Juristas	4	7	8	12	8	39
Cargos culturais (reitor, editor...)	0	1	0	5	6	12
Total	18	73	40	70	101	266

familiar, a fim de atender objetivos políticos[22]. Tal fato pôde ser comprovado quando foram confrontados os tipos de casamento realizados pela descendência de Balbina, após a terceira geração, com os realizados em outras famílias, como a dos grandes proprietários de terra, que são depositários de

22. Elizabeth Kuznesof, "A Família na Sociedade Brasileira; Parentesco, Clientelismo e Estrutura Social – 1700-1890".

capitais e interesses econômicos. Estabelecida a comparação entre as alianças familiares, as estratégias de casamento, reconstruídas a partir do estudo desta genealogia, foram interpretadas como trunfos. Trunfos a serem utilizados no jogo da política, isto é, no enfrentamento dos imprevistos.

Nas famílias de proprietários de terra, tanto no Brasil como em outros países, a persistência de casamentos consanguíneos se explica pelo interesse da família em manter o seu patrimônio de terras[23]. É o caso da família Junqueira[24], uma das maiores proprietárias de terra de Minas Gerais que, no início no século XIX, seguindo os rios, alargou o cumprimento de suas propriedades para além dos limites de Minas com esses casamentos consanguíneos. Na segunda metade do século XIX, uma parte dos Junqueira já tinha atingido São Paulo, outra parte caminhou em direção à Zona da Mata de Minas. Entretanto, nenhum membro da família Junqueira conseguiu alargar o poder político fora desses territórios.

A família de Balbina Honória não seguiu o caminho dos rios. Ela acompanhou a rota dos postos políticos, rota que conduzia ao Rio de Janeiro. A diferença fundamental entre as duas famílias está no fato de que, para uma, a terra tinha valor de investimento econômico, enquanto que a outra a via somente como instrumento para atingir os principais postos do Estado. Na genealogia em estudo, não existe menção a terras, o inverso acontecendo naquelas estudadas por Brioschi, onde a base do poder aparece fundado na filiação à terra.

Duas estratégias matrimoniais se distinguem na descendência organizada por Alves Pequeno durante a Primeira República (1889-1930): 1. alianças múltiplas entre grupos preferenciais; 2. alianças opostas.

As alianças múltiplas são os casamentos entre dois ou três irmãos de uma família com duas ou três irmãs de outra família. Mostra o interesse do grupo em se fechar nele mesmo, como se organizassem uma nova família. A terceira geração desta genealogia conta com 20% de casamentos consanguíneos fora da descendência. Na quarta, este número decresce para 14%.

Os agrupamentos familiares que realizaram este tipo de casamento são aqueles que puderam preservar o poder no nível federal. Neste conjunto

---

23. Yves Pourcher, *Les Notables de Lozère: Du XVIII Siècle à nos Jours*, Paris, Olivier Orban, 1987.
24. Lucila Brioschi, *Família e Genealogia: Quatro Gerações de uma Grande Família do Sudeste Brasileiro (1750-1850)*, Universidade de São Paulo, Faculdade de Filosofia, Letras e Ciências Humanas, 1985 (Dissertação de Mestrado em Sociologia).

de alianças múltiplas, que são mais raros, pode-se enumerar um presidente da República, um governador de Estado, ministros, deputados federais, assessores de gabinetes ministeriais, deputados estaduais, um presidente do Banco do Brasil, entre outros postos públicos.

As alianças opostas são uma prática de casamento que se tornou regular a partir da Primeira República, isto é, a partir da descentralização política. Os filhos diplomados se casam com filhas de proprietários de terra, sobretudo de café, enquanto as filhas são destinadas ao casamento com políticos ou com funcionários bem colocados na hierarquia.

Nenhuma das seis filhas de Balbina Honória se casou com proprietário de terra. Ao contrário, a crônica familiar celebra o casamento de uma delas, Balbina Augusta, com o Dr. Joaquim Bento de Oliveira. Na verdade, ela se casou com um membro de uma família influente de Barbacena, diplomado em Direito e deputado geral na Assembleia Nacional do Império, e também sabidamente tuberculoso. Ele morreu desta doença enquanto ocupava o posto de presidente da província do Paraná. "Ser doutor com um anel no dedo era melhor do que ser santo", disse a respeito D. Maria Isabel Novaes, sobrinha da viúva Balbina Augusta.

O fato de dar suas filhas a funcionários bem colocados na hierarquia ou a políticos de carreira exprime o interesse da família na monopolização das funções de representação política e jurídica. Por meio deste arranjo matrimonial elas podiam, entretanto, trazer para a linhagem talentos masculinos pertencentes a uma elite hábil, presa ao corpo dos dirigentes do Estado.

De outro lado, casar seus filhos bacharéis com filhas de proprietários de terra era uma maneira de garantir a base política da família no lugar onde ela havia fixado a sua zona eleitoral.

A primeira lei eleitoral republicana (Lei 35 de 25 de janeiro de 1892) favoreceu este fenômeno ao dividir os Estados da federação em distritos para eleger seus deputados, à semelhança do que havia tentado o Marquês de Paraná, nos anos 1855. O voto, no nível dos distritos, deveria quebrar a estrutura monolítica das grandes formações políticas do Império e fortificar as facções republicanas. Para tal, a lei excluiu a intervenção das autoridades judiciárias no processo de qualificação eleitoral e manteve a interdição do voto ao analfabeto. Na prática eleitoral, isto significou que a força da comunidade local poderia, por pressão sobre as autoridades da comissão municipal encarregada da qualificação, alargar as exclusões ou mudar seu sentido, melhor dizendo, aumentar ou diminuir o número de eleitores. A preocupação dos políticos voltou-se, assim, para o recrutamento de eleitores interessados em votar, numa sociedade onde 80% dos eleitores potenciais, os analfabetos, estava excluída desse direito. Esta situação abriu caminho a um sistema de inscrição eleitoral controlado por agentes "oficiosos" que redigiam e assinavam demandas de inscrições para os analfabetos. Para justificar esta inscrição, um deputado de Minas Gerais escreveu:

> Nos distritos muito disseminados, ninguém quer ser qualificado, ninguém se importa com a qualificação. Ora, o político interessado na qualificação terá que dirigir-se à casa de todos os eleitores a pedir a assinatura para requerimentos; mas a maior parte fará os requerimentos, assinará e hão de ser reconhecidas as firmas. É melhor que a junta qualifique as pessoas que reconhecer estarem nas circunstâncias do que deixar-se esta brecha para a fraude[25].

A descentralização das instituições republicanas exigiu, assim, uma presença direta dos membros da família em estudo na esfera municipal de poderes, mas sem modificações no modelo das relações entre os políticos desta família e o espaço social que eles representavam: somente alguns parentes habitavam a região eleitoral e eles próprios continuaram uma carreira profissional na capital do Estado ou da Federação, fato que Amilcar Vianna Martins Filho[26] e John Wirth[27] já haviam assinalado.

Políticos nacionais no Império atingiram os mais altos cargos nacionais republicanos. Sobreviveram ao sistema de partidos regionais da República e foram agentes ativos na montagem de uma estrutura de dominação oligárquica. Neste sistema de dominação, o fato-chave na defesa dos interesses de Minas na esfera federal foi a unificação do grupo de deputados mineiros no Congresso Nacional[28]. Sob este prisma, eles foram todos aliados, contribuindo ao sucesso da "política dos governadores" idealizada pelo presidente

---

25. Maria Efigênia Lage de Resende, *Formação da Estrutura de Dominação em Minas Gerais*, Belo Horizonte, UFMG, 1982, p. 89.
26. Amilcar Vianna Martins Filho, *The White Collor Republic: Patronage and Interest Representation in Minas Gerais*, University of Illinois, 1986 (Tese de Doutorado).
27. John Wirth, *Minas Gerais in the Brazilian Federation, 1889-1937*, Stanford, Stanford University Press, 1977.
28. Maria Efigênia Lage de Resende, *Formação da Estrutura de Dominação em Minas Gerais*, pp. 166-191.

da República Campos Sales, cujo funcionamento pode ser compreendido com a ajuda do esquema utilizado por Francisco Iglésias:

> O presidente da República estabelece acordos com os presidentes dos Estados, de modo a obter o total apoio de todos os seus atos: os presidentes dos Estados apoiariam o da República, bem como levariam os senadores e deputados obedientes às suas ordens. Em troca desse apoio, que garantia ao governo livre ação, o presidente da República apoiava toda a política dos Estados, o que significava sobretudo a nomeação dos funcionários em cada local feita por indicação dos chefes regionais: justiça, polícia, escola e mais atividades eram assim escolhas de gente de confiança absoluta do presidente do Estado. Este por sua vez, compunha-se com os chefes municipais, usando o mesmo artifício; apoio irrestrito em troca de apoio, ou melhor, de favores. [...] chega-se assim à forma ideal de conciliação dos estabelecidos no poder, um acordo baseado não em programas ou ideias, mas em continuísmo: uma transação, um negócio[29].

Corolário normal da política dos governadores é o coronelismo, o sistema político nacional baseado nas negociações entre o governador e os coronéis, isto é, os chefes municipais, sejam proprietários de terra, sejam influentes locais.

Deste ponto de vista, os casamentos analisados a partir da genealogia tornam claras as estratégias que tornaram possível a adaptação dos políticos desta família aos desafios suscitados pelo sistema, que estava baseado na troca de favores, ou ainda, no compromisso.

De um total de 68 casamentos das bisnetas presentes na genealogia, somente três, das 32 mulheres, casaram-se com filhos de proprietários de terra. Por outro lado, doze dos 24 homens casaram-se com filhas de fazendeiros. Mas é preciso sublinhar que quando houve interesse para a consolidação do poder em regiões específicas (os Canêdo em Muriaé, os Moreira Penna em Santa Bárbara), aumentou a porcentagem de homens casados com filhas de coronéis (70%).

Os influentes locais detinham as funções de administração da municipalidade, a gestão local das relações clientelísticas e a inscrição nas listas eleitorais. Em troca, eles dependiam da mediação dos políticos da capital para

---

29. Francisco Iglésias, *Trajetória Política do Brasil (1500-1964)*, São Paulo, Companhia das Letras, 1993, p. 208.

abrir as portas dos cofres da Federação. Sem esta intermediação, ficariam sem recursos para as obras públicas e para os empréstimos necessários às plantações sempre em crise[30]. É preciso também pensar nas vantagens pessoais que o sistema coronelístico trazia para o poder local, porque o controle dos postos públicos tem um sentido que vai além do sentido político. Um coletor de impostos podia, por exemplo, por uma ação, ou por uma ausência de ação, atingir diretamente as margens de interesse de um coronel. Da mesma maneira, a nomeação de uma determinada professora primária importava na preservação de valores indispensáveis à sustentação do sistema[31].

O casamento dos filhos do ramo Canêdo com as filhas de proprietários de café da Zona da Mata esclarecem as estratégias de alianças opostas. Do lado maternal, os Canêdo criaram laços com os titulares de postos municipais, os influentes locais, os proprietários de terra. Pelo lado paternal, ao contrário, eles mantiveram, por intermédio dos casamentos da ascendência feminina com políticos ou altos funcionários estatais, o seu lugar na administração central do Estado, com um controle estrito nas regiões eleitorais. O trecho da entrevista abaixo, realizada com representante político da região da Zona da Mata, mostra bem este aspecto quando o entrevistado explica o início da sua carreira:

> Em Muriaé eu tinha os dois lados. Do lado de minha mãe, havia o coronel Chico Pereira e o coronel Chico Theodoro. [...] O coronel Chico Theodoro era filho do coronel Francisco Theodoro, pai de minha mãe, chefe político dessa região. [...] Digamos que eu comecei minha vida política sob a proteção dos coronéis. [...] Havia [do lado paternal] meu tio Agenor, deputado estadual até 1930 e amigo íntimo do presidente Antônio Carlos e que se elegeu deputado tendo Muriaé por base eleitoral. Meu pai participava da política local e teve aí uma influência política. Ele era primo em primeiro grau de Afonso Pena Jr.[32]

O comentário do irmão deste político explica melhor as vantagens em ter "os dois lados", o lado paternal, ligado ao poder central, e o maternal, ligado ao poder local:

---

30. Amilcar Vianna Martins Filho, *O Segredo de Minas: A Origem do Estilo Mineiro de Fazer Política (1889-1930)*, Belo Horizonte, Crisálida, 2009.
31. José Murilo de Carvalho, "Mandonismo, Coronelismo, Clientelismo: Uma Discussão Conceitual", *Dados*, vol. 40, n. 2, pp. 229-250, 1977.
32. Cf. entrevista com P. Canêdo, 20 jul. 1986.

Ah! Papai não deixou por menos. Quando eles [os opositores] quiseram impedir a posse do Chico Pereira [na prefeitura], papai telefonou imediatamente ao Dornelles, parente do Getúlio, casado com nossa prima. Como Dornelles era chefe de polícia do Estado, o Chico Pereira tomou posse[33].

É importante insistir que as alianças descritas aqui só foram possíveis porque foram assumidas por pessoas que estavam dispostas a elas, pessoas que tinham interesse em assumi-las em razão de investimentos familiares anteriores. No caso dos proprietários de terra, por exemplo, tudo indica que, ocupados em gerir uma produção ameaçada por crises seguidas, eles imaginavam ser possível reencontrar a glória efêmera dos antigos tempos do ouro por meio do casamento de suas filhas com políticos pertencentes a famílias unidas em torno de valores que elas próprias se davam, a partir do lugar adquirido junto ao poder do Estado.

Diferentemente dos senhores de terra paulistas, os mineiros assumiam o ar de não se preocuparem com o dinheiro, sendo mesmo capazes de jogar todo o lucro adquirido no ano precedente: "Isso os mantinha numa dependência sistemática em relação ao aparelho de crédito do Estado"[34]. O deputado da região, casado com a filha de um desses fazendeiros, servia de intermediário junto ao Banco do Brasil, a partir de uma rede familiar de empregados nos diversos órgãos públicos. Ainda que a genealogia não registre postos inferiores, foi possível identificar, a partir dos anos 1910, com a ajuda de entrevistas, dezesseis coletores de impostos, dois funcionários do Tribunal eleitoral, quinze funcionários do Banco do Brasil, três fiscais de renda, três delegados de polícia, oito diretores de hospitais públicos, entre outros postos públicos.

Os Laços de Parentesco e as Condições de Exercício do Poder Político

O mais importante a considerar é o fato de que estas estratégias matrimoniais deram nascimento a um tipo de político muito particular a Minas Gerais, que se tornou muito cedo político a tempo integral, um profissional

---

33. Cf. entrevista com A. Canêdo, 23 dez. 1988.
34. Peter Louis Blasenheim, *A Regional History of the Zona da Mata in Minas Gerais, Brasil: 1870--1906*, p. 48.

praticando a atividade política de maneira contínua. Ele possui um nome fácil de ser identificado no campo político, sem possuir laços econômicos diretos com a produção rural. Entretanto, estando ligado à região rural por meio de alianças com os proprietários que constituíam a elite local, passou a desempenhar dois papéis decisivos: o de mediador e o de protetor. O de mediador entre a municipalidade, o governo estadual e o governo federal é o mais importante. É esta mediação que consolida, eleição após eleição, o poder dessas linhagens políticas: desses políticos que acumularam poder junto ao aparelho de Estado, os eleitores esperam uma melhor distribuição dos recursos públicos para a localidade onde vivem. Tais recursos podem ser tanto materiais (proteção policial, saúde, emprego, subsídios para as obras urbanas e rurais etc.) quanto simbólicos (defesa da honra de uma facção política, por exemplo).

A tarefa de mediador entre o Estado e o setor produtivo já era exercida desde o Império, mas a de proteção foi reforçada a partir de 1946. Foi o momento no qual, paradoxalmente, os partidos políticos se tornaram mais importantes no jogo da sucessão e no qual o contingente da parentela empregada na burocracia do Estado se elevou. Um crescimento advindo da necessidade de competência técnica imposta pelo desenvolvimentismo nos anos 1950 e pela tecnocracia dos anos 1970. Considerando o quadro que se segue, pode-se compreender que as escolhas dos estudos realizados pelos membros dessa família repousavam nas necessidades políticas do momento: direito durante o período de construção do Estado, engenharia durante o desenvolvimentismo, economia e informática como preparação para a tecnocracia dos anos 1970.

A partir dos anos 1970, a urbanização acelerada e o crescimento das demandas por serviço e equipamentos sociais aumentaram a importância desses grupos familiares. Eles passaram a se valer dos bens e dos conhecimentos tecnológicos adquiridos no serviço público para se manter no mercado político.

As mudanças impostas pelo regime autoritário (1964-1985) consolidaram a hegemonia financeira da União que, responsável pelo surgimento de programas especiais para municípios, fez proliferar as agências responsáveis por esses programas e pelas transferências de recursos. A luta no campo administrativo passou a exigir negociação e poder de barganha de agentes políticos específicos, capazes de levar adiante não só planejamentos

Quadro 3. *Estudos superiores da descendência de Balbina Honória*.*

	Geração				Total
	Terceira	Quarta	Quinta	Sexta	
Direito	4	11	16	33	64
Medicina	1	3	11	14	29
Engenharia	1	1	19	55	76
Economia/administração	0	0	3	8	11
Informática	0	0	1	6	7
Outros	0	0	21	52	73
Sem especificação	21	57	148	550	776
Total	27	72	219	716	1036

* Até 1970, quando a genealogia foi publicada. Na genealogia não se especifica a formação escolar como foram colocados os títulos. A linha "sem especificação" inclui crianças e mulheres. Os estudos destes não interessam ao genealogista.

urbanos, como colocá-los diretamente no interior das agências burocráticas estatais de financiamento. A rede familiar existente nessas agências tornou os políticos dessas famílias indispensáveis à população[35].

A GENEALOGIA COMO OBJETO POLÍTICO

Quando um genealogista traça os casamentos, ele cria uma realidade social visando legitimar uma descendência suscetível de assegurar a continuidade e a coesão de muitas gerações submetidas a um mesmo trabalho de socialização dentro de um universo organizado em torno da divisão em famílias. Para tal, o genealogista filtra os elementos da experiência coletiva que um grupo familiar determinado procura lembrar e quer ver lembrado e os transforma em símbolos. Estes símbolos equivalem às experiências sociais percebidas como importantes. São experiências que devem ser transmitidas por meio de exemplos concretos e que têm o poder de reunir

---

35. Letícia Bicalho Canêdo, "Estratégias Familiares na Construção Social de uma Qualificação Política", *Educação e Sociedade*, vol. 7, ago. 1991.

pessoas a partir de uma mesma visão do mundo, marcando uma determinada identidade. Isto se torna possível porque o genealogista só celebra o que já foi reconhecido na prática.

Para o caso da genealogia estudada, o desejo das pessoas em deixar traços foi proporcional ao poder de barganha detido pelos agentes desses grupos políticos, medidos em função de sua coesão interna.

As Mulheres como Trunfos na Construção Genealógica

Uma das práticas mais significativas encontradas no estudo destas famílias ordenadas por Alves Pequeno foi o uso do nome do Marquês de Paraná para lembrar o lugar a ser ocupado na sociedade. Este nome serve também de identificação aos políticos do ramo Canêdo, denominados por Rebelo Horta "sobrinhos do Marquês de Paraná"[36]. Mas é uma entrevista com uma Canêdo, nascida em 1937, que esclarece a utilização desta imagem do passado para acumulação do capital político por meio do casamento:

> Em Barbacena, eu sempre ouvia de minhas primas que deveria tomar cuidado para não me diminuir frente aos meus namorados, porque afinal eu era sobrinha do Marquês de Paraná. E o doutor Galdino [casado com a prima da entrevistada] quando escutava isto dizia: "Bah! Ser sobrinha de Marquês não enche barriga de ninguém"[37].

Testemunhos de outras mulheres incorporadas à genealogia demonstram os efeitos da estratégia de casamento no jogo familiar onde elas são utilizadas como trunfos para a acumulação do poder político. Elas revelam uma vida oculta, introvertida, avaliada pelos poderes daqueles que regem os casamentos, as mortes, as leis. Paradoxalmente, manifestam ser dotadas de força para agir no mundo exterior: seja conservando a ordem, graças aos casamentos esperados ou a aceitação do celibato; seja contestando a ordem, ao recusar os casamentos esperados ou mesmo preferindo a morte. É o que conta Dona Isabel Novaes, uma bisneta de Balbina:

---

36. Cid Rebelo Horta, "Famílias Governamentais em Minas Gerais".
37. Cf. entrevista com descendente de Balbina nascida em 1937, jul. 1988.

Minha prima gostava de um farmacêutico. Mas como ele era muito moreno, seu pai impediu o noivado. Ela se chamava Ernestina e era muito bonita [ela mostra o nome no livro onde está escrito que a moça morreu solteira], ela dizia que se suicidaria se seu pai não a deixasse se casar com o farmacêutico. Ela acabou se suicidando, pois tinha longos cabelos que atingiam os pés. Todas as tardes ela os lavava e dormia com eles molhados. Ela teve tuberculose e morreu[38].

Sob este ponto de vista, não é estranha a constatação da exclusão de todo o tipo de informação que possa perturbar a construção da realidade social proposta pelo genealogista, que a ordenou em torno dos grandes nomes masculinos. No que concerne às mulheres, esta realidade coincide com o tipo de educação que lhes era inculcada. Desde Balbina, pode-se perceber, pela letra e o estilo da escrita, que todas elas tiveram um bom nível de instrução. Dona Isabel Novaes, sem recursos para pagar professores particulares, conta que assistia ao curso de francês de suas primas. Os estudos realizados nas prestigiosas escolas religiosas, sob a supervisão severa dos pais ("É preciso que minhas filhas sejam instruídas, para o bem delas e orgulho meu", escreveu Afonso Pena à sua mulher Mariquinhas, neta de Balbina), não lhes oferecia nenhuma preparação para vida rural, tornando claro o desejo de lhes preservar um estilo de vida capaz de incorporar valores urbanos e um bom casamento na alta esfera do Estado.

Assim, o sentimento de pertencimento à família estava sempre associado a uma cidade (Barbacena, Muriaé, Santa Bárbara ou Paraíba do Sul) e ao reconhecimento dos políticos da região. Era um sentimento que não se ligava à preservação do patrimônio fundiário, como está expresso abaixo:

As terras de Paraíba do Sul? Não sei nada a este respeito. Minha mãe queria viver no Rio de Janeiro. Ela abandonou as terras. Não sei o que elas se tornaram. Mas eu tinha o costume de passar minhas férias na casa de meu avô, na fazenda de Paraíba. Os Canêdo são de Muriaé, não é? Quando eu era pequena, conheci dois que vinham também à fazenda durante as férias, com a Yayá, a que tocava harpa[39].

---

38. Cf. entrevista com Isabel Novaes, fev. 1989.
39. Cf. entrevista com Dulce Pena Ribas, abr. 1988.

Junto com as narrativas e as fotos de viagem, que mostram e falam de mundos novos, valoriza-se a vida familiar fechada aos estranhos à família: protegia-se as mulheres de laços com pessoas situadas fora dos limites dos interesses familiares ou de alguma união com alguém que manifestasse uma vida "muito livre"[40].

A impossibilidade de um casamento dentro do esperado – e isto era frequente nos grupos familiares que sofriam perdas econômicas ou queda de prestígio social – implicava para a mulher, conforme escreve uma delas, "o retorno a Muriaé, onde residiu durante sua mocidade e até hoje na casa de seus Pais. Com o falecimento dos seus Pais, continuou convivendo com sua irmã Maria Isabel na mesma residência à rua Dr. Alves Pequeno"[41]. A estas tantas solteiras, impedidas de se casar "para baixo" ou "para a liberdade", para não dilapidar o capital político familiar, cabia a dura incumbência de preservar dentro da "casa antiga", que conheceu mortes e nascimentos, a memória familiar, o lugar da transmissão do sentimento de possuir um nome e garantir a união entre as gerações[42]. Cabia a elas "cumprir seu dever". Evitar o que muitas primas fizeram: escolher "um marido inadequado" e desaparecer para seus familiares. Em outras palavras, desaparecer da genealogia porque as uniões reconhecidas pelo genealogista são aquelas recolhidas pelos membros da parentela. E a família prefere não se lembrar das "más alianças". No caso das solteiras, elas realizam um sacrifício que não as eternizam além do "livro da família". Sem descendência, elas não são mais úteis após a morte.

Assim, o genealogista se limita a construir a identidade feminina a partir dos interesses dos homens políticos da família. As mulheres da genealogia não são quaisquer mulheres, mas mulheres dispostas a participar da gestão para a acumulação e a transmissão dos diversos capitais (social, escolar, simbólico, político etc.), necessários ao sucesso dos indivíduos

---

40. Uma das bisnetas de Balbina, Eunice Pena, se serviu desta expressão (cf. entrevista, fev. 1989). Solteira, ela se lembrava de sua atração por Pedro Nava, nos anos 1920, e de por que um namoro não foi possível entre eles. O próprio Pedro Nava conta essa atração por ela num de seus livros de memória, *Galo das Trevas* (pp. 420-432).
41. Extrato da resposta de um questionário enviado a algumas das mulheres da genealogia que tinham ultrapassado oitenta anos. Esta resposta é interessante porque está escrita na terceira pessoa e a palavra Pais começa sempre com uma maiúscula.
42. Cláudia Fonseca, "Solteironas de Fino Trato: Reflexões em Torno do (Não) Casamento entre Pequenos-Burgueses no Início do Século", *Revista Brasileira de História*, vol. 9, 1989.

selecionados pela família para entrar na via da profissionalização política. O papel ativo desempenhado por elas através de tantos "cafés servidos, telegramas enviados, mudanças de residência", como escreveu Alice Canêdo, esposa do deputado Agenor Canêdo, não é valorizado[43]. Ou ainda através de um afastamento afetivo dos filhos e do marido, a fim de realizar as tarefas necessárias à atividade política de hoje:

> A Consola [esposa de um Secretário de Minas Gerais] até aceitou o cargo de Secretária Municipal [Secretaria da Cultura e de Esportes de Muriaé]. Ela não queria este cargo, pois seria preciso deixar o Titi [seu marido] sozinho em Belo Horizonte. Mas as eleições estão chegando. Ela disse que, nesta Secretaria, vai poder promover eventos e organizar melhor a campanha, pois não confia nas agências de propaganda. Ela diz que as agências não conhecem o sentimento dos eleitores, o que dá muito trabalho. O Titi não pode se afastar de Belo Horizonte para fazer campanha. Ela disse que o sistema de saúde que ele está implantando está funcionando bem, e ele está com muito trabalho. [...] O problema são os meninos, é por isso que ela não queria aceitar. Mas eles disseram que vão ajudar[44].

Este papel ativo das mulheres está subentendido numa das sínteses biográficas existentes no fim da genealogia que traz a carta de um ex-senador da República à sua sobrinha, explicitando tal papel em alguns conselhos:

> A primeira qualidade de uma mulher, aquela que poderia dispensar muitas outras, aquela sem a qual todas as outras não valem nada, é a brandura de gênio, a suavidade das maneiras, a delicadeza de tato, o bom humor constante, ainda mesmo no meio de atribulações, um sorriso permanente, que concilia afeições e faz amigos. [...] Parece à primeira vista que estes conselhos dão à mulher um papel muito humilde no casal. Seja como for, a verdade é que eles lhe dão a felicidade, e a troco deste benefício ela pode fazer algumas concessões de seu amor próprio.
>
> Mas nem estas se fazem; porque a mulher, que assim proceder, em vez de rebaixar-se se eleva e cresce na estima e consideração de seu marido e no respeito de todo o mundo[45].

---

43. Fragmento de uma carta de Alice Canêdo a Afonso Pena Júnior, Muriaé, 12 nov. 1922 (Carta f 127 do Arquivo de Afonso Pena Júnior, Fundação Casa de Rui Barbosa).
44. Carta de C. Canêdo, Rio de Janeiro, 17 jan. 1997, a sua sobrinha, em Paris.
45. *Apud* Waldemar Alves Pequeno, *Raízes Mineiras e Cearenses*, pp. 258-259.

Os Descendentes Úteis numa Relação Estratégica com o Passado

Progressivamente, as descendências inúteis à acumulação do capital político, inclusive a dos homens, são excluídas, como é o caso do filho de Dona Isabel Novaes. Sobre esta exclusão e sua relação com os primos célebres, ele respondeu que não frequentava tais parentes: "Quando se aproxima de um parente importante, ele já pensa que estamos querendo lhe pedir alguma coisa".

Havendo tais exclusões, como tantos talentos masculinos puderam ser introduzidos na linhagem familiar? A resposta pode ser dada por meio dos casamentos realizados numa relação estratégica com o passado, que pode ser vista no traçado vertical da genealogia. Neste traçado, o passado está presente no futuro que as alianças realizadas estão construindo. Estas últimas são fatores decisivos para a acumulação de todo o capital que os indivíduos em questão precisam para permanecer membro da família.

Dentro desta ideia, outro genealogista, Antônio Carlos de Valadares, evidencia a importância do casamento do presidente Afonso Pena com uma "sobrinha do Marquês de Paraná". Isto explicaria o impulso dado à sua carreira política, quando ele era um modesto advogado do interior. Depois do casamento, sem que houvesse mudança de regime – Monarquia depois República – ele ocupou vários cargos prestigiosos: Ministro do Império, Conselheiro do Império, Presidente de Minas Gerais, Presidente da República, e outros mais:

[Afonso Pena] doutorou-se [na Faculdade de Direito de São Paulo], mas não seguiu o magistério universitário, indo modestamente advogar para Santa Bárbara, sua cidade natal.

Mais tarde transferiu o seu escritório forense para a urbe mineira de Barbacena, aonde desposou a 23 de janeiro de 1875, Dona Maria Guilhermina de Oliveira Pena, filha do comendador João Fernandes de Oliveira Pena e sobrinha do Marquês de Paraná, "político muito influente no tempo do Império", conforme o nosso próprio biografado escreveu na sua já citada carta autografada que possuo[46].

---

46. Cf. Antônio Carlos de Valadares, "A Ascendência Portuguesa do Presidente Afonso Penna", *Revista do Instituto Histórico e Geográfico Brasileiro*, 1978, p. 71.

Outros homens introduzidos na genealogia graças a casamentos com descendentes de Balbina Honória também contribuíram para transformar a construção genealógica em capital ao mesmo tempo social e simbólico. Entre eles, temos Benedito Valadares. Morreu em 1978. Era conhecido como o homem de Getúlio Vargas em Minas, durante o Estado Novo (1937-1945). Apelidado de "a grande raposa mineira", foi presidente do poderoso PSD na década de 1950 e sempre fez parte da direção nacional deste partido, até a extinção do sistema pluripartidário em 1965. Pio Canêdo, bisneto de Balbina, ele mesmo homem político influente em Minas, argumenta que a ascensão de Benedito Valadares se deve a seu casamento com uma bisneta de Balbina Honória. Odete, a esposa de Benedito, tinha uma irmã casada com um sobrinho de Getúlio Vargas, Ernesto Dorneles – chefe da polícia de Minas, depois do golpe de 1930. Antes do casamento, Valadares era desconhecido. Como escolhido de Getúlio, garantiu o sucesso dos projetos do Estado Novo em Minas, que estava politicamente dividida entre as antigas oligarquias.

O lançamento do Benedito como interventor não foi bem recebido, quer pela circunstância de ele não ser da primeira linha política de Minas, quer pelo fato de ser relativamente desconhecido à época, quer porque tomou o lugar que se supunha ser do Capanema. [...] Todos nós achávamos que o Capanema, apesar de muito moço, deveria suceder ao Olegário. Daí por que o Benedito teve grandes dificuldades em governar Minas, no início de sua interventoria. Na verdade, a escolha do Benedito se deu por razões familiares. A sua mulher, Dona Odete, que era da família Maldonado de Barbacena, tinha uma irmã casada com Ernesto Dorneles, que era primo do Getúlio, e que depois ocupou cargos importantes aqui em Minas. O Ovídio de Abreu costumava dizer que a política mineira era feita por laços de família. O Carlos Luz deu todo o apoio ao Milton Campos, em 1947, porque foi casado, em primeiras núpcias, com uma tal de Dona Déia, mulher do Milton. O Tancredo tinha uma tia que foi casada com um irmão do Ernesto Dorneles. O Zezinho Bonifácio e o Bias Fortes eram concunhados, assim como o Juscelino e o Gabriel Passos[47].

Quando o entrevistado cita as alianças matrimoniais, ele decifra a união do mundo político com o mundo social, mas também permite uma reflexão sobre uma gestão familiar suficientemente eficaz para permitir que seus membros resistam às idas e vindas da vida política e também às mudanças

---

47. *Apud* Alisson Mascarenhas Vaz, *Israel, uma Vida para a História*, p. 181.

no jogo político. Pois não é surpreendente que todas as pessoas citadas tenham conquistado os cargos mais altos da República e tenham podido transmiti-los a seus descendentes ou a seus afilhados. E eles o fizeram dentro dos mais diferentes partidos políticos[48].

Pio Canêdo, sublinha, ainda, na sua escolha para líder do PSD na Câmara, em 1955, o fato de se tratar de seu primeiro mandato como deputado, e de ele estar ausente da reunião que o designou líder[49]. Depois do golpe de Estado de 1964, ele foi eleito, pela oposição ao governo militar, para o cargo de vice-governador junto a Israel Pinheiro, governador, também herdeiro de tradicional família política. Eles foram considerados confiáveis. Minas foi o único Estado que elegeu opositores ao regime militar. Isto foi visto como resultado do constrangimento imposto pelas "raposas mineiras" aos projetos de estabilização econômica e desenvolvimento dos governos militares, que herdaram o padrão de mediação entre o Estado e a sociedade desenvolvido por elas e dele necessitaram como suporte ordenado da política, em especial para as eleições simbólicas do período[50]. Entretanto, não se veem aí as mulheres obscuras que se engajaram para gerar o capital técnico, político e social necessário à impulsão destas carreiras, contribuindo para que fossem fiáveis nos momentos de reestruturação do espaço político.

Assim, a escrita genealógica, ou seja, a prova escrita de um capital acumulado por gerações, legitima o poder da família nas atividades políticas. Para os agentes interessados, ela se transforma num importante trunfo do jogo político; inscreve a família numa continuidade e marca, desta maneira, a solidez de seu poder social e político, seu domínio do tempo e sua capacidade de adaptação.

REFERÊNCIAS BIBLIOGRÁFICAS

ABREU, Alzira Alves & BELOCH, Israel (coord.). *Dicionário Histórico-Biográfico Brasileiro – 1930-1983*. São Paulo, Forense Universitária/Finep, 1984, 4 vols.

48. Carlos Luz, PSD; Milton Campos, UDN; Tancredo Neves, PSD, MDB, PMDB; Zezinho Bonifácio, UDN (a família Bonifácio de Andrada no Império pertencia ao Partido Liberal); Juscelino Kubitschek, PSD; Gabriel Passos, UDN.
49. Alisson Mascarenhas Vaz, *Israel, uma Vida para a História*, p. 181.
50. Frances Hagopian, *Traditional Politics and Regime Change in Brazil*.

ARRUDA, Maria Arminda do Nascimento. *Mitologia da Mineiridade*. São Paulo, Brasiliense, 1989. [2. ed. Cotia, SP, Ateliê Editorial, 2024].

ASSEMBLEIA Legislativa de Minas Gerais. *Pio Soares Canêdo*. Belo Horizonte, ALMG, 1996 (Memória Política de Minas).

BARBOSA, Assis. *Juscelino Kubitschek: Uma Revisão na Política Brasileira*. Rio de Janeiro, José Olympio, 1960.

BASTOS, Tavares. *A Província*. São Paulo, Companhia Editora Nacional, 1937.

BLASENHEIM, Peter Louis. *A Regional History of the Zona da Mata in Minas Gerais, Brasil: 1870-1906*. Stanford University, 1982 (Tese de Doutorado).

BRIOSCHI, Lucila. *Família e Genealogia: Quatro Gerações de uma Grande Família do Sudeste Brasileiro (1750-1850)*. Universidade de São Paulo, Faculdade de Filosofia, Letras e Ciências Humanas, 1985 (Dissertação de Mestrado em Sociologia).

CAMARGO, Aspásia; HIPPÓLITO, Lucia; D'ARAÚJO, Maria Celina & FLAKSMAN, Dora Rocha. *Artes da Política – Diálogo com Amaral Peixoto*. Rio de Janeiro, Nova Fronteira/CPDOC-FGV/UFF, 1986.

CANÊDO, Letícia Bicalho. "La Production Généalogique et les Modes de Transmission d'un Capital Politique Familiale dans le Minas Gerais Brésilien". *Genèses*, vol. 2, n. 31, pp. 4-28, juin 1998.

____. "Estratégias Familiares na Construção Social de uma Qualificação Política". *Educação e Sociedade*, vol. 7, ago. 1991.

____. "Ritos, Símbolos e Alegorias no Exercício Profissional da Política". *In*: CANÊDO, Letícia Bicalho (coord.). *O Sufrágio Universal e a Invenção Democrática*. São Paulo, Estação Liberdade, 2005.

CARVALHO, José Murilo de. "Mandonismo, Coronelismo, Clientelismo: Uma Discussão Conceitual". *Dados*, vol. 40, n. 2, pp. 229-250, 1977.

COSTA, Emília Viotti da. "Política de Terras no Brasil e nos Estados Unidos". *Da Monarquia à República*. São Paulo, Ciências Humanas, 1979.

FONSECA, Cláudia. "Solteironas de Fino Trato: Reflexões em Torno do (Não) Casamento entre Pequenos-Burgueses no Início do Século". *Revista Brasileira de História*, vol. 9, 1989.

HAGOPIAN, Frances. *Traditional Politics and Regime Change in Brazil*. Cambridge, Cambridge University Press, 1996.

HOLANDA, Sérgio Buarque de. *História Geral da Civilização Brasileira*. São Paulo, Difel, 1960, vol. 1.

HORTA, Cid Rebelo. "Famílias Governamentais em Minas Gerais". *II Seminário de Estudos Mineiros*, Belo Horizonte, UFMG, 1956.

IGLÉSIAS, Francisco. *Trajetória Política do Brasil (1500-1964)*. São Paulo, Companhia das Letras, 1993.

KUZNESOF, Elizabeth. "A Família na Sociedade Brasileira; Parentesco, Clientelismo e Estrutura Social – 1700-1890". *Revista Brasileira de História*, vol. 9, n. 17, 1988.

LINHARES, Maria Yedda. *História do Abastecimento, uma Problemática em Questão (1530-1918)*. Brasília, Binagri, 1979.

MARTINS FILHO, Amilcar Vianna. *O Segredo de Minas: A Origem do Estilo Mineiro de Fazer Política (1889-1930)*. Belo Horizonte, Crisálida, 2009.

____. *The White Collor Republic: Patronage and Interest Representation in Minas Gerais*. University of Illinois, 1986 (Tese de Doutorado).

MARTINS, Roberto. *Growing in Silence*. Nashville, Vanderbilt University, 1984.

MASSENA, Nestor. *Barbacena: A Terra e o Homem*. Belo Horizonte, Imprensa Oficial, 1985.

MONTEIRO, Norma de Góes (coord.). *Dicionário Biográfico de Minas Gerais*. Belo Horizonte, Assembleia Legislativa do Estado de Minas Gerais, 1994, 2 vols.

NAVA, Pedro. *Galo das Trevas*. Rio de Janeiro, Nova Fronteira, 1987.

NEVES, Diogo Gualhardo. *Associação Comercial do Maranhão: Recrutamento e Atuação Política da Liderança Empresarial (1880/1940)*. Universidade Federal do Maranhão, 2011 (Dissertação de Mestrado em Ciências Sociais).

PEQUENO, Waldemar Alves. *Raízes Mineiras e Cearenses*. Belo Horizonte, Imprensa Oficial, 1970.

PEREGALLI, Enrique. *Recrutamento Militar no Brasil Colonial*. Campinas, Editora da Unicamp, 1986.

POURCHER, Yves. *Les Maîtres de Granit: Les Notables de Lozère du XVIIIe Siècle à nos Jours*. Paris, Olivier Orban, 1987.

RESENDE, Maria Efigênia Lage de. *Formação da Estrutura de Dominação em Minas Gerais*. Belo Horizonte, UFMG, 1982.

SCHWARTZMAN, Simon. *Bases do Autoritarismo Brasileiro*. Rio de Janeiro, Campus, 1982.

SILVA, Vera Alice Cardoso & DELGADO, Lucília de Almeida Neves. *Tancredo Neves: A Trajetória de um Liberal*. Petrópolis/Belo Horizonte, Vozes/UFMG, 1985.

VALADARES, Antônio Carlos de. "A Ascendência Portuguesa do Presidente Afonso Penna". *Revista do Instituto Histórico e Geográfico Brasileiro*, 1978.

VAZ, Alisson Mascarenhas. *Israel, uma Vida para a História*. Rio de Janeiro, Vale do Rio Doce, 1996.

WIRTH, John. *Minas Gerais in the Brazilian Federation, 1889-1937*. Stanford, Stanford University Press, 1977.

2

Ritos, Símbolos e Alegorias no Exercício Profissional da Política[1]

Os estudos que tomam por objeto as formas de conduta política características da democracia representativa não costumam relacioná-las às práticas desenvolvidas pelo homem político nas estruturas sociais *a priori* não políticas, como a família. Os especialistas não encontraram, ainda, a motivação necessária para refletir sobre as normas de conduta política interiorizadas nas mentes e nos corpos, principalmente por meio dos rituais familiares. A tendência é preferir, entre as diferentes entradas capazes de permitir a apreensão do político, os caminhos que dão acesso a uma identificação imediata entre política e atividade partidária, entre organização formal das instituições e análise estatística das eleições. As formas particulares assumidas pela dominação política permanecem confinadas nos estudos da micro-história e da antropologia[2]. Elas constituem o que Yves Pourcher

---

1. Originalmente publicado na revista *Informations sur les Sciences Sociales*, vol. 38, n. 2, pp. 249-271, jun. 1999, sob o título "Rites, Symboles et Allégories dans l'Exercice Professionnel de la Politique". A versão traduzida foi posteriormente publicada em Letícia Bicalho Canêdo (coord.), *O Sufrágio Universal e a Invenção Democrática*, São Paulo, Estação Liberdade, 2005, pp. 348-453. Agradeço a Jean-Louis Briquet e a Olivier Ihl a leitura atenta da primeira versão deste texto. Devo um agradecimento especial a Janaína Amado, por sua disponibilidade, competência e amizade. Esta pesquisa foi financiada pelo CNPq.
2. Cf., entre outros, Yves Pourcher, *Les Maîtres de Granit: Les Notables de Lozère du XVIIIe Siècle à nos Jours*, Paris, Olivier Orban, 1987; Marc Abélès, *Jours Tranquilles en 89*, Paris, Odile Jacob, 1989; Jean-Louis Briquet, *La Tradition en Mouvement: Clientélisme et Politique en Corse*, Paris, Belin, 1997; Gérard Lenclud, "De Bas en Haut, de Hauts en Bas. Le Système de Clans en Corse", *Études Rurales*, n. 101-102, 1986.

denominou "la partie immergée de l'iceberg"³ e são consideradas pelas análises habituais como desprovidas de um peso suficiente para suscitar novas perspectivas teóricas sobre o plano político.

Esta imagem do *iceberg* me incitou a explorar a sugestão aí subtendida: abordar a política pelo interior, utilizando-me de expressões políticas "oficiosas" para refletir sobre as formas de politização das relações sociais que as análises habituais tendem a ignorar em nome das formas oficiais da política. Neste capítulo, descrevo duas cerimônias exemplares sob este aspecto. Elas mostram a atuação enérgica de políticos procurando assegurar sua existência política no interior do meio social onde vivem e, consequentemente, os efeitos dessa atividade para a reprodução das relações que constituem esta mesma ordem política. As cerimônias se inserem no quadro de uma pesquisa mais ampla, à qual me dedico há dez anos, voltada para a problemática da transmissão e da reprodução familiar na política brasileira⁴.

A primeira dessas duas cerimônias é um enterro, ocorrido num cemitério da cidade de Muriaé, em Minas Gerais⁵. O falecido pertencia a um grupo familiar conhecido na região como "família de políticos", tendo em vista alguns de seus membros ocuparem, e terem ocupado, postos políticos importantes, regionais ou nacionais, durante gerações⁶. O interesse por esta

---

3. Cf. Yves Pourcher, "Des Combats et des Triomphes de Marianne: Entre Folklore et Rituel?", *Temps Modernes*, n. 536-537, mars-avril 1991.
4. Cf. Letícia Bicalho Canêdo, "Estratégias Familiares na Construção Social de uma Qualificação Política", *Educação e Sociedade*, vol. 7, ago. 1991; "Caminos de la Memoria", *Historia y Fuente Oral*, n. 12, pp. 91-115, 1994; "La Production Généalogique et les Modes de Transmission d'un Capital Politique Familiale dans le Minas Gerais Brésilien", *Genèses*, vol. 2, n. 31, pp. 4-28, juin 1998.
5. Minas Gerais é um dos 26 Estados da federação brasileira e se coloca entre os cinco mais desenvolvidos. Está situado no interior do Brasil e até 1950, de acordo com o *Anuário Estatístico do Brasil*, era o Estado mais populoso e com o maior número de eleitores. Atualmente, sob estes dois aspectos, foi suplantado pelo Estado de São Paulo. A cidade de Muriaé situa-se ao leste de Minas Gerais, nas fronteiras com o Estado do Rio de Janeiro, e constitui o polo comercial da região que se denomina Zona da Mata. De acordo com dados publicados pelo IBGE – Instituto Brasileiro de Geografia e Estatística –, em 1990, a população do município de Muriaé contava com 84 585 habitantes. Conforme certidão emitida pelo Cartório Eleitoral da cidade, em 1995 havia 58 853 eleitores inscritos na lista eleitoral.
6. Ver Letícia Bicalho Canêdo, "La Production Généalogique et les Modes de Transmission d'un Capital Politique Familiale dans le Minas Gerais Brésilien". Ver também Cid Rebelo Horta, "Famílias Governamentais em Minas Gerais", *II Seminário de Estudos Mineiros*, Belo Horizonte, UFMG, 1956, que mostra certos políticos desta família ligados numa rede de 27 famílias a controlar a política do Estado do nível local ao nacional.

cerimônia advém do fato de ela desvendar uma das maneiras pelas quais são produzidas as práticas que asseguram, transmitem e dão sentido a parentescos que trazem significados relevantes para o serviço de acumulação de um patrimônio político familiar.

A outra cerimônia é uma festa que celebra o Dia do Muriaense, previsto para homenagear os cidadãos de Muriaé. É um acontecimento oficial, marcado por um feriado. Entretanto, as diversas cerimônias oficiosas que compõem a festa giram em torno da memória do antigo prefeito que instituiu 6 de setembro como o dia do cidadão de Muriaé. Neste dia, este prefeito, também pertencente ao grupo familiar já citado, é lembrado de maneira a dar aos participantes da festa o sentimento de partilhar ideias e interesses comuns.

Vistas sob o aspecto de cerimônias políticas[7], encarregadas de gerir os sentimentos de identidade e de unidade, o enterro e a festa do muriaense focalizam elementos da experiência familiar que o grupo citado se esforça por reativar tanto na sua própria memória como na da população da cidade, onde detém poder eleitoral há 137 anos, desde a chegada de Antônio Augusto da Silva Canêdo, nomeado pelo Ministro da Justiça do Império ao posto de juiz de direito da comarca. O fato aconteceu em 1860. Em 1862, o juiz candidatou-se e foi eleito deputado geral do Império[8].

Desde então, os descendentes do magistrado têm procurado manter e fazer crescer um eleitorado fiel na região, por meio do estímulo à capacidade de afrontamento do grupo, adquirida dentro de um longo e complexo aprendizado familiar, *vis-à-vis* a um conjunto de outras famílias influentes

---

7. Sobre a utilização de funerais, comemorações e festas com fins políticos, assim como definições sociológicas clássicas de festa, de política e de festa política ver Alain Corbin (dir.), *Les Usages Politiques des Fêtes aux XIX-XXème Siècles*, Paris, Publications de la Sorbonne, 1994. As reflexões sobre festas políticas presentes neste capítulo sofreram influência da leitura desse livro e das críticas a ele feitas por Denis-Constant Martin, "Comptes Rendus", *Revue Française de Science Politique*, vol. 45, n. 6, déc. 1995.

8. A magistratura, durante quarenta anos do período imperial (1841-1889), esteve na dependência do ministro da Justiça, por meio do poder de nomeação que transformava a filiação partidária em condição primordial para ela e para a posterior ascensão na carreira política. Na magistratura, Antônio Augusto alcançou o mais alto posto, o de desembargador, nome pelo qual ficou conhecido. Na política, foi eleito deputado à Assembleia Geral do Império em 1862, onde representou os conservadores até a sua morte em 1886. Provinha, pois, do "país legal", composto por pessoas com estudos superiores e renda suficiente para fazer face às despesas exigidas pelos estudos escolares e a representação nos altos postos políticos. Um grupo que em 1877 compunha-se de 2769 pessoas, com 125 elegíveis no final do Império (cf. José Murilo de Carvalho, *A Construção da Ordem*, Rio de Janeiro, Campus, 1980).

da cidade que se revezam na oposição. Para tal, contrapõem a posição política alcançada pela família no espaço político ao longo do tempo (liderança de partido, liderança na Assembleia Legislativa, direção de órgãos estatais etc.) àquela das demais famílias influentes da cidade que nunca alçaram voos políticos mais altos pelo fato de não viverem a política como uma atividade profissional. Esta estratégia lhes assegurou opositores locais que têm na atividade econômica a sua ocupação mais notável, impedindo-os de se apresentarem aos eleitores com a moral e os interesses do serviço público. Os Canêdo, ao contrário, viram seu nome se enraizar como uma marca política da região, isto é, como servidores públicos. Pio Canêdo, originário de Muriaé e na atividade política desde os anos 1920, substituindo seu tio, que por sua vez havia substituído o pai, o Desembargador Canêdo, que era sobrinho de um estadista do Império (o Marquês de Paraná), é muito explícito a respeito deste afrontamento:

O político passa todo o ano vivendo a experiência dos problemas locais. Ele é o veículo das reivindicações municipais. Sente de perto tudo o que concerne à vida do município. Não é o que acontece com o empresário. [...] O empresário não tem deveres de solidariedade nem para a coletividade. Tem apenas o domínio de sua empresa, domínio antes de tudo, financeiro[9].

Na política local, o afrontamento entre as duas facções, acentuado por tensões que dão às duas direitos mais ou menos equivalentes, permitiu-lhes a alternância no poder por meio de eleições competitivas nas quais a porcentagem dos votos nulos ou brancos sempre foi ínfima[10]. "A riva-

---

9. Entrevista com Pio Canêdo, 20 jul. 1986. Entre outros postos, Pio Canêdo foi prefeito de Muriaé, deputado em muitas legislaturas, Secretário dos Negócios do Interior e da Segurança Pública do Estado de Minas Gerais, Secretário dos Negócios da Agricultura do Estado de Minas Gerais, um dos fundadores e chefe do PSD (Partido Social Democrático), vice-governador de Minas Gerais (1965-1970), vice-presidente do Banco do Estado de Minas Gerais, diretor e um dos criadores da Fundação João Pinheiro, organismo voltado aos estudos e projetos macroeconômicos de Minas Gerais, desde 1969.
10. Assim como foi o caso das eleições de 1962, as últimas antes do domínio militar, nas quais a diferença entre o candidato vencedor e o perdedor foi de 3,3%. Os votos brancos e nulos não ultrapassaram 2,65%, mas convém lembrar que no Brasil o voto é obrigatório por lei. Quando das eleições de 1976, no fim do período militar, esta diferença foi de 7,36%, enquanto o único partido a se apresentar com programa ideológico só obteve 2,10% do total dos votos. Os votos brancos e nulos foram de 8,8%. Em 1982, a primeira eleição do período conhecido como da "redemocratização", a diferença entre as duas facções foi de 3,63% e em 1988 de 3,01%. É somente

lidade local evita a entrada de estranhos na realidade municipal", declarou Pio Canêdo[11]. Esta lógica, que opõe figuras alegóricas de dominação encarnando vinganças pessoais ("Ganhamos as eleições. Estamos vingados", diz um eleitor quando soube da vitória de sua facção nas urnas[12]), é a que, desde o século XIX, dá sentido e realidade à vida política da região. Este é também um dos fatores a dificultar a sobrevivência de partidos com plataformas ideológicas. As duas facções políticas ativas na cidade estão bem etiquetadas com siglas partidárias, mas elas mudam de acordo com o contexto histórico: Conservador × Liberal, durante o Império; UDN (União Democrática Nacional) × PSD (Partido Social Democrático), durante o período de 1945-1965; Arena 1 × Arena 2 (Aliança Renovadora Nacional), no período de dominação militar, de 1965 ao fim da década de 1970; PMDB (Partido do Movimento Democrático Brasileiro) × PTB (Partido Trabalhista Brasileiro), desde 1985[13]. "As pessoas só vão atrás de um nome que esteja atrelado a um partido", diz José Canêdo. "É como seguir a baiana [boneca de desfile carnavalesco] que dança porque tem um homem dentro"[14].

    a partir de 1992 que se pode observar o crescimento do PT (Partido dos Trabalhadores), o qual, dispondo de um programa socialista, conseguiu obter nestas eleições 8,01% do total dos votos (cf. Registro do Cartório Eleitoral de Muriaé, Minas Gerais).

11. Entrevista com Pio Canêdo, 20 jul. 1986.
12. Declaração de Benedito Nunes, um eleitor da cidade, à pesquisadora após o término das apurações de votos nas eleições municipais de 1988, em Muriaé.
13. No Brasil Imperial (1842-1870), somente atuaram dois partidos políticos. Na República Velha (1889-1930), cada Estado da federação tinha seu partido político oficial (PRM – Partido Republicano Mineiro; PRP – Partido Republicano Paulista etc.). Em 1945, foi introduzido o pluripartidarismo. Os dados de Otávio Dulci (em Antonio Candido de Mello e Souza et al., "Minas Não Há Mais?", I Seminário de Economia Mineira, Diamantina, 1982) mostram, entretanto, que nas eleições mineiras de 1945 a 1962, uma média de 80% dos votos foram dados a três partidos políticos conservadores: PSD, UDN e PR. Os 20% restantes se pulverizaram em pequenos partidos (o que não é válido para São Paulo, onde podia-se observar a ação de setores liberais, máquinas populistas e partidos de esquerda). Em 1965, todos esses partidos foram extintos pelo governo militar, que só permitiu a existência de dois partidos. Na expressão de Dulci, significou "a realização da realidade". No final dos anos 1980, o retorno ao pluripartidarismo manteve, na prática, a luta binária na maioria dos municípios.
14. Entrevista com José Canêdo, jul. 1994. A expressão baiana com um homem dentro é referência ao fato de que nas festas carnavalescas brasileiras costumava existir bonecas enormes, construídas de papel, ocas. Um homem no interior de cada uma delas as fazia dançar. Ao usar esta expressão, o entrevistado procura demonstrar que o seu grupo político se reproduz na política escondendo-se dentro de uma sigla partidária morta e fazendo-a existir. José Canêdo, membro do grupo familiar em estudo, era encarregado de organizar as festas de carnaval da cidade onde costumava haver cortejos, financiados pelas duas facções, que disputavam a preferência popular com seus *mannequins spetaculaires*, carros alegóricos e músicas com letras provocativas.

Considerando o tempo de ação deste grupo na política mineira, a estratégia de seus membros para difundir e enraizar as representações que eles dão de si próprios joga um papel importante para a compreensão da estrutura das relações políticas em Minas Gerais. Porque eles não são um caso único. Em Minas Gerais, o poder esteve sempre nas mãos de grupos familiares de origem social e tradição comum no exercício do poder[15]. Na própria composição do atual quadro administrativo do Estado pode-se encontrar membros desses grupos, se não nos postos mais elevados (como é o caso do atual governador do Estado[16]), intermediando quem, senão eles, crescerá na política de Minas[17]. Crescer na política mineira significa crescer na política nacional: Basta observar o número de presidentes da República e de vice-presidentes (seis e sete, respectivamente) de origem e formação mineiras, além da forte representação mineira nas principais funções políticas nacionais e em todos os Ministérios ao longo da história[18].

O sucesso da elite mineira na preservação do seu poder está associado ao que se conhece sob o nome de *mineirice*. No folclore político brasileiro, trata-se de uma maneira especial de fazer política, mesclando astúcia e

---

15. Os livros de memórias são ricos neste aspecto. Ver, em especial, os seis livros que compõem as memórias de Pedro Nava – *Baú de Ossos, Balão Cativo, Chão de Ferro, Beira-Mar, Galo das Trevas, O Círio Perfeito*, todos publicados pela Ateliê Editorial e, anteriormente, pela Nova Fronteira. Há também os livros com entrevistas de políticos mineiros, utilizando as técnicas conhecidas como história oral. Ver Assembleia Legislativa de Minas Gerais, *Pio Soares Canêdo*, Belo Horizonte, ALMG, 1996 (Memória Política de Minas); Vera Alice Cardoso Silva e Lucília de Almeida Neves Delgado, *Tancredo Neves: A Trajetória de um Liberal*, Petrópolis/Belo Horizonte, Vozes/UFMG, 1985; Cid Rebelo Horta, "Famílias Governamentais em Minas Gerais"; John Wirth, *Minas Gerais in the Brazilian Federation, 1889-1937*, Stanford, Stanford University Press, 1977.
16. Eduardo Azeredo foi eleito em 1994, por um partido apoiado pelas esquerdas, como um político moderno, detentor de todas as capacidades exigidas pela política contemporânea (competência técnica em economia, em gestão e uma grande experiência com o sistema de informática do país que ele dirigiu durante alguns anos antes de se candidatar a prefeito de Belo Horizonte, a capital de Minas). Entretanto, ele pertence a uma família de políticos que vem do Império e foi ostensivamente apoiado pelas antigas famílias mineiras dos mais diferentes partidos e que detêm, ainda, os votos do Estado por intermédio das trocas de favores e serviços. Ver Norma de Góes Monteiro (coord.), *Dicionário Biográfico de Minas Gerais*, Belo Horizonte, Assembleia Legislativa do Estado de Minas Gerais, 1994, 2 vols.
17. Para uma comparação das elites mineiras com as demais elites políticas brasileiras, ver Frances Hagopian, *The Politics of Oligarchy: The Persistence of the Traditional Elites in Contemporary Brazil*, Massachusetts University, 1990 (Tese de Doutorado).
18. Durante o período republicano foram eleitos dezessete presidentes da República. Cinco deles tiveram a carreira política construída em São Paulo, três no Rio de Janeiro, um na Paraíba, um no Rio Grande do Sul e um em Alagoas.

sagacidade à habilidade de negociar, conciliar e acomodar. A "arte da conciliação mineira", que une senso prático e espírito conservador, é conhecida como o "segredo de Minas", do qual se nutrem os políticos mineiros[19]. Vivido como fazendo parte da ordem natural das coisas, torna-se motivo de reflexão científica ao revelar um sistema de categorias de percepção, de pensamento e de ação legitimado, continuamente, pela mídia: "Quem pode compreender o código dos mineiros?", pergunta uma colunista do jornal *O Estado de S. Paulo*[20], um dos mais conceituados do Brasil. É nesse sentido, e considerando que a própria bibliografia sobre a mentalidade da política mineira é sintomaticamente mais vasta do que um estudo empírico sobre as formas de atuação de suas elites, que as ações dos políticos mineiros se tornam, aqui, objeto de reflexão política.

A política é conhecida como a arte de jogar a curto prazo, em razão das instabilidades facilmente percebidas na esfera institucional. Este prisma, entretanto, dissimula o fato de que, além das instabilidades, o campo institucional contém também as possibilidades de atuar dentro de um jogo com regulamentos bastante complexos. É um campo tenso e instável onde os menos experientes encontram dificuldades para permanecer bem situados junto ao centro do poder, atropelados pelos mais experimentados que dominam melhor os regulamentos conhecidos, os quais, no mais das vezes, não são regras escritas. É ocioso insistir no longo tempo de preparação que o domínio desses regulamentos exige. Não tanto pelo aprendizado deles, mas pela prática em aplicá-los.

Ora, em geral, é ainda no interior das famílias e das redes de conhecimento que se adquire esta prática, transmitida com o nome de "vocação" (domínio das regras), assim como as convicções ideológicas e tantas outras entre as quais se pode citar a de que, numa família de políticos, tudo e todos devem estar ao serviço do público.

As duas cerimônias, motivo deste estudo, têm o mérito de, no seu desenrolar, relacionar acontecimentos familiares e acontecimentos da política

---

19. Para Maria Arminda do Nascimento Arruda: "Os políticos mineiros se fantasiam de políticos mineiros e terminam por nutrir o mito que eles mesmos criaram" (declaração à revista *Veja*, 7 out. 1992). Arruda é autora do livro *Mitologia da Mineiridade*, São Paulo, Brasiliense, 1989 [2. ed. Cotia, SP, Ateliê Editorial, 2024].
20. Cristiana Lobo, "Mineirices", Coluna do Estadão, *O Estado de S. Paulo*, 4 out. 1996. No artigo, a colunista comenta o jogo das eleições municipais de Belo Horizonte.

local, animados por pessoas pertencentes a um grupo familiar que ocupa postos político importantes há gerações e que detêm um poder eleitoral em Minas Gerais de forma alguma negligenciável. Nesse sentido, elas permitem apreender o lado ativo do conhecimento prático de certos políticos mineiros, num cenário diferente daquele da política oficial.

A descrição dessas duas cerimônias está baseada em entrevistas realizadas junto a membros desta família, em artigos da imprensa local e na minha experiência pessoal, pois trata-se de minha própria família.

O PROCEDIMENTO RITUAL DIANTE DA MORTE E A REPRODUÇÃO FAMILIAR NA POLÍTICA

O exame da cerimônia do enterro pretende mostrar que estão em jogo, antes de tudo, a manutenção e a coesão da solidariedade familiar. Elas constituem elementos fundamentais para os detentores de um patrimônio político inscrito numa história de longo prazo, capaz de se reproduzir somente através da preservação de laços fortes e duráveis.

Na verdade, é a maneira pela qual os agentes do cerimonial apelam aos sentimentos de coesão e de solidariedade familiar que nos permite, quando do desenrolar dos funerais, fazer a distinção entre transmissão do capital político e transmissão do capital econômico. Melhor dizendo, diferentemente do que acontece numa família onde está em jogo o capital econômico acumulado, os membros de uma família de políticos não precisam sofrer o constrangimento de verem somente herdeiros legítimos e testamentários entrarem na posse da herança do falecido. Ao contrário, numa família de homens políticos, não somente os membros desta família, mas o conjunto da parentela, desde o cemitério, herda os bens simbólicos do defunto, inscrevendo-se na consciência de serem herdeiros. Como tal, todos devem assumir as obrigações daí advindas, não podendo delas se furtar, pois renunciar a estes bens significaria a morte política do grupo. São estes bens simbólicos que dão a coesão necessária à família, garantindo ao mesmo tempo as relações de clientela nas quais se baseia a circulação de informações, as trocas de serviço e de ajuda recíproca em caso de necessidade. Faz-se qualquer coisa porque se pertence à família (a família de sangue ou a família metafórica): hospedar um parente ou correligionário que vem à capital para estudar, ajudar em caso de doença, apresentar um sobrinho do interior, ou parente de aliado político, a pessoas em condições de encaminhá-lo na profissão, levá-lo a locais onde aprenderá qual o comportamento do seu grupo fora do meio provinciano etc. São estas trocas recíprocas, base do poder social de uma família de políticos, que dão significado relevante para a atividade política.

O caso descrito abaixo é um exemplo de uma das formas de transmissão da coesão familiar. Pretende demonstrar que como os bens simbólicos não são transmitidos de forma automática, cada um deve se considerar herdeiro antes de receber a herança. Sentir-se herdeiro implica uma aprendizagem que se faz no seio de um grupo político que necessita garantir sua integridade para se afirmar no poder e fazer frente ao grupo rival. Me interesso aqui pelo enterro de Augusto Alves Pequeno, um dos membros da família estudada, morto em 1992. O caso me foi relatado por um político em início de carreira. Médico pediatra, com *curriculum* profissional desenvolvido na área de políticas públicas ligadas à saúde, saneamento básico e educação, ele é primo, em quinto grau, do falecido.

Augusto era médico e antigo vereador municipal. Do lado materno, era descendente de um grande proprietário de terra (o Barão do Monte Alto). Do lado paterno, ele foi sempre considerado um homem ilustre na cidade porque se dizia que provinha da família de um importante estadista do Império (Honório Hermeto Carneiro Leão, o Marquês de Paraná) e seria primo do sexto presidente da República brasileira (Afonso Augusto Moreira Penna).

Na desordem provocada pela morte, o filho mais velho de Augusto, proprietário de terras herdadas da mãe, decidiu enterrá-lo no grande cemitério da Igreja Católica, conhecido como "o cemitério de cima".

Ocorre que esta decisão ia de encontro aos costumes do lado paterno da família, cujos membros costumavam ser enterrados no pequeno cemitério público, "o de baixo". Enterrar os mortos da família no cemitério público foi sempre um meio de as famílias dos políticos da cidade marcarem sua diferença, o que leva a pensar no ponto em que o privado toma o lugar do público e o público se transforma em negócio privado.

Ao tomar conhecimento do local do sepultamento, Afonso, primo em terceiro grau de Augusto e com a idade de 89 anos, inquietou-se e começou a mobilizar o conjunto da família contra a cerimônia a ser realizada no cemitério de cima. Com dificuldades para se locomover, procurou reverter a situação que lhe parecia muito grave apoiando-se no seu filho mais novo, que se iniciava na carreira política e era médico. Aparentemente nada poderia ser feito e a situação se mostrava irreversível, pois toda a preparação dos funerais havia sido realizada. Mas Afonso não descansou para atingir o seu propósito de transferência de cemitério.

A transferência não era uma coisa muito simples, a começar pelo fato de a sepultura do pai de Augusto, situada no cemitério de baixo, ser muito reduzida, pois os ossos haviam sido transferidos em caixa pequena de outra cidade, anos após a sua morte. O túmulo necessitava ser aumentado. Além do mais, a cerimônia dos funerais havia sido fixada para as primeiras horas da manhã, o que significava a necessidade de os arranjos serem realizados durante a noite e a madrugada. Convencer o coveiro a trabalhar fora do expediente de trabalho não era tarefa fácil. Da mesma forma, era preciso, ainda, obter uma licença junto à prefeitura para ampliar a sepultura, sem contar a necessidade de regularizar a situação *vis-à-vis* ao cemitério católico.

Apesar de tudo, na tentativa aflita de impedir um ato considerado desastroso, o senhor idoso conduziu o filho do "primo Augusto" até o cemitério municipal, acompanhado de familiares e de alguns amigos. Mostrou-lhe o túmulo de seu avô, de seu tio-avô, de seus bisavós (todos nomes de rua na cidade), dando, na sua argumentação, acento sobre a posição que eles ocuparam no espaço social e a importância política de cada um deles. Fez ver também que os parentes mortos reunidos naquele cemitério tinham por característica comum o fato de terem sido ilustres personalidades políticas. Em suma, Augusto não era um anônimo, disse seu Afonso. Num cemitério público, "bem personalizado", todos os mortos se conheciam e eram conhecidos do falecido. Precisavam também ser conhecidos por seus familiares vivos para que eles pudessem se situar melhor no espaço social e político.

Foi dessa maneira que seu Afonso conseguiu a concordância do filho do primo Augusto para a transferência da cerimônia. Para tal, o jovem primo submeteu-se a toda uma série de atos extremamente trabalhosos. Mas foi por meio desse exercício que ele conseguiu que seu pai se juntasse aos seus antepassados no mesmo cemitério, e ele próprio se juntou aos seus familiares vivos, aprendendo que não poderia renunciar à sua herança simbólica[21].

No momento dos funerais de Augusto, seu primo Afonso assumiu o posto de chefe do cerimonial de um ritual familiar encarregado de marcar,

---

21. O caso foi narrado, inicialmente, ao telefone, com o intuito de me comunicar a morte do primo Augusto, cujo antepassado comum mais próximo nasceu em 1828, mas que eu sempre considerei tão primo como se nossos pais fossem irmãos. Após este telefonema, numa entrevista (nov. 1994), o político, dublê de médico, e também meu irmão, narrou com mais detalhes o acontecimento.

de maneira virtual e perenizada, a existência de uma "família de políticos", unida neste espaço delimitado do cemitério público[22]. Diante de um perigo iminente para a coesão – o esquecimento –, ele agiu, trazendo a história do grupo a seus membros. Sem dar qualquer conotação nostálgica ao seu ato, Afonso procurou reelaborar o passado no presente, valorizando-o para poder inscrevê-lo na continuidade.

O que torna este caso interessante para a análise é o fato de que o chefe desse cerimonial de aprendizagem, a pessoa mais idosa da família, nunca foi um político. Ele foi o irmão, o neto, o sobrinho, o tio e o pai de políticos. Neste funeral, entretanto, ele revelou a incorporação de atitudes que, mais do que programas de campanhas eleitorais cuidadosamente preparadas, esclarecem a permanência da família no espaço político. Ele mostrou, com sua atitude, que a reprodução política só existe se é atuada e atuante. Todavia, só se torna atuada e atuante se ela encontra pessoas que, como Afonso, estão dispostas a se responsabilizar por ela e capazes de assumir os postos que lhe estão destinados em momentos de incerteza. Melhor dizendo, torna-se indispensável que alguém se apresente para fazer o que dela se espera, ou que ela própria espera de si própria. Alguém que pelas experiências anteriores seja dotado de aptidões para fazer reviver uma história[23].

O filho de Augusto, ao aceitar a transferência do sepultamento de seu pai para outro cemitério, reconheceu sua posição na família, seu dever perante ela, e, dessa maneira, assumiu a sua identidade social face ao conjunto dos participantes do funeral, isto é, os assistentes da cerimônia, apoderando-se de sua herança simbólica. O sentimento de dever perante a família apareceu nas eleições seguintes aos funerais, quando ele entregou ao primo candidato, pela primeira vez, uma grande contribuição financeira para a campanha e um trabalho considerável de arregimentação de eleitores, ou melhor, um ganho importante de votos. Basta citar o fato de que no vilarejo próximo à sua fazenda – Bom Jesus –, nem mesmo o deputado originário do local conseguiu votos. O candidato da família obteve 96% dos votos do local[24].

---

22. Para Halbwachs, nenhuma memória coletiva pode existir fora de um quadro espacial socialmente determinado (cf. Maurice Halbwachs, *Les Cadres Sociaux de la Mémoire*, Paris, PUF, 1950).
23. Cf. Pierre Bourdieu, "Le Mort Saisit le Vif. Les Relations entre Histoire Réifiée et l'Histoire Incorporée", *ARSS*, n. 32/33, pp. 3-14, avr.-juin 1980.
24. Cf. Cartório Eleitoral de Muriaé.

O filho de Afonso, o político da família, ao acompanhar seu pai na peregrinação pelos dois cemitérios agiu como auxiliar do ritual. Com o senso de político, ele sentiu a importância de sua participação no ato, tanto que o relatou à pesquisadora, sem que lhe fosse sugerido nada[25]. Isto não significa que ele tenha compreendido que contribuía para produzir sentido à representação política de seu grupo familiar, que, para continuar existindo, precisava ser atuada por meio de gestos capazes de lhe conferir significado em meio à incerteza.

A incerteza, constituída em torno dos participantes da cerimônia, membros da família e parte da população da cidade, acabou por ser definida com a aceitação cúmplice da transferência das exéquias. Por este viés, os participantes legitimaram a existência de uma família de políticos prestigiosos, bastante unida, contribuindo para reproduzi-la no espaço político. Ora, a reprodução, tanto social como política, não é unilateral. Ela só pode existir com cumplicidade de pessoas cooperativas que lhe dão sentido.

Graças a esta cumplicidade, a morte foi neutralizada e deixou de ser percebida como uma catástrofe sobre a família. A cerimônia dos funerais, ao contrário, pôde marcar a solidez da coesão de que se revestia o grupo familiar, assim como o seu domínio do tempo: um poder de presença substituindo a ausência causada pela morte. Para tanto, alguém precisou nutrir a memória familiar, e a da população da cidade, não só de cortejos e nomes de ruas, mas também de túmulos em cemitérios. Túmulos que se apoderam dos vivos pelo ritual transformado em ação histórica[26].

O *MÉTIER* POLÍTICO NO CERIMONIAL
DE COMEMORAÇÃO DO "DIA DO MURIAENSE"

Uma família de extensa memória política, que dota seus membros de uma prodigiosa parentela útil, não é sozinha capaz de realizar o milagre da reprodução de seus membros no campo do poder político. Ela necessita

---

25. O caso foi narrado como algo engraçado, uma vontade estranha do seu pai. O que me leva à afirmação de Daniel Gaxie referente ao fato de que os políticos são desigualmente "dotés de réflexes, d'un coup d'oeil, d'un sens du coup, de l'esquive, de l'anticipation et du placement. Ils agissent dans le court terme en s'efforçant de faire face aux situations" (Daniel Gaxie, *La Démocratie Représentative*, Paris, Montchrestien, 1966, p. 135).
26. Ver Pierre Bourdieu, "Le Mort Saisit le Vif. Les Relations entre Histoire Réifiée et l'Histoire Incorporée".

não só reativar a memória familiar, como mostra a cerimônia do cemitério, mas também a da população, preparando-a para o ritual maior das eleições que se sucedem em datas precisas. Para tanto, ela utiliza rituais preventivos, no desenrolar dos quais se esforça por lembrar engajamentos e obrigações, ou melhor, determinar práticas sociais e políticas.

A cerimônia que descreverei abaixo é um desses rituais preventivos. Trata-se do Dia do Muriaense, instituído no ano do centenário de cidade de Muriaé (1955) e, desde então, comemorado todos os anos no dia 6 de setembro[27]. Neste dia, decretado feriado municipal, a população amanhece e anoitece em festa.

Os festejos se passam todos os anos da mesma maneira, com cenas que se alternam como numa peça de teatro. Logo na alvorada, a população é acordada por uma banda de música que corre as principais ruas da cidade sobre um caminhão, anunciando aos muriaenses o "seu dia". Ainda pela manhã, homenageia-se Antônio Canêdo, o prefeito que instituiu a data. Em seguida, há um almoço festivo organizado para homenagear os que, embora tenham nascido ali, vivem fora da cidade. Durante a festa, são denominados muriaenses ausentes. Finalmente, no fim da tarde, às 17 horas, tem lugar a única cerimônia oficial do dia, que se realiza na prefeitura. Trata-se da outorga do título de cidadão honorário aos não muriaenses que prestaram serviços considerados relevantes para a comunidade.

A existência dos festejos se deve ao fato de que a família do criador do Dia do Muriaense se empenha na promoção deles, razão pela qual a festa gira toda em torno da figura símbolo, Antônio Canêdo, que foi médico pediatra, deputado à Assembleia Constituinte de 1946 e prefeito da cidade entre 1955 e 1960. Morreu tragicamente, em 1960, quando se preparava a deixar o cargo e se apresentar novamente como candidato a deputado. O acontecimento emocionou a população da cidade, podendo assim a sua figura ser utilizada para dar sentido à celebração anual da data. Hoje essa comemoração é um acontecimento obrigatório na vida da cidade, com a população esperando-a todos os anos. Mas o entusiasmo pela festa sofre variações, dependendo de qual grupo político detém o poder na cidade. Se são os familiares do Dr. Antônio ou os seus partidários, a figura simbólica aparece procurando empolgar com força. Se é o grupo "do outro lado" que

---

27. A cidade foi emancipada em 14 de maio de 1855.

detém o poder, todo um esforço é feito para empalidecer a figura dele nas comemorações e enfraquecer o entusiasmo pela festa.

Parti de dois documentos produzidos pela festa para descrevê-la: o jornal *Gazeta de Muriaé,* de 12 set. 1992, ano em que um representante da família do Dr. Antônio estava como prefeito, e um convite para as comemorações da festa de 1994, quando a alternância de poder foi feita. A narrativa do desenrolar da cerimônia faz parte de minhas próprias observações da festa, que eu assisti por anos seguidos.

> Muriaenses comemoram seu dia
> A já tradicional comemoração do Dia do Muriaense reuniu autoridades e populares em frente ao busto do criador do 6 de setembro, Dr. Antônio Canêdo, para as homenagens a ele conferidas em agradecimento por instituir neste dia, o Dia do Muriaense.
> A solenidade teve início às cinco horas da manhã com a alvorada, às oito horas na praça Lincoln dos Santos, em frente ao Fórum, houve o hasteamento dos pavilhões: nacional, pelo prefeito Christiano Canêdo, do Estado, pelo ex-governador de Minas Dr. Pio Soares Canêdo, e do município pelo orador oficial da cerimônia, Dr. Antônio José Monteiro de Castro Neto.
> Logo após as palavras do orador oficial, o maestro Hélio Teófilo dos Santos tocou o "toque do silêncio", que foi seguido pela homenagem dos alunos da Escola Estadual Dr. Antônio Canêdo, que depositaram flores e cantaram o hino a seu patrono eterno[28].

Tradicionalmente, quando, como neste ano, os partidários do Dr. Antônio estão no poder, uma banda de música acompanha um desfile do tiro de guerra (reservistas do exército) e das escolas públicas municipais da cidade até o busto do "seu patrono eterno". Quando, ao contrário, são seus opositores que estão no poder, não há desfile e as cerimônias da manhã se reduzem à música da alvorada e aos discursos diante do busto do Dr. Antônio. No primeiro caso, entretanto, a cerimônia é completa e, com a ajuda da prefeitura, as escolas se preparam durante todo o ano para o grande acontecimento, cada uma propondo um tema diferente para o desfile.

Os temas do desfile estão sempre relacionados a um acontecimento histórico, valorizando tanto seu aspecto moral como o político e o cultural,

---

28. *Gazeta de Muriaé,* 12 fev. 1992.

que cada uma das escolas procura inculcar de maneira exemplar. O artigo de jornal transcrito abaixo faz referência a isto:

A Escola Municipal Professora Esmeralda Viana, primeira Escola Municipal construída em área urbana, é uma das concretizações do Governo Christiano Canêdo e João Braz. Hoje a Escola atende a quatrocentos alunos no ensino de 1ª Grau, da Pré-Escola à 5ª série, no Bairro Inconfidência. Seus alunos homenagearam os 200 anos da Inconfidência Mineira – um movimento nativista, de ideais liberais, baseados na Revolução Francesa. Apesar das crises que o país atravessa, o ideal de liberdade não pode acabar. E no Bairro Inconfidência esta semente foi plantada com a inauguração pela atual Administração da Escola Esmeralda Viana porque EDUCAR É LIBERTAR.
O desfile da Escola Municipal Professora Stella Fidelis trouxe o tema da Indepêndencia do Brasil. A mais nova escola construída pela administração Municipal contou historicamente o processo de libertação do país que se iniciou em 1808 e culminou com o grito do Ipiranga em 1822.
A apresentação da bandinha do Centro Social Urbano, com 36 componentes e criada pelo Governo Christiano Canêdo dentro do Projeto Criança Viva, comoveu todo o público. [...] O projeto atende em várias frentes, seja em atendimento médico-odontológico e de assistência social ou oferecendo cursos profissionalizantes à população carente do Bairro Santa Terezinha. [...]
A Escola Municipal Professora Elza Rogério, situada no Bairro Gaspar, é uma das pérolas da administração atual, por sua beleza plástica e funcionalidade. Por isto mesmo desenvolveu um grandiosos desfile com o tema "Educação: Do Descobrimento à Municipalização", onde em blocos distintos os alunos percorreram a história da Educação desde a chegada de Cabral, passando pelos jesuítas – os primeiros educadores –, pelo Brasil Colônia, Brasil Império, Brasil Republicano, até a Municipalização da Educação ocorrida no Governo Christiano Canêdo e João Braz, que entre outras coisas permitiram a valorização da Educação, reciclagem permanente dos professores, conservação da rede escolar, criação de escolas de 1º Grau, extensão de séries, criação de pré-escolares, concursos públicos, aumento significativo do número de alunos – que em 1988 era de apenas mil e setecentos alunos e hoje passa dos cinco mil e oitocentos alunos[29].

Como pode ser observado, ao se utilizar de temas universais, como liberdade e fraternidade, os motivos dos desfiles louvam as figuras políticas do momento, divulgando suas ações sem cronologia, numa continuidade que os insere numa trama histórica eterna. A descrição do

---

29. *Gazeta de Muriaé*, 12 fev. 1992.

desfile da Escola Elza Rogério, cujo tema é "Educação: Do Descobrimento à Municipalização", é exemplar.

Após o desfile, a família e os partidários da facção Canêdo reunidos frente ao busto do Dr. Antônio (os representantes oficiais só comparecem a esta cerimônia se pertencem à mesma facção), exaltam, ano após ano, a figura do homenageado e suas realizações: menciona-se geralmente as grandes obras públicas, em especial as realizadas nas favelas e nos bairros pobres, mas também as suas iniciativas na área legislativa, como a proposição da Lei de Amparo à Criança, evocadas para lembrar as obras de caráter social e educativo administradas pela família e simbolizadas na Casa da Criança, que oferece assistência médica e leite às crianças pobres da cidade. Os discursos reafirmam, num tom de afrontamento, o compromisso do grupo político pela continuidade dessas obras, comparando-as com a administração das duas facções, com peso favorável para o governo dos partidários do homenageado.

A festa continua com um almoço de confraternização, que não se apresenta como uma atividade político-partidária, pois o cuidado na sua organização é deixado nas mãos de pessoas sem relação explícita com os grupos da disputa política. Elas se encarregam de assegurar o reconhecimento do enraizamento local. Na verdade, este almoço de confraternização já existia bem antes dos anos 1950. Tem sua origem na tradição de uma das famílias da cidade (família Carneiro), que, anualmente, aproveitando os feriados nacionais da Semana da Pátria (semana que engloba o dia 7 de setembro, o Dia da Independência), reunia os familiares que habitavam fora da cidade para uma grande festa, da qual participavam também os amigos. Com a instituição do Dia do Muriaense, a festa se abriu para todos os muriaenses que habitam fora da cidade. E, até hoje, a liderança na organização do almoço cabe a uma das mulheres dessa família.

A organização do almoço repousa, cada ano, sobre as mesmas regras: o local é sempre um clube e as mulheres que se encarregam de sua organização não pertencem a nenhuma das famílias políticas que se afrontam. O sentido de confraternização e de harmonia é objetivado na ausência de elementos emblemáticos (na decoração e nos discursos). Entretanto, a imagem do Dr. Antônio, mesmo ausente, está marcada na figura dos seus filhos, netos, irmãos, sobrinhos e demais parentes sempre presentes. A mesma edição do jornal nos informa sobre a presença de quatrocentas pessoas no "Almoço de Confraternização dos Muriaenses Ausentes, momento culminante das comemorações do Dia do Muriaense", em 1992.

A festa termina com a única cerimônia oficial do dia: a entrega, pelo Poder Legislativo, do título de cidadão honorário, prevista por uma lei municipal, instituída em 1955 pelo criador do Dia do Muriaense. O título é dado aos que, embora habitando na cidade, não são daí originários e prestaram "relevantes serviços à comunidade". As indicações dos homenageados são feitas pelos vereadores, levando em consideração os interesses dos seus partidos políticos e de seus eleitores. Cada vereador, além do prefeito, tem o direito de indicar um nome, o que significa uma média de trinta homenageados por ano.

Na comemoração do Dia do Muriaense, três aspectos chamam a atenção para uma análise do "equilíbrio das tensões sempre em movimento", no sentido dado por Norbert Elias[30], que se estabelece entre este grupo familiar, sua facção contrária e os eleitores desta cidade.

O primeiro se refere à homenagem junto ao busto de bronze, em frente ao Fórum, que se inscreve numa continuidade perfeita entre o espaço público e o espaço privado: mistura, na praça, as escolas públicas e autoridades oficiais com a família do homenageado. Estes últimos são vistos como políticos, que pertencem a um partido, por meio do qual alguns de seus membros disputam eleições competitivas para cargos dentro do Estado. Trata-se, portanto, de fazer esquecer qualquer tradicionalismo e exibir o homenageado, no caso, seus herdeiros políticos, dentro do quadro da modernidade política e do afrontamento. Daí os discursos enfatizarem as grandes obras administrativas dos eleitos e seus feitos políticos, sem mencionar os laços de parentesco que permitiram aos prefeitos a obtenção de recursos federais e estaduais para as obras, bem como o auxílio técnico necessário para a sua realização. "Eu me lembro da época em que seu tio foi prefeito (1955-1960). Nós fizemos vários contatos porque ele queria realizar as obras do rio Muriaé", declarou Gilberto Canêdo de Magalhães, ex-diretor do Departamento Nacional de Portos e Canais, à pesquisadora[31]. "A rede

---

30. Norbert Elias, *La Société de Cour*, Paris, Calmann-Levy, 1974, em especial pp. 152-153.
31. Entrevista com Gilberto Canêdo de Magalhães, fev. 1988. Gilberto era neto de Cristina, terceira filha do primeiro casamento de Antônio Augusto Canêdo. A família Canêdo de Magalhães se transferiu para o Rio de Janeiro no início do século. O pai de Gilberto, Thomaz, foi também diretor do Departamento Nacional de Portos e Canais.

de esgotos e a ampliação da rede de água potável só foi possível porque o Afonso [irmão] tinha aquela experiência toda da Secretaria de Obras do Rio de Janeiro"[32]. As obras, ao serem enumeradas nos discursos, definem a natureza das obrigações de cada um dos presentes (favores e serviços públicos contra votos e sustentação política) e indicam os motivos de uma adesão a uma facção política e não a outra.

Vem daí a maneira como são feitos os convites para a homenagem, que demonstram a importância com que se revestem as práticas das duas facções concorrentes para manter a tensão no espaço político.

Assim, quando a família do homenageado está no poder, o convite para a festa é feito pela prefeitura, que também distribui os uniformes às crianças da rede pública a fim de que eles possam desfilar com suas escolas sob o olhar das famílias que descem dos morros populares para se orgulharem de seus filhos, netos e irmãos, todos tomando conta da rua como personagens importantes da festa: "Eu gosto de ver o sorriso das mães, das avós desdentadas, felizes assistindo ao desfile das escolas criadas pelo tio Antônio e por mim. Me emociono mesmo", declarou um dos antigos prefeitos[33].

Se a família não está com o domínio da prefeitura, o convite para a festa é feito pela Casa da Criança, criada em 1947, dirigida desde o início por membros da família e o principal símbolo a legitimar as trocas políticas praticadas pelo grupo a fim de manter suas relações de clientela. As mães dos morros populares são convidadas na própria Casa da Criança, e devem comparecer com seus filhos, que são atendidos gratuitamente por médicos da família desde o pré-natal e recebem leite regularmente até os cinco anos de idade. Um outro convite é enviado a outras regiões do Brasil e do mundo a todos os muriaenses que figuram nos registros municipais. Este convite é assinado pela presidente da Casa, sempre uma mulher, com ligações familiares com o falecido Dr. Antônio, como se pode observar abaixo:

---

32. Entrevista com Christiano Canêdo, ex-prefeito de Muriaé (1988-1992), nov. 1994. O Afonso da referência é irmão do entrevistado, responsável desde os anos 1950, como o fora seu primo Feliciano nos anos 1930, por várias obras de urbanização do Rio de Janeiro. Foi também presidente do Clube de Engenharia, órgão nacional representativo dos engenheiros.
33. *Idem.*

Prezado Senhor,
Tradicionalmente, no dia 6 de setembro, os amigos do Dr. Antônio Canêdo, numa demonstração de eterna gratidão, se reúnem para prestar-lhe as homenagens de toda uma cidade, onde sucessivas gerações receberam nesses 47 anos de funcionamento de uma de suas obras – a Casa da Criança – a assistência e amparo de seus benefícios.
Vimos convidá-lo e a sua família a participarem das solenidades programadas para a ocasião.
Data: 06 de setembro de 1994
Hora: 09h00
Local: Praça Lincoln dos Santos (em frente ao Fórum)
Atenciosamente
Theresinha Ilva Canêdo Passos
Presidente da APMI, mantenedora da CASA DA CRIANÇA

O sucesso desta homenagem exige um esforço considerável por parte da família Canêdo, como sugere, numa entrevista, a esposa de um dos políticos pertencentes à família: "Nas vésperas do Dia do Muriaense, o C. fica impossível. Não dorme direito, telefona para a cidade toda, lembrando a homenagem. Cinco horas da manhã já está de pé, na maior tensão, para acompanhar a formação da banda de música da alvorada"[34]. Uma outra mulher relatou: "O T. ligou pra minha casa várias vezes, dizendo que todos nós deveríamos ir à festa, até o nenê. [...] Fomos todos, se não ele brigava"[35].

Para um outro entrevistado[36], esta cerimônia funciona como uma espécie de sondagem eleitoral preliminar, pois o maior número de presentes à homenagem significa a probabilidade de uma vitória nas eleições.

A presença dos convidados à homenagem é favorecida pelo feriado de 7 de Setembro, que permite o deslocamento daqueles que moram em outras regiões. É esta a razão da transferência do dia da comemoração do dia 16 de maio (data da emancipação da cidade) para o 6 de setembro. Assim, seguindo a ideia do Dr. Antônio, aproveita-se o feriado nacional para rever e abraçar os parentes e os amigos.

---

34. Entrevista com Consolação Freitas Canêdo, 3.11.1994.
35. Entrevista com Maria Rosaria Eudoxia Canêdo Miranda, 18.7.1994.
36. Entrevista com Christiano Canêdo, ex-prefeito da cidade.

Os encontros acontecem no almoço de confraternização, segundo aspecto de interesse para a análise. Contrariamente à homenagem acontecida pela manhã, este almoço procura ser uma celebração da harmonia, porque a facção oposta comparece e contribui ao sucesso das comemorações. Isto porque, neste almoço, estão presentes os possíveis eleitores que moram fora do município. Assim os representantes das duas facções se confraternizam ao lado dos amigos, das mães, das crianças e dos avós, desta vez com dentes bem cuidados. As tensões sentidas na manhã podem ser, assim, equilibradas.

A importância deste equilíbrio pode igualmente ser sentida por ocasião da entrega dos títulos de cidadão muriaense, na qual, por intermédio dos vereadores, os representantes das duas facções são obrigados a estar presentes. Este equilíbrio das tensões marca o início da preparação para o ritual maior, que são as eleições propriamente ditas.

Assim, no Dia do Muriaense, em meio à emoção de encontros e de reativações dos laços de identidade, garante-se, sem qualquer ato proposital realizado, a possível não transferência dos títulos eleitorais dos "muriaenses ausentes" para outras municipalidades. Ao contrário, a partir da entrega dos títulos de cidadão muriaense, a pessoa homenageada é confrontada com os deveres da cidadania cívica, definida localmente como o reconhecimento de pertença do indivíduo à comunidade. Ao receber a homenagem, o cidadão se sente na obrigação de se inscrever nas listas eleitorais locais e votar por um dos candidatos da cidade[37]. Trata então de transferir seus títulos de eleitor de outras regiões para Muriaé[38]. É o que ajuda a explicar o comparecimento de 69,5% da população total da cidade

---

37. A propósito da prova do domicílio para a inscrição nas listas eleitorais (Lei de 5 de abril de 1884, em relação a Paris, Offerlé escreve: "A inscrição implica, por um lado, uma vinculação no duplo sentido – material (habitar) e simbólico (identificar-se a) – que deve, aliás, encontrar-se na própria realização do ato de votar que se desenrola sob a inspiração do meio em que se vive. [...] a vinculação à cidadania cívica nacional passará pela vinculação à cidadania local. A identificação a essa comunidade 'imaginada' (cf. B. Anderson) que é a nação irá fazer-se contra e por intermédio de uma localização na qual se constrói a relação com a política e com os políticos, na qual se manifesta a cidadania em sua prática habitual e se faz o aprendizado do interesse em ser francês" (Michel Offerlé, "A Nacionalização da Cidadania Cívica", em Letícia Bicalho Canêdo (coord.), *O Sufrágio Universal e a Invenção Democrática*, pp. 352-353).
38. No Brasil não existe voto por correspondência e ele é obrigatório. Mas pode-se justificar a ausência no correio da cidade onde o eleitor se encontra no dia da votação, após preencher um formulário. A cópia desse formulário deve ser, depois, apresentada no cartório da cidade onde habita o cidadão a fim de que ele possa ter sua justificativa aceita pelo juiz eleitoral da comarca.

nas urnas de Muriaé. Um número alto em relação às cidades novas, com origem no *boom* industrial dos anos 1950, onde essa disputa familiar não existe. No Estado de Minas Gerais, a média de inscritos numa lista eleitoral local, de acordo com o Tribunal Regional Eleitoral, é de 60% da população.

Desta maneira, a festa contribui para perpetuar o conjunto das relações constitutivas da ordem política e social, ao se obter uma resposta positiva dos eleitores à solicitação para a sua presença nas urnas, seja "em favor de um lado", seja "em favor do outro lado", o que esclarece também a ausência dos votos nulos e brancos. Melhor dizendo, e para retomar raciocínio de Michel Offerlé, para que haja eleições é preciso que haja um trabalho prévio de formalização e instalação da categoria de cidadão (investimento de formas materiais, jurídicas e simbólicas); é preciso também que os protagonistas das eleições – eleitores, candidatos, comentaristas – encontrem interesse em agir. "De fato, aqui como em outro lugar, o cidadão nunca está só. Ele tanto age como é influenciado, pois participa com outras da produção contínua da instituição"[39].

A comemoração do 6 de setembro, ainda que seja organizada, na sua maior parte, de forma "oficiosa", marca a atividade política por meio da realização de atos múltiplos que lhe dão sentido, principalmente no que se refere à motivação para votar. Como sublinha Olivier Ihl, "se a pessoa vota em um candidato, vota ainda mais pela própria instituição do voto. Ou, em outras palavras, à medida que se fortalece, o sentimento do dever cívico obriga as opiniões a se exprimirem na, por meio e, igualmente, em favor da instituição eleitoral"[40]. Para este fortalecimento do sentimento cívico, misturam-se os laços sociais com os laços políticos num ritual que lembra os engajamentos e as obrigações, mas que também traz a esperança. Assim, a festa se realiza como um ritual, no qual os movimentos, sequências e gestos se inscrevem no quadro onde o presente se mistura ao passado, confundido numa promessa de futuro, ao qual se prende a esperança de realizações ainda maiores, como se nota na leitura do jornal *Gazeta de Muriaé*:

---

39. Michel Offerlé, "A Nacionalização da Cidadania Cívica".
40. Olivier Ihl, *Le Vote*, Paris, Montchrestien, 1996, p. 17.

[...] um grandioso desfile [...] onde em blocos distintos os alunos percorreram a história da Educação desde a chegada de Cabral, passando pelos jesuítas – os primeiros educadores –, pelo Brasil Colônia, Brasil Império, Brasil Republicano, até a Municipalização da Educação ocorrida no Governo Christiano Canêdo[41].

SÍMBOLOS E ALEGORIAS

À primeira vista, funerais e solenidades de confraternização dos habitantes de uma cidade são duas cerimônias com funções diferentes. Entretanto, durante o desenrolar dos dois acontecimentos descritos, a energia manifestada por certos homens – e a presença atenta e ativa de outros que os seguiram – mostram que as funções originais de se reunir para assegurar a paz à alma de um morto e de se confraternizar numa data festiva foram ultrapassadas. Por meio de toda uma movimentação, elas se transformaram em algo diferente da função inicial, adquirindo um outro sentido. Observa-se bem, nos dois casos, que toda agitação efetuada pelos membros da "família de políticos" não teve simplesmente por função significar, mas também de forçar determinadas ações, lembrar engajamentos e obrigações, criar condições para o interesse "desinteressado" pela política, ou melhor, de determinar práticas sociais e políticas. Dentro desse sentido, os dois casos descritos se convertem em elementos importantes para a compreensão das formas de politização das relações sociais numa região particular de Minas Gerais.

Nessa outra função coercitiva, as cerimônias apresentam traços semelhantes. Cabe assinalar, em primeiro lugar, a margem de improvisação deixada àqueles que dela tomam parte. É o que propicia transformar, por exemplo, o ritmo conhecido e repetitivo de um funeral em meio de transmissão da ideia de que um indivíduo não deve ser considerado nele mesmo, mas em função de seu lugar na estrutura familiar, dentro da duração. Uma ideia que é expressa sob a forma de imposição do respeito moral devido aos pais mortos e aos ancestrais, levando os funerais a adquirirem a forma de trocas no interior do grupo familiar, entre gerações, criando obrigações entre as pessoas por meio de uma sacralização da família. No que concerne

---

41. *Gazeta de Muriaé*, 12.9.1992.

ao Dia do Muriaense, esta improvisação deixa uma parte importante do sucesso da comemoração à população local, ao se apelar a valores identitários, capazes de reativar e de manter bem equilibrada a capacidade de afrontamento dos dois grupos familiares em disputa política. A improvisação, entretanto, é suscitada pelos que detêm o domínio prático do sentido dos gestos, das palavras e das emoções provocadas por cerimônias que reúnem numerosas pessoas, ou melhor, por determinados políticos estimulados pelos riscos que regem sua conduta nas situações de incerteza. Dito de outra forma, pessoas como os políticos profissionais, que possuem a capacidade de responder às situações práticas e se adaptar aos acontecimentos.

Mas é a cumplicidade, plena de emoção, dos participantes nas duas cerimônias que fornece o calor humano necessário à sua sustentação. Ela testemunha a existência dos "momentos de sacralidade", nos quais, para recuperar a definição de Marc Augé sobre os ritos, há um cruzamento de percurso, "aqueles em que nossa trajetória individual encontra a dos outros"[42]. Trata-se aqui do cruzamento de percurso responsável pela eficácia dos estímulos deslanchados pelos que detêm o *savoir faire* político, como, no caso, o primo do falecido Augusto e os parentes do Dr. Antônio responsáveis pela festa do muriaense.

Por fim, há em comum nas duas cerimônias os elementos considerados pelos antropólogos como constitutivos de um ritual: o domínio do tempo, a repetição e a formalização das cenas, a teatralização, a presença simbólica do sagrado, a crença dos participantes.

Mas estes dois rituais se diferenciam num aspecto muito importante para a compreensão dos atos que favorecem a reprodução do conjunto das relações que constituem uma determinada ordem política. No enterro do "primo Augusto", considerando que o ritual foi praticado diante de um desequilíbrio familiar, a família se transformou em símbolo de poder político, ao se apelar à história dela num momento de incerteza e de risco iminente para o capital político do grupo. Já na festa do muriaense, o símbolo político é transformado em alegoria: perde o sentido evidente para significar um conceito geral de poder político. A história do poder político familiar incorporada no cemitério se converteu na ideia do seu poder, no sentido dado por Walter Benjamin, em metáfora sem história.

---

42. Marc Augé, "D'un Rite à l'Autre" (Entretien avec D. Fabre), *Terrain*, n. 8, pp. 71-72, 1987.

A diferença se situa, então, nos efeitos políticos produzidos pelas duas cerimônias, uma com a atenção voltada para o risco do esquecimento, a outra propondo rituais preventivos contra a amnésia. No que concerne ao ritual preventivo, a transposição de um símbolo político em alegoria política contribuiu para que os estímulos deslanchados pelos políticos atingissem a população de maneira simplificada, sem passado, presente ou futuro ordenado de forma cronológica. Esta "desordem histórica" concorre para a persistência de sinais genéricos, contribuindo igualmente para ocultar o que fundamenta a representação política: o *métier* político com tudo que ele gera de atividade e de medidas práticas. Inversamente, durante o funeral, as datas sobre as sepulturas, a precisão dos nomes e a relação dos indicadores que orientam a construção do grupo familiar no poder aparecem como a antítese dos sinais genéricos da festa do muriaense. São elementos que visam valorizar, na reelaboração do passado, a vocação familiar – a política –, transformando-a em símbolo da família. Este último, entretanto, quando é evocado nos discursos dirigidos ao conjunto de eleitores ou nos desfiles, esquematiza esta significação, transformando-a em sinais abstratos representativos da crença no poder político do grupo. Tal como o cartunista que para marcar determinada expressão torna ausente muitos traços que eram presentes no corpo desenhado, a redução estilizada existente na festa descrita torna ausente muitos traços ordenadores do *métier* político.

Tanto num caso como no outro, pode-se observar a dimensão das instabilidades e das possibilidades históricas aí contidas em termos políticos, que não se reduzem ao imediatismo da aplicação de um código eleitoral, pois, como se pôde observar, até mesmo o voto é preciso preparar. Uma análise pertinente das ações políticas escondidas nos rituais permitiria compreender formas de estruturação de relações políticas bem particulares, capazes de auxiliar na definição do sentido último do exercício profissional da política. Elas desvendariam os atos simbólicos e os símbolos que legitimam essas relações. Pois, como se pode concluir a partir da reflexão sobre estas duas cerimônias e da leitura dos trabalhos apresentados em um colóquio sobre usos políticos das festas[43], para que haja este uso, é necessário que elas existam antes e ofereçam quadros, tempos, espaços e símbolos à essa "captação".

---

43. Cf. Alain Corbin (dir.), *Les Usages Politiques des Fêtes aux XIX-XXème Siècles*.

REFERÊNCIAS BIBLIOGRÁFICAS

ABÉLÈS, Marc. *Jours Tranquilles en 89*. Paris, Odile Jacob, 1989.

ARRUDA, Maria Arminda do Nascimento. *Mitologia da Mineiridade*. São Paulo, Brasiliense, 1989. [2. ed. Cotia, SP, Ateliê Editorial, 2024].

ASSEMBLEIA Legislativa de Minas Gerais. *Pio Soares Canêdo*. Belo Horizonte, ALMG, 1996 (Memória Política de Minas).

AUGÉ, Marc. "D'un Rite à l'Autre" (Entretien avec D. Fabre). *Terrain*, n. 8, pp. 71-72, 1987.

BOURDIEU, Pierre. "Le Mort Saisit le Vif. Les Relations entre Histoire Réifiée et l'Histoire Incorporée". *ARSS*, n. 32/33, pp. 3-14, avr.-juin 1980.

BRIQUET, Jean Louis. *La Tradition en Mouvement: Clientélisme et Politique en Corse*. Paris, Belin, 1997.

CANÊDO, Letícia Bicalho. "Caminos de la Memoria". *Historia y Fuente Oral*, n. 12, pp. 91-115, 1994.

_____. "Estratégias Familiares na Construção Social de uma Qualificação Política". *Educação e Sociedade*, vol. 7, ago. 1991.

_____. "La Production Généalogique et les Modes de Transmission d'un Capital Politique Familiale dans le Minas Gerais Brésilien". *Genèses*, vol. 2, n. 31, pp. 4-28, juin 1998.

_____. (coord.). *O Sufrágio Universal e a Invenção Democrática*. São Paulo, Estação Liberdade, 2005.

CARVALHO, José Murilo de. *A Construção da Ordem*. Rio de Janeiro, Campus, 1980.

CORBIN, Alain (dir.). *Les Usages Politiques des Fêtes aux XIX-XXème Siècles*. Paris, Publications de la Sorbonne, 1994.

ELIAS, Norbert. *La Société de Cour*. Paris, Calmann-Levy, 1974.

GAXIE, Daniel. *La Démocratie Représentative*. Paris, Montchrestien, 1966.

HAGOPIAN, Frances. *The Politics of Oligarchy: The Persistence of the Traditional Elites in Contemporany Brazil*. Massachusetts University, 1990 (Tese de Doutorado).

HALBWACHS, Maurice. *Les Cadres Sociaux de la Mémoire*. Paris, PUF, 1950.

HORTA, Cid Rebelo. "Famílias Governamentais em Minas Gerais". *II Seminário de Estudos Mineiros*, Belo Horizonte, UFMG, 1956.

IHL, Olivier. *Le Vote*. Paris, Montchrestien, 1996.

LENCLUD, Gérard. "De Bas en Haut, de Hauts en Bas. Le Système de Clans en Corse". *Études Rurales*, n. 101-102, 1986.

Martin, Denis-Constant. "Comptes Rendus". *Revue Française de Science Politique*, vol. 45, n. 6, déc. 1995.

Mello e Souza, Antonio Candido de *et al.* "Minas Não Há Mais?" *I Seminário de Economia Mineira*, Diamantina, 1982.

Monteiro, Norma de Góes (coord.). *Dicionário Biográfico de Minas Gerais*. Belo Horizonte, Assembleia Legislativa do Estado de Minas Gerais, 1994. 2 vols.

Offerlé, Michel. "A Nacionalização da Cidadania Cívica". *In*: Canêdo, Letícia Bicalho (coord.). *O Sufrágio Universal e a Invenção Democrática*. São Paulo, Estação Liberdade, 2005.

Pourcher, Yves. "Des Combats et des Triomphes de Marianne: Entre Folklore et Rituel?" *Temps Modernes*, n. 536-537, mars-avril 1991.

_____. *Les Maîtres de Granit: Les Notables de Lozère du XVIIIe à nos Jours*. Paris, Olivier Orban, 1987.

Silva, Vera Alice Cardoso & Delgado, Lucília de Almeida Neves. *Tancredo Neves: A Trajetória de um Liberal*. Petrópolis/Belo Horizonte, Vozes/UFMG, 1985.

Wirth, John. *Minas Gerais in the Brazilian Federation, 1889-1937*. Stanford, Stanford University Press, 1977.

3

Herança na Política ou Como Adquirir Disposições e Competências Necessárias às Funções de Representação Política (1945-1964)[1]

A valorização das formas oficiais de apreensão da política, em detrimento das formas de politização das relações sociais, impede uma indagação mais precisa sobre as relações existentes entre a sociedade e os políticos profissionais. Partindo desta inquietação, este capítulo procura pensar as práticas políticas e sociais para além da visão idealizada da política, isto é, reconhecendo o caráter operatório dos laços sociais no universo político contemporâneo.

Esta proposição se choca, certamente, com a constituição de uma atividade política que se torna cada vez mais autônoma, dependente de um universo de regras, de crenças e de papéis próprios, sendo exercida coletivamente no quadro de partidos políticos especializados. Permite, todavia, examinar com atenção as relações entre a "sociedade" e os "políticos profissionais": esta relação seria mediada pelas experiências sociais anteriores, ou o jogo da política só pode ser compreendido por suas próprias regras? Estando sujeitos ao veredito popular, os políticos podem ficar aprisionados nas regras de seu mundo próprio? Se eles têm necessidade de estabelecer

---

1. Originalmente publicado na revista *Cahiers du Brésil Contemporain*, vol. 47/48, pp. 71-119, 2002 sob o título "Héritage en Politique, ou Comment Acquérir les Dispositions et Compétences Nécessaires Aux Fonctions de Représentation Politique (1945-1964)". Posteriormente publicado na revista *Pro-Posições*, vol. 13, n. 3 (39) set.-dez. 2002. Este capítulo resulta de uma exposição feita no Centre de Recherche sur le Brésil Contemporain, EHESS, Paris, em novembro de 2001. Devo agradecimentos a Jean-Pierre Faguer, não só pela competente leitura e discussão da primeira versão deste texto, como também pela sua disponibilidade e amizade. A pesquisa foi financiada pelo CNPq.

uma relação com os que lhes deram a delegação, uma parte de suas ações não teria que estar voltada para uma lógica inteiramente própria e dependente de uma aprendizagem, ao mesmo tempo desenvolvida no campo social e no interior do campo político?

Este enunciado resulta de uma série de trabalhos anteriores voltados para a transmissão do poder político familiar, nos quais procurei demonstrar que as posições políticas, paradoxalmente, são mais hereditárias do que se gostaria de acreditar numa democracia. Focalizados nas redes familiares encontradas em Minas Gerais[2], tais estudos estiveram direcionados para a compreensão dos modos de transmissão de um capital político específico numa sociedade que se organiza por meio de leis que ignoram os privilégios ligados ao nome de família e para as quais os partidos políticos são primordiais no jogo da sucessão[3].

Para dar conta desta problemática, a família foi reinterpretada como uma categoria da prática política. E nesse sentido atuando, de maneira diligente, na acumulação do capital político encontrado em Minas Gerais, sob três formas básicas:

1. No trabalho de mobilização dos laços familiares, confiado, principalmente, às mulheres (supervisionar os casamentos, convidar e frequentar

---

2. Letícia Bicalho Canêdo, "As Metáforas da Família na Transmissão do Poder Político: Questões de Método", *Cadernos Cedes*, vol. 18, pp. 29-52, 1997; "Caminos de la Memoria", *Historia y Fuente Oral*, n. 12, pp. 91-115, 1994; "Estratégias Familiares na Construção Social de uma Qualificação Política", *Educação e Sociedade*, vol. 7, ago. 1991; "Groupes et Groupements Familiaux a Minas Gerais", Paris, EHESS, Centre de Sociologie de l'Éducation et de la Culture, 1990 (*mimeo*); "Metáforas do Parentesco e a Duração em Política", *Textos de História*, vol. 3, n. 1, pp. 82-103, 1995; além dos capítulos 1 e 2 deste volume.

3. A visão institucionalizada da política nega o caráter operatório dos laços familiares no universo político contemporâneo. No meu entender, tal fato, no âmbito da produção histórica e sociológica brasileira, se deve a uma acomodação do objeto depois da publicação dos trabalhos clássicos da década de 1930, em especial o de Oliveira Viana, *O Idealismo da Constituição*, e o de Sérgio Buarque de Holanda, *Raízes do Brasil*. Os estudiosos que os seguiram, ao invés de transformar os estudos clássicos em pontos de partida para trabalhos mais instigantes, os transformaram em referências rotineiras, voltando-se para as tradições do estudo dos partidos políticos, utilizando referências europeias. Melhor dizendo, numa sociedade que, como a brasileira, se modernizava, desenvolvia seu parque industrial, com partidos nacionais atuando no Parlamento, pensou-se como mais importante classificar esses partidos do que refletir sobre o incômodo problema levantado pelos textos daqueles que pensaram o Brasil na década de 1930. A relação parentesco e política foi relegada para a microssociologia e para a antropologia, a fim de assinalar uma especificidade local, arcaísmo bem conhecido. Na verdade, uma maneira de proclamar a impossibilidade de esta relação se produzir numa sociedade moderna.

as pessoas certas nas cerimônias familiares, escrever as saudações dos rituais festivos, isto é, todas as pequenas sutilezas frequentemente ignoradas de um trabalho invisível, cotidiano, feito por pessoas igualmente invisíveis e dominadas politicamente).

2. No trabalho de socialização política, que é o trabalho pedagógico doméstico de enquadramento, tendo em vista adquirir as disposições necessárias para o exercício de uma atividade de risco e que exige tempo na acumulação do capital (laços precoces com o mundo da política, como frequência e familiaridade com as tarefas políticas, com os lugares e as pessoas de poder; exercício do uso da palavra em público sem timidez, uso e controle das emoções nas cerimônias familiares e nos revezes políticos vividos pelos seus, paixão pelo trabalho político etc.).

3. No trabalho de representação simbólica, no duplo sentido: *a.* de manifestar o poder social e político da família (entre outros, publicando uma genealogia legítima, que seleciona os membros dotados de um capital político à prova de reestruturações do espaço político, de renovações de gerações etc.); *b.* de promover o conhecimento e reconhecimento do patrimônio familiar, criando redes estruturadas pelo sentimento de identidade comum e obrigações afetivas, capazes de se constituírem numa espécie de capital de cumplicidade entre as pessoas, a serviço da acumulação e da transmissão deste patrimônio[4].

Ao considerar a família como categoria de prática política, dotada de um capital de cumplicidade, não tão diferente do existente em outros grupos sociais (associações de profissionais, organizações religiosas, entre outros), o resultado destas pesquisas me levou a criar um conjunto comparativo para refletir sobre a especificidade dos laços familiares em relação aos demais que são mobilizados na competição política, a qual, dado o risco que contém, torna perigosa uma atuação solitária.

Este capítulo é um dos resultados deste trabalho de pesquisa comparativa. Estuda como são formados os laços e a cumplicidade que unem os políticos de uma determinada geração entre eles mesmos e com seus

---

4. Patrimônio político aqui é visto no sentido dado por Marc Abélès, que o compreende como a memória das posições políticas ocupadas por diferentes ascendentes, mas igualmente um elemento ideológico distintivo que, espera-se, seja transmitido numa parentela (cf. Marc Abélès, *Jours Tranquilles en 89*, Paris, Odile Jacob, 1989, p. 33).

eleitores em uma ação que é, antes de qualquer coisa, coletiva. O período da história política escolhido para esta etapa da pesquisa é conhecido como de redemocratização, tendo sucedido o regime autoritário de Vargas, que durara quinze anos (1945-1964). O capítulo analisa a trajetória de 22 políticos que obtiveram sucesso em suas carreiras – onze de Minas Gerais e onze de São Paulo, concentrando-se em sua entrada na política.

O interesse está em compreender o que garante a determinados grupos, em determinados momentos de reestruturação do espaço político, a força suficientemente capaz de lhes permitir entrar na luta pelo monopólio do poder, relacionando as características fundamentais de sua socialização e de sua formação (escolar e no interior dos partidos políticos) com a aprendizagem das competências necessárias às funções de profissional da política.

O ano de 1945 foi escolhido para o início do estudo porque é o momento em que a transformação brutal do sufrágio – tornado obrigatório para os alfabetizados[5] – e a criação de partidos políticos nacionais intensificaram as relações entre o eleitor (obrigado a votar) e o candidato (que tem necessidade do voto). As reformas políticas dos anos 1940 introduziram, assim, a concorrência entre os políticos com raízes no Império e os recém-chegados, obrigando os primeiros a aprender a jogar com as regras da "ordem democrática", além das regras da política às quais estavam habituados. A tendência que se observa é no sentido de uma profissionalização do *métier* político, "ligada aos progressos *da implantação dos partidos* sobre o conjunto do território e ao cuidado deles em apresentar o maior número de candidatos em todas as eleições, na mira de um crescimento de sua audiência e de um melhor controle dos mandatos eletivos"[6]. A data de 1964 é a do golpe de Estado que marcou a supressão dos partidos políticos existentes e cancelou as eleições para cargos de governador de Estado e presidente da República.

O interesse na comparação de políticos de dois Estados brasileiros importantes – Minas Gerais e São Paulo – advém do fato de que São Paulo,

---

5. Antes de 1930, 3,5% da população brasileira votava, isto é, não havia mais do que 1,2 milhão de eleitores. Em 1945, após o Decreto-lei n. 7 586, de 28 de maio, que tornou o voto obrigatório, aproximadamente 15% da população compareceu às urnas para as eleições presidenciais – quase 7,5 milhões de eleitores, de acordo com os dados do Tribunal Superior Eleitoral (TSE, *Dados Estatísticos*, 2, 1952). Por ocasião das eleições nacionais de 1960, o número de eleitores foi de 15 543 332, isto é, 22% da população brasileira, segundo o TSE (*Dados Estatísticos*, 5, 1963).
6. Gaxie afirmou isto a propósito da França no fim do século XIX, mas a mesma ideia pode ser retomada aqui (Daniel Gaxie, *La Démocratie Représentative*, Paris, Montchrestien, 1993, p. 48).

que desde os anos 1930 é o centro da economia nacional – e que, durante todo o período republicano, foi também o centro das mais fortes pressões sociais organizadas no Brasil[7] –, não viu seus políticos ocuparem os postos de maior relevo do poder nacional nos anos 1950, nem assistiu a uma atuação destacada deles em situações de reestruturação do espaço político. Este espaço foi ocupado pelos políticos "mineiros"[8]. Os políticos "paulistas", afastados do poder nacional nos anos 1930, com o fim da República Velha e a chegada de Vargas ao governo, só o retomaram sessenta anos mais tarde, em 1994, quando da vitória de Fernando Henrique Cardoso para a presidência da República, o que contribuiu para nutrir o mito, ainda existente, das "raposas políticas mineiras".

Duas outras razões me dirigiram para a comparação desses dois grupos de políticos. A primeira se prende ao fato de o Estado de São Paulo dividir com o de Minas Gerais o mais alto percentual de eleitores no Brasil e o maior número de bancadas no Congresso Nacional.

A segunda se deve à constatação de que os políticos dos dois Estados não são percebidos da mesma maneira pela imprensa. Os paulistas são descritos como de "estilo esparramado", enquanto os mineiros aparecem sóbrios em suas maneiras de se apresentar e de falar. A imprensa ressalta o estilo histriônico dos paulistas na sua maneira de lidar com uma população descontente, intensamente atingida pelo processo de urbanização e com organizações sindicais agressivas[9]. Essa mesma imprensa enfatiza, ainda, a maneira dos "paulistas" fingirem, junto aos eleitores pobres da periferia, não pertencerem à política oficial: "Jânio posava de estranho no conspurcado ninho da política"[10]. Os políticos mineiros, ao contrário, são retratados

---

7. Para uma discussão sobre o peso político de São Paulo no conjunto do país, ver Simon Schwartzman, *Bases do Autoritarismo Brasileiro*, Rio de Janeiro, Campus, 1982.
8. Lembro aqui a atuação da liderança mineira na garantia do processo de sucessão/eleição após a morte de Getúlio Vargas, em 1954; a solução parlamentarista à crise criada pela renúncia de Jânio Quadros em 1961; a legitimação da deposição de João Goulart, em 1964, sancionando a instalação do novo regime sob a presidência de Humberto Castello Branco.
9. Francisco Weffort, *O Populismo na Política Brasileira*, Rio de Janeiro, Paz e Terra, 1978.
10. Clóvis Rossi, "São Paulo É Triste", *Folha de S.Paulo*, 3 set. 1998. É ilustrativo, também, o início do discurso de Borghi no grande comício do Rio de Janeiro, em 20 de agosto de 1945, durante o "movimento queremista": "Olhando em volta não vejo ao nosso lado nenhum dos medalhões políticos nacionais, salvadores da pátria, de cujos nomes se ocupam diariamente os jornais [...]. Todos aqui somos ilustres desconhecidos. *Não somos políticos nem o aspiramos ser*" (Hugo Borghi, *A Força de um Destino*, Rio de Janeiro, Forense Universitária, 1995, grifos do original).

pela mídia como fortemente ligados ao universo político: "Mineiro, em matéria de política, é melhor que baiano em matéria de festas"[11].

Avanço a hipótese de que estas formas de fazer política, citadas pelos jornalistas, escondem as mudanças no componente de capital político exigido, que se transforma a partir dos anos 1930[12] e afeta os modos de seleção dos políticos profissionais. A partir de então, não foi mais possível valer-se unicamente das prerrogativas inerentes ao sistema de reprodução direta, que fazia com que um patrimônio político herdado e a posse de um diploma de prestígio fossem praticamente suficientes à iniciação na carreira política. Nos bastidores, haveria modos diversos de acumulação e de conservação do saber político, formas particulares de tirar proveito dele e diferenças impostas pelas maneiras distintas de aquisição e de transmissão das práticas, por meio das quais os políticos afirmam seu código comum de significação, presente em cada uma de suas ações.

Para este trabalho de pesquisa, utilizei dicionários biográficos[13], entrevistas – não somente as que realizei, mas, sobretudo, aquelas publicadas pelo CPDOC (Centro de Pesquisa e Documentação de História Contemporânea do Brasil) e por instituições como a Assembleia Legislativa de Minas Gerais – e também os testemunhos de políticos publicados em livros de jornalistas e de historiadores[14]. A escolha dos 22 políticos foi feita entre os que tiveram uma maior visibilidade nacional no período. Outras importantes personalidades estão ausentes do quadro, porque não trariam elementos novos à demonstração pretendida, restrita ao estudo comparativo das formas

11. Moreira Alves, "Os Herdeiros", *O Globo*, 11 fev. 1997.
12. Refiro-me aqui, além da abertura de novas organizações partidárias, expansão dos aparelhos de Estado etc., ao programa de reformas eleitorais inaugurado com o Código de 1932 que criou a Justiça Eleitoral, instituiu o voto secreto, o voto feminino e o sistema de representação proporcional.
13. Alzira Alves Abreu e Israel Beloch (coord.), *Dicionário Histórico-Biográfico Brasileiro – 1930--1983*, São Paulo, Forense Universitária/Finep, 1984, 4 vols.; Norma de Góes Monteiro (coord.), *Dicionário Biográfico de Minas Gerais*, Belo Horizonte, Assembleia Legislativa do Estado de Minas Gerais, 1994, 2 vols.
14. Entre eles ver, em especial, Vera Alice Cardoso Silva e Lucília de Almeida Neves Delgado, *Tancredo Neves: A Trajetória de um Liberal*, Petrópolis/Belo Horizonte, Vozes/UFMG, 1985; Aspásia Camargo, Lucia Hippólito, Maria Celina d'Araújo e Dora Rocha Flaksman, *Artes da Política – Diálogo com Amaral Peixoto*, Rio de Janeiro, Nova Fronteira/CPDOC–FGV/UFF, 1986; Alisson Mascarenhas Vaz, *Israel, uma Vida para a História*, Rio de Janeiro, Vale do Rio Doce, 1996; Assembleia Legislativa de Minas Gerais, *Pio Soares Canêdo*, Belo Horizonte, ALMG, 1996 (Memória Política de Minas); Hugo Borghi, *A Força de um Destino*.

particulares de aquisição de sutilezas e competências capazes de transformar alguém num "político", bem como de definir as capacidades políticas num momento dado de reestruturação do espaço político.

A CONSTRUÇÃO DE UM ESPAÇO POLÍTICO AUTÔNOMO NOS ANOS 1950 E O ACESSO AOS MEIOS DE PARTICIPAR DA POLÍTICA

Do ponto de vista do sucesso de suas carreiras e, sobretudo, na observação de todos os postos políticos que cada um desses políticos ocupou (ver Apêndices 3 e 4), poder-se-ia acreditar numa projeção linear de suas trajetórias políticas. Colocados uns ao lado dos outros, suas carreiras, aparentemente semelhantes, escondem os diferentes caminhos que estes indivíduos percorreram para a entrada na política, bem como as motivações e as escolhas a que estiveram submetidos, porque todos alcançaram os mais altos postos aos quais um político de carreira pode aspirar, e sobreviveram às mudanças de regime e à renovação das gerações. Tancredo Neves, Ulysses Guimarães e Franco Montoro são bons exemplos, porque foram mais longe que os demais. Eles tomaram parte, igualmente, na reabertura democrática do país, no início dos anos 1980, e concluíram suas carreiras na liderança dos movimentos por direitos civis do período. Entre os políticos escolhidos, somente dois abandonaram a política por conta própria, e isto no período do governo autoritário dos militares, após 1964: Horácio Lafer e Hugo Borghi[15]. Juscelino Kubitschek e Ademar de Barros tiveram seus mandatos políticos cassados quando tinham sido eleitos, respectivamente, senador pelo Estado de Goiás e governador de São Paulo.

Entretanto, só considerar as etapas percorridas e a chegada ao cume da carreira seria como fixar o olhar unicamente no plano de voo e na aterrissagem de um avião: não se vê aí toda a preparação que prece-

---

15. Continuaram depois de 1964: Milton Campos – ministro da Justiça (1965-1966) e senador (até 1972); Israel Pinheiro – governador de Minas (1965-1969), levando para sua secretaria Ovídio de Abreu e José Maria Alkmin; Gustavo Capanema – deputado federal (1961-1970) e senador (1970-1979). Carlos Luz morreu em 1961 e Gabriel Passos, em 1962. Dos paulistas, Moura Andrade – senador (durante os anos 1960); João Batista Ramos – presidente da Câmara dos Deputados (1966-1968); Carvalho Pinto – senador (até 1975).

de a saída do avião, o treinamento dos pilotos, os momentos difíceis da viagem, a concorrência entre as empresas aéreas, os acidentes de percurso que impedem certos aviões de chegar ao seu destino e a performance de cada um.

Designar a política como a atividade principal de uma vida implica considerar as diferentes maneiras de entrada, assim como as chances diversas que são oferecidas aos entrantes, as margens de liberdade de ação para exercer o que se convencionou chamar de "artes da política". A codificação jurídica parece eliminar as diferenças de entrada na carreira porque, à parte o direito à elegibilidade, não há impedimento jurídico ao acesso. Qualquer cidadão, preenchendo as condições definidas na lei, pode se apresentar a um mandato eletivo, o qual, de resto, é juridicamente temporário, os eleitores podendo votar num outro candidato, quando das eleições seguintes. Todavia, há exigências preliminares que não se encontram escritas na lei e que condicionam a entrada e a saída da vida política[16].

Observando os Apêndices 1 e 3, pode-se pensar, por exemplo, que a diferença entre os dois grupos de políticos venha do fato de os mineiros, sendo de famílias que carregam nomes do Império, terem tido um acesso mais fácil, automático, à carreira, enquanto os paulistas são de primeira geração, com exceção de Carvalho Pinto e Jânio Quadros. Os quadros podem, assim, servir para demonstrar a renovação da geração política "paulista", após 1930, enquanto o grupo dos mineiros permaneceu bem ligado à tradição política das velhas famílias que detinham o poder[17].

Para uma primeira comparação grosseira, portanto, é a referência à Revolução de 30 que permitirá compreender o que quer dizer renovação de gerações e crise no modo de reprodução política: a profunda derrota sofrida pela oligarquia paulista no campo de batalha em 1932, na luta contra a intervenção militar no Estado de São Paulo, tornou difícil a reprodução dos seus quadros na política, forçando uma renovação de seus quadros políticos no período posterior[18]. Minas Gerais, ao contrário, onde a elite política estava

---

16. Michel Offerlé e Frédéric Sawicki (dir.), "Entrées en Politique. Apprentissages et Savoir-Faire", *Politix*, n. 35, 1996.
17. Por renovação de geração não estou me referindo à idade de entrada, e, sim, a novos líderes porta-vozes das novas aspirações e esperanças políticas.
18. Entre outras estratégias tendentes a desbancar a antiga oligarquia paulista do poder, o governo Vargas nomeou "interventores" militares sem quaisquer vínculos com os dois partidos oligárquicos locais (PRP e PD tiveram que se recompor através de uma frente única) e que nem

concentrada basicamente em ocupações burocráticas, foi o único Estado da Federação a não sofrer uma intervenção militar, de onde a possibilidade de uma continuidade de seus quadros no poder[19]. Mas, para compreender a crise do modelo de reprodução, é preciso considerar, ainda, a nova transformação urbana vivida pela cidade de São Paulo. A partir dos anos 1940, sob o efeito do desenvolvimento industrial, São Paulo recebeu uma importante migração interna (do campo e de centros urbanos menores para a capital)[20], que veio a se somar ao fabuloso contingente de imigrantes que a cidade havia recebido no final do século XIX[21]. Em Minas Gerais, a população rural praticamente se manteve estável de 1940 a 1970 (de 5 069 710 para 5 477 982), garantindo aos políticos deste Estado um universo comum de referências, a partir do qual eles orientavam e avaliavam suas práticas, assentadas na lógica das obrigações pessoais recíprocas nos termos de amizade, de fidelidade ou de reconhecimento[22]. Em São Paulo, a modernização encontrou uma população urbana em busca de oportunidades de ascensão; nestes termos, insatisfeita e reivindicativa, obrigando a criação de outros discursos e de outras apresentações públicas dos políticos, além de outras

---

pertenciam às famílias dirigentes do estado, estimulou a criação de organizações políticas que pudessem competir e/ou substituir os partidos oligárquicos etc.

19. A elite política paulista, durante a República Velha, era basicamente uma elite agrária e industrial. Frances Hagopian e Joseph Love estimam que 40% dela estava ligada ao comércio exportador de café e 28% era ligada à indústria. Para Minas Gerais, John Wirth só identificou 16,7% de fazendeiros numa elite política que, como demonstrou Rebelo Horta, formava uma rede de 27 famílias controlando a política do estado em escalões burocráticos. Moema Siqueira demonstra que membros destas famílias eram usados como critérios para nomeação na burocracia do estado. Segundo ela, 38% dos funcionários públicos de Belo Horizonte, em 1900, pertenciam a estas famílias. Ver Frances Hagopian, *Traditional Politics and Regime Change in Brazil*, Cambridge, Cambridge University Press, 1996; Joseph Love, *São Paulo in the Brazilian Federation, 1889-1937*, Stanford, Stanford University Press, 1980; John Wirth, *Minas Gerais in the Brazilian Federation, 1889-1937*, Stanford, Stanford University Press, 1977; Cid Rebelo Horta, "Famílias Governamentais em Minas Gerais", II *Seminário de Estudos Mineiros*, Belo Horizonte, UFMG, 1956; Moema Miranda Siqueira, "Elites Políticas em Minas Gerais", *Revista Brasileira de Estudos Políticos*, n. 29, pp. 173-179, jul. 1970. Ver também Amilcar Vianna Martins Filho, *The White Collor Republic: Patronage and Interest Representation in Minas Gerais*, University of Illinois, 1986 (Tese de Doutorado).
20. A população, que era de 1 326 261 habitantes, em 1940, cresceu três vezes em vinte anos, chegando a 3 825 351, em 1960, e 5 978 977, em 1970.
21. A cidade de São Paulo, no período de 1890-1900, passou de 64 934 habitantes para 239 820.
22. Cf. o que escreve Briquet: "A cultura se cristaliza nas 'regras do jogo', enumerando os direitos e deveres dos indivíduos, os imperativos ligados aos papéis, assim como os comportamentos que eles podem legitimamente adotar em tal ou qual situação particular" (Jean-Louis Briquet, *La Tradition en Mouvement*, Paris, Belin, 1997, p. 14).

estratégias pragmáticas de política clientelística, fundada na oferta de bens mais abstratos (discursos, representações, reformas sociais)[23].

Estes fatos contribuem para explicar o que teria podido condicionar a diferença entre as duas maneiras de agir, que confundiram os jornalistas da imprensa, dentro de um mesmo mercado político. E para entendê-las é preciso ir além da observação superficial feita há pouco e procurar relacioná-la a outros elementos relevantes, que encontramos na análise da maneira como cada um desses 22 políticos de sucesso iniciou a subida no primeiro degrau na escalada política.

Para tanto, foi necessário identificar as desigualdades da distribuição de acesso aos meios para participar da política. Num universo democrático, as competências simbólicas (notoriedade familiar, genealogia política etc.) não deveriam ser condições suficientes para atingir os postos importantes, entre aqueles que vão decidir as competências legítimas no espaço competitivo dos postos públicos. Mas, então, como explicar a maneira pela qual se inicia e se incute o domínio prático da política na construção dessas trajetórias de sucesso?

Entradas na Política

De importância como elemento de reflexão sobre as práticas que contribuíram para edificar o espaço político mais autônomo dos anos 1950, no Brasil, é o fato de que a maior parte dos "mineiros" em altos cargos no período provinha de uma linhagem de políticos com prestígio e poder que se confundia, em parte, com o jogo de relações estabelecidas no período do Império. Eles não só reatualizaram essas relações, além das mudanças de regime, como sobreviveram, com sucesso, à introdução do pluripartidarismo, ao aumento da concorrência eleitoral (com a entrada na política de candidatos de outras origens sociais), à liberdade de imprensa, à liberação das reuniões públicas e à ampliação dos espaços de ação no governo.

Não é possível que se trate, portanto, de uma simples "transmissão parental de mandatos eletivos", considerando, ainda, que, para além das reformas políticas advindas nos anos 1930 e 1940, o direito de representar não é distribuído ao gosto das famílias. Da mesma maneira, a interiorização

---

23. Cf. Daniel Gaxie (org.), *Explication du Vote*, Paris, FNSP, 1989, p. 16.

individual, sob a forma de vocação, do projeto familiar não se opera de maneira mecânica, sendo o caso dos filhos de João Pinheiro um bom exemplo, conforme declara um entrevistado:

> O sucessor de João Pinheiro na política era Paulo, que inclusive havia sido eleito deputado estadual para a legislatura 1915-1918, com apenas 25 anos de idade. Mas ele era um temperamento muito difícil, com pouca paciência para ouvir, o que acabou levando-o a se afastar da política, depois de conseguir um mandato de deputado federal, em 1930. A Revolução fechou, temporariamente, o legislativo e ele nunca mais se candidatou[24].

No caso da herança em política, há, ainda, que se fazer distinção entre "hereditariedade política", isto é, socialização na política, fundada na interiorização, pela "impregnação familiar", de predisposição para a ação política; e "transmissão", por adoção ou cooptação, de uma rede de relações. No primeiro caso, são as normas e os valores que são legados, enquanto no segundo caso há transmissão tanto do capital político como também de um território[25]. Em ambos os casos, a herança se exprime através do prestígio global concedido ao grupo de parentesco. Sendo assim, herda-se um conjunto de direitos que são reconhecidos pelo grupo em que a família tem domínio, além de um conjunto de deveres que são impostos. Direitos e deveres precisam, entretanto, ser testados na prática, pois, para fazer política, o indivíduo necessita subir uma série de degraus antes de ser percebido como um político profissional. Os degraus mais importantes são aqueles das eleições, a prova de seleção comum a todos eles.

Este tipo de herança, da qual muitos políticos fizeram prova, sobrevivendo às diversas eleições no período estudado, se fez acompanhar por outras modalidades de acesso à carreira política, como resultado das mudanças políticas e sociais ocorridas nos anos 1930-1940, que, ao transformarem o componente de capital político exigido para a entrada na política, afetaram, em especial, os modos de seleção dos políticos profissionais de São Paulo. Diferentes homens de outros grupos sociais entraram na política,

---

24. Alisson Mascarenhas Vaz, *Israel, uma Vida para a História*, p. 28.
25. Ver, para o caso da França, Garraud Philippe, "La Ville en Héritage", em Claude Patriat e Jean-Luc Parodi (dir.), *L'Hérédité en Politique*, Paris, Économica, 1992, que muito me auxiliou na reflexão do caso brasileiro.

disputando cargos nos novos partidos nacionais que se criavam. Muitos deles com militância em movimentos políticos, organizações políticas ou sindicais do patronato. Eles renovaram as campanhas eleitorais, mas tiveram que enfrentar as dificuldades de adaptação aos procedimentos parlamentares, de competência dos herdeiros, com os quais passaram a competir.

Herança Política e Transmissão da Rede de Relações

A hereditariedade política pode ser vista de forma evidente em seis dos 22 casos estudados. No momento de sua eleição, os políticos já pertenciam ao grupamento político dominante local ou nacional. O número aumenta ao se pensar nas outras possibilidades de entrar na política sem recursos à eleição, isto é, por via da transmissão da rede de relações políticas. Esta afirmação pode ser confirmada, dentro do que nos interessa aqui, com o caso de Carvalho Pinto e de cinco dos políticos estudados, que iniciaram a carreira no fim dos anos 1920. Carvalho Pinto, sobrinho-neto de Rodrigues Alves (presidente da República no período 1902-1906) militou, como vários jovens do PRP, no movimento integralista, após a derrota da oligarquia paulista, em 1932. Foi introduzido na administração pública por Prestes Maia, de quem foi assessor, e por Antônio de Queirós Filho – um nome tradicional em São Paulo –, que o indicou para a Secretaria das Finanças da prefeitura paulista, no governo Jânio Quadros. Capanema, Valadares, Israel e Bias Fortes foram eleitos "vereadores", respectivamente, nas câmaras municipais de Pitangui, Pará de Minas, Caetés e Barbacena, confirmando assim, por este teste eleitoral, suas filiações aos clãs oligárquicos. Gabriel Passos subiu seu primeiro degrau político como secretário particular de Olegário Maciel, presidente do Estado (1930-1933). Capanema trabalhou também no gabinete Olegário Maciel, de quem era primo, e, após a morte do mesmo, recebeu o posto de "interventor" federal em Minas Gerais, antes de assumir, em 1934, o Ministério da Educação.

No geral, a biografia da maioria dos políticos herdeiros mostra a importância da precocidade política, fruto da atividade pedagógica familiar, dando sentido ao duplo jogo do trabalho de representação no qual a suas famílias se empenham: o domínio da cultura familiar e o da cultura política. É o que indica Tancredo Neves, quando comenta a influência de seu pai na escolha de sua ocupação profissional e na sua habilidade oratória, que lhe valeu os primeiros reconhecimentos da carreira:

Meu pai lia atentamente todos os jornais da época, que publicavam na íntegra os discursos proferidos no Senado e na Câmara. E ele me incentivava a ler em voz alta esses discursos para ele ouvir. Lembro que eu lia discursos exaustivos de Rui Barbosa, lia discursos exaustivos de Irineu Machado, do Maurício de Lacerda, Barbosa Lima Sobrinho, enfim os grandes nomes da oposição na época. Meu pai era um homem marcado pela oposição e toda vez em que exerceu atividade política, foi sempre fazendo oposição[26].

O pai de Bias Fortes e o de Israel Pinheiro foram presidentes do Estado de Minas Gerais, o que marcou fortemente suas ações políticas, como mostra a observação do vice-governador de Minas, Pio Canêdo, durante o governo de Israel Pinheiro. Segundo ele, Israel, que governou Minas Gerais com a idade de setenta anos, "costumava dizer que não tomaria determinada posição, pois certamente seu pai não aprovaria"[27].

Para os herdeiros, a detenção dos recursos familiares não é, portanto, somente material e mecânica. Os deveres inculcados pelo exemplo, as evocações da memória familiar, o sentimento de direitos interiorizados desde a infância sob a forma de vocação, a imagem de si são resultados de uma longa aprendizagem normativa.

Esta aprendizagem influi sobre a percepção que o herdeiro pode ter dele mesmo, capaz de sustentar um projeto pessoal de reprodução da atuação de seus ascendentes, como bem explica um deputado contemporâneo, também herdeiro político:

> Fui educado no meio de políticos, a começar pelo tio Antônio, depois o tio Pio e também o meu primo Ronaldo. Segui o curso de medicina sob influência e convivência com o tio Antônio. Estudei no Rio, na Faculdade de Medicina e Cirurgia, como ele. Como ele, abandonei a cirurgia para me tornar pediatra. Retornando a M... minha experiência toda é na área social, também como tio Antônio: a Casa da Criança, o Hospital São Paulo, o posto de saúde na zona rural... Foi uma convivência direta com a população pobre. Este trabalho durou quinze anos, até que saiu minha indicação para a Secretaria Municipal de Saúde. Foi o momento em que

---

26. Vera Alice Cardoso Silva e Lucília de Almeida Neves Delgado, *Tancredo Neves: A Trajetória de um Liberal*, p. 68.
27. Pio Canêdo, "Entrevista (25 maio 1994)", em Alisson Mascarenhas Vaz, *Israel, uma Vida para a História*, p. 21. Canêdo foi vice-governador de Minas Gerais durante o governo de Israel Pinheiro.

comecei verdadeiramente o meu trabalho político. [...] O vovô e o tio Zezé sempre falaram no meu nome para a política. Penso que era por eu estar sempre presente na Casa da Criança, desde quanto o tio Antônio foi prefeito. Mais do que os outros. Era eu também que permanecia no *bureau* eleitoral durante todo o dia. Eu penso que por isso eles se referiam ao meu nome para a política[28].

Mas é a lógica das obrigações clientelísticas que está no coração dessa aprendizagem prévia no serviço público, conforme a declaração do deputado acima. Ensina o herdeiro a agir conforme as regras admitidas, contribuindo para garantir fidelidades políticas, que valerão, mais tarde, como teste para o apoio familiar à carreira e como garantia dos votos a partir da cidade natal. Em carta à mãe, logo após sua posse na chefia de gabinete do presidente de Estado, seu primo Olegário Maciel, Capanema deixa essa aprendizagem clara na sua preparação prática para a carreira política:

Ele [meu pai] deve morar em Pitangui, onde a senhora e ele deverão ter casa. [...] Meu pai irá para o cargo de escrivão da Coletoria Federal, tendo eu já arranjado um lugar para o Vital aqui em Belo Horizonte. [...] Quero ver se arranjo para o José um lugar no Banco do Brasil, aqui na agência de Belo Horizonte. Seja como for, a nossa família fica instalada em Pitangui. Lá é que deve estar o nosso centro. Eu quero muito a Pitangui e não desejo separar-me daquele povo. Além disso, tenho interesses políticos. E principalmente por isto que preciso ter em Pitangui um ponto de descanso, ou um centro de informação e de trabalho. Espero que tudo isso se fará logo[29].

No caso de uma transmissão por adoção, José Maria Alkmin, filho de um proprietário de terras em declínio econômico, e que não assinala na sua biografia qualquer laço familiar com o mundo da política, é um bom exemplo. Para explicar sua entrada e seu interesse pela política, a hipótese mais plausível é a de sua amizade com Juscelino Kubitschek, do qual ele foi colega na Escola Normal de Diamantina e do qual se tornou primo graças a seu casamento com Dasdores Kubitschek. De onde, sem dúvida, o laço estreito que os dois mantiveram durante toda a vida, o que o situa entre os casos de transmissão do capital político acumulado, por adoção.

28. Entrevista com Christiano Canêdo, abr. 1991.
29. Carta de Gustavo Capanema a sua mãe, 28 out. 1930, Arquivo Gustavo Capanema, *apud* Simon Schwartzman, *Tempos de Capanema*, Rio de Janeiro, Paz e Terra, 2000, p. 49.

Outras alianças familiares também não são estranhas a esse tipo de adoção, conforme um outro político mineiro sugere:

> Carlos Luz deu todo o apoio ao Milton Campos, em 1947, porque foi casado, em primeiras núpcias, com uma irmã de Dona Déia, mulher do Milton. O Tancredo tinha uma tia que foi casada com um irmão do Ernesto Dornelles. O Zequinha Bonifácio e o Bias Fortes eram concunhados, assim como o eram Juscelino Kubitschek e Gabriel Passos[30].

Dentro do que nos interessa aqui, o essencial dessas alianças é que foram elas que permitiram aos novos entrantes concorrer com os herdeiros familiares no seu próprio terreno, isto é, segundo estratégias similares às que desenvolveram as famílias tradicionais para assegurar sua dominação. O caso de Ademar de Barros é importante de ser lembrado, pois ele era filho de um grande proprietário de café com influência política em cidades importantes do Estado, entretanto não pertencia ao grupo de prestígio dos elementos mais tradicionais do PRP. Após se diplomar em medicina, no Rio de Janeiro, e estudar quatro anos na Alemanha, Ademar casou-se com a filha de Otávio Mendes, célebre professor da Faculdade de Direito da Universidade de São Paulo, participou da Revolução de 32 e ingressou no PRP. Este casamento, somado à campanha que ele desenvolveu contra Armando de Salles Oliveira, valeu a ele um impulso na carreira. O empurrão Barros deve a Filinto Müller, influente chefe de polícia do governo de Getúlio Vargas, que o indicou interventor do Estado de São Paulo, em 1938, substituindo Armando de Salles – o que, por outro lado, não o recomendava junto aos nomes tradicionais da política do estado, mas que era justamente o objetivo de Vargas: um nome capaz de impedir o retorno da antiga oligarquia paulista, mas que conservasse laços com ela.

Assim, por meio de estratégia matrimonial, conforme os exemplos acima, a acumulação do capital político termina por se impor, dada a possibilidade de ela operar a distribuição dos recursos clientelísticos – dos quais os políticos são fortemente dependentes. O controle do aparelho administrativo e a proximidade ao poder do Estado lhes permitem esta operação. Mas, neste caminho, não se pode esquecer o trunfo da excelência escolar

---

30. Letícia Bicalho Canêdo, "As Metáforas da Família na Transmissão do Poder Político: Questões de Método", p. 181.

como sinal de prestígio e de legitimação pelo conhecimento técnico, e também como tempo necessário para acumular um capital de relações sociais importantes para a carreira futura.

Foi o que me incitou a interrogar sobre o lugar da escola na carreira desses homens, partindo da hipótese de que foi no espaço escolar – além das atividades propriamente escolares – que esses aspirantes a políticos aprenderam a viver entre eles e a dominar as técnicas de gestão de seus capitais, tanto o social como o político. Nos colégios internos onde estudaram, eles nunca estavam sós. Partilhavam ali quarto e comida, aprendendo a viver em grupo, a conhecer o caráter das pessoas, criando a cumplicidade exigida numa carreira arriscada e coletiva, como a política.

Educação Escolar

Neste quadro, importa pensar os internatos privados, onde todos os herdeiros da amostra estudaram, com exceção de Carvalho Pinto. Não em razão do ensino que ali era oferecido, porque o programa – a julgar pelo boletim de notas de Israel Pinheiro[31] e pelas cartas de Capanema ao seu pai a propósito do ensino escolar – não deixa transparecer nada de particular para a aprendizagem política. A estranha ausência, em seus programas de estudos escolares, da disciplina de História – a qual ocupava um lugar central no ensino escolar em outros contextos políticos republicanos – era compensada em família, porque estes herdeiros políticos, "quando estavam à mesa, para o almoço ou jantar, a mãe sempre contava passagens da vida pública do marido"[32].

A importância da escola para estes políticos está no fato de que ela foi claramente utilizada por suas famílias como um espaço de controle de sua reprodução.

Amaral Peixoto é explícito a propósito do Colégio Anchieta, em Friburgo (RJ), onde também Israel Pinheiro (entre 1908 e 1911) e Zezinho Bonifácio[33] (em 1920) estiveram como internos:

---

31. Alisson Mascarenhas Vaz, *Israel, uma Vida para a História*, p. 21.
32. Ruth Pinheiro, "Entrevista (16 maio 1994)", em Alisson Mascarenhas Vaz, *Israel, uma Vida para a História*. Ruth Pinheiro era irmã de Israel.
33. José Bonifácio Lafayette de Andrada, dito Zezinho Bonifácio, vinha de uma família de cinco gerações de políticos, na qual o ancestral mais ilustre foi José Bonifácio de Andrada e Silva, o

Iam as famílias de São Paulo, de Rio de Janeiro e de Minas visitar os filhos nos fins de semana, porque só se ia para casa no fim do ano. Para mim, [...] essa foi também uma época de grande contato com personalidades de todos os Estados e de todos os tipos: jornalistas, políticos, fazendeiros, amigos do meu pai. Eles ficavam nos hotéis, e nós assistíamos àqueles encontros[34].

Neste tipo de escola os alunos não se perdiam de vista: "Ainda há pouco tempo fui a uma reunião lá e encontrei alunos de 30, 40, 50 anos atrás", lembra ainda Amaral Peixoto[35]. Esse capital precioso de relações, formado pelas amizades, e com a cumplicidade da infância, ligava os companheiros de classe entre si por toda a vida, para além das fronteiras regionais, familiares e dos partidos políticos. Longe da família, eles não tinham outra alternativa a não ser criar novas alianças para sobreviver no internato.

Em termos de mobilização dos capitais políticos, sociais e culturais herdados, a escola foi um ponto de encontro importante para suas vidas. Vindos de três municípios diferentes, frequentaram o Colégio Arnaldo no mesmo ano de 1917, em Belo Horizonte. Reuniram-se depois nos preparatórios do Ginásio Mineiro, como internos, onde – de acordo com os dicionários biográficos consultados – se encontraram a maioria dos aspirantes a políticos mineiros desta época.

Da mesma forma, Ovídio de Abreu e Benedito Valadares estabeleceram um laço político e de amizade que tem por origem, sem dúvida, os primeiros bancos escolares partilhados na cidade de Pará de Minas, no norte de Minas Gerais, e depois no Instituto Lafayette, no Rio de Janeiro. Ovídio foi o primeiro convidado de Benedito para a chefia de gabinete de sua interventoria, em 1933.

Uma outra escola, a de Medicina, reuniu Juscelino Kubitschek, Pedro Nava, Odilon Behrens e Pedro Sales em Belo Horizonte. E foi lá que o futuro presidente da República, Kubitschek (1950-1955), mobilizou seu capital social

"patriarca da Independência". Nos anos 1950, Zezinho foi um dos fundadores da UDN e deputado federal.
34. Ernani do Amaral Peixoto, "Entrevista", em Aspásia Camargo, Lucia Hippólito, Maria Celina d'Araújo e Dora Rocha Flaksman, *Artes da Política – Diálogo com Amaral Peixoto*, pp. 35-36. Amaral Peixoto estudou no Colégio Anchieta três anos após Israel Pinheiro. Ele foi governador do Estado do Rio de Janeiro e presidente nacional do PSD, desde a fundação do partido até 1965. Era também genro de Getúlio.
35. *Idem*, p. 34.

e começou sua ascensão política. Seus colegas o introduziram no mundo da elite de Minas Gerais – de onde adveio seu casamento com Sara Lemos – e facilitaram sua indicação a um estágio no Hospital Cochin, em Paris.

A Escola Livre de Direito, também situada em Belo Horizonte – criada pelo presidente Afonso Pena para "formar os políticos em casa", segundo a frase que lhe é atribuída –, e a Faculdade de Direito do Largo São Francisco forneceram diploma a dezoito dos 22 políticos da amostra. As duas escolas foram elemento importante para a criação de solidariedades, como a que ligou Carvalho Pinto a Antônio de Queirós Filho por toda uma vida, e contribuiu para a homogeneidade profissional e cultural dos políticos dos anos 1950.

Na Escola de Direito, em Belo Horizonte, Milton Campos, Gabriel Passos e Gustavo Capanema estudaram igualmente com Abgar Renault, Negrão de Lima, Pedro Aleixo e Mário Casasanta, os grandes nomes políticos dos anos 1950. Eles formavam um grupo que era conhecido como "os intelectuais da rua da Bahia", integrado por Carlos Drummond de Andrade, Pedro Aleixo, João Alphonsus Guimarães, João Pinheiro Neto e Pedro Nava, assim chamados por frequentarem a Livraria Alves, na rua daquele nome. A rua da Bahia é uma ladeira que vai até a Praça da Liberdade, onde se encontra a sede do governo do Estado, continuando depois dela, o que inspirou estas linhas ao poeta Drummond: "Tínhamos assim a rua da Bahia levando ao governo e ao mesmo tempo se afastando dele"[36]. Os que subiram a rua e não se afastaram do governo, como Capanema, Milton Campos e Gabriel Passos, permaneceram no topo do poder, militando em partidos políticos diferentes, sem nunca abandonarem os laços que os uniu na escola.

As Escolas de Direito

A formação em Direito é a marca do interessado em política em todo o mundo. Não poderia ser diferente no Brasil, comprovado no fato de que dezoito dos 22 políticos da amostra cursaram uma Faculdade de Direito. A aprendizagem, se não do talento oratório, pelo menos do hábito de falar em público, ajuda a explicar essa procura pelo curso, além, evidentemente, dos conhecimentos jurídicos. O domínio da técnica jurídica é fundamental

---

36. *Apud* Simon Schwartzman, *Tempos de Capanema*, p. 24.

para um político, considerando que todo ato político se traduz por um texto legislativo. Além disso, a defesa no Parlamento não é diferente daquela do tribunal: trata-se de convencer[37]. Melhor dizendo, o papel do advogado consiste em defender uma causa, mesmo que ela vá de encontro à justiça, pois o sucesso de uma causa depende muito mais do conhecimento e bom uso dos procedimentos jurídicos do que do fato de um cliente ter ou não razão. Como bem já demonstrou Mattei Dogan, também o sucesso de uma comissão parlamentar depende muito mais da energia despendida pelos políticos nos procedimentos jurídicos do que da justeza do que se advoga lá.

Assim, não é surpreendente constatar o número alto de formandos em Direito entre os políticos aqui estudados. Mas esse número não deve mascarar um outro, o de que dos dezoito diplomados em direito, somente dois extraíram, de dentro de um escritório de advocacia, os recursos politicamente exploráveis na profissão, a partir de defesa de interesses de seus clientes: Pedroso Horta e Auro de Moura Andrade.

Pedroso Horta teve a oportunidade de ser advogado tanto de Jânio como de Ademar. Jânio levou-o para a Secretaria da Justiça, em 1957, e depois ao Ministério da Justiça. Ainda parafraseando Mattei Dogan, pode-se dizer que ele saiu de seu escritório para entrar na política muito mais por saber defender não importa que interesse do que para defender interesses determinados[38]. Já Auro de Moura Andrade, filho de grandes fazendeiros de Barretos, se especializou, como advogado, na defesa de proprietários de terra, o que o levou a trabalhar como assessor jurídico na Secretária da Agricultura do interventor Fernando Costa, com quem sua família compartilhava o mesmo círculo social. Este cargo lhe granjeou os créditos para se eleger diretor da Associação Comercial, de onde saiu para se candidatar a deputado à Assembleia Constituinte Paulista de 1947. Na verdade, como lembra ainda Dogan, "un avocat peut mieux qu'un comerçant défendre au parlement les intérêts des commerçants, de même qu'au tribunal il défend un accusé mieux que ne pourrait le faire l'accusé lui-même"[39].

---

37. Mattei Dogan, "Les Professions Propices à Carrière Politique", em Michel Offerlé (org.), *La Profession Politique, XIXe-XXe Siècles*, Paris, Belin, 1999.
38. *Idem*, p. 177.
39. "Um advogado pode defender melhor os interesses dos comerciantes no parlamento do que um comerciante, assim como no tribunal ele defende um acusado melhor do que o próprio acusado poderia fazê-lo" (*Idem, ibidem*).

Isso não significa que os demais diplomados não tenham se servido de seu aprendizado de direito. Ao contrário, a ascensão da maioria deles ter-se-ia dado por meio do domínio da técnica jurídica. O rigor jurídico foi o trunfo de muitos dos políticos da amostra nas comissões parlamentares. Todos fizeram Direito, mas é preciso reconhecer que os herdeiros foram mais rapidamente considerados competentes. Talvez pelo fato de eles não terem saído diretamente das escolas, ou das campanhas políticas, para as tribunas parlamentares. Sendo descendentes, amigos ou parentes de indivíduos que já haviam dado prova de talento, em nível nacional, esses herdeiros puderam ser previamente treinados em escritórios de advocacia desses indivíduos, antes de aplicarem seus conhecimentos dentro das secretarias de governo, muitas delas lideradas, também, por seus parentes e círculos de amigos. Em outras palavras, eram considerados como portadores de qualidades atribuídas a um tipo ideal de parlamentar, donde o reconhecimento da legitimidade de sua presença na presidência de uma comissão ou na redação dos textos legislativos.

Sete dos herdeiros políticos estudados comandaram ministérios da República que exigiram deles a prova de seus conhecimentos técnicos. E, como os outros, antes desses postos, tiveram que subir alguns escalões da hierarquia interna da Assembleia Legislativa. Eles foram líderes de seus partidos ou do governo, e dois dentre eles estiveram na direção nacional do PSD e da UDN. Mas, antes de tudo, se destacaram nas duas mais importantes comissões parlamentares: a de Constituição e Justiça, e a de Finanças e Orçamento[40], duas verdadeiras comissões políticas de poder.

Comparando todos os diplomas desses homens políticos, constata-se que, com exceção dos estudos no estrangeiro, todos eles foram adquiridos em São Paulo ou Belo Horizonte. Benedito Valadares foi um dos únicos a se formar em direito no Rio de Janeiro. Nomeado "interventor" por Getúlio Vargas, em 1933, ele não foi bem recebido pelo pessoal político e, no início, teve grandes dificuldades para governar Minas. Uma das razões era ser

---

40. A Comissão de Justiça é o palco de debates que envolve a Constituição, além de funcionar como primeira triagem dos projetos, ou melhor, como o lugar onde muitos deles morrem, julgados como inconstitucionais. A Comissão de Orçamento é a que aprecia as emendas ao orçamento da União, determinando, em última instância, a alocação de recursos para a realização de obras dos municípios, entre outras despesas. Sobre o assunto, ver Lucia Hippolito, *De Raposas a Reformistas*, Rio de Janeiro, Paz e Terra, 1982, pp. 66-68.

um desconhecido diante de um grupo fechado de ex-colegas de faculdade, além de ter tomado "o lugar que se supunha ser do Capanema"[41], segundo o que se dizia na época.

As Práticas de Cooptação

A maneira como Benedito superou o impasse é um bom exemplo para se pensar em outras práticas de cooptação que guiaram a ascensão de políticos mineiros: oito dentre eles alcançaram o primeiro posto de acesso ao poder por indicação de Benedito Valadares, quando este foi escolhido por Getúlio Vargas, em 1933, para administrar e modernizar o único Estado brasileiro a não sofrer qualquer intervenção militar no período. Eles galgaram o primeiro posto como oficial de gabinete, secretário ou prefeito nomeado. Benedito, apesar de não ser considerado do "primeiro time" político pelos seus contemporâneos, pertencia à velha oligarquia mineira[42] e dela retirou conhecimentos preciosos, como o de indicar para cada município um prefeito de confiança. "Montou um sistema de prefeitos fiéis a ele", declarou Pio Canêdo[43]. E uma equipe administrativa tão fiel quanto. Ou melhor, foi uma cooptação não de grupos familiares identificáveis, mas de um conjunto de indivíduos considerados como potencialidades atualizáveis que se impuseram em função de situações concretas. Assim, quando se apresentaram como candidatos às funções públicas, estes homens responderam positivamente às solicitações do momento, não somente graças ao nome de família, mas fundamentando suas pretensões no capital escolar adquirido em escolas de prestígio e jogando, ao mesmo tempo, com recursos próprios acumulados: cargo de vereador, bagagem técnica etc.

É bem o que Hidemburgo Pereira Diniz parece compreender, ele próprio sendo um político que desenvolveu suas potencialidades após uma

---

41. Pio Canêdo, "Entrevista (25 maio 1994)", em Alisson Mascarenhas Vaz, *Israel, uma Vida para a História*, p. 181.
42. Benedito era membro de uma das 27 "famílias governamentais" de Minas Gerais – a de Joaquina do Pompéu (ver Cid Rebelo Horta, "Famílias Governamentais em Minas Gerais", pp. 76-77). Seus parentes, descendentes da matriarca, tinham como seus grandes núcleos de domínio político os municípios de Pompéu, Dores de Indaiá, Pará de Minas e Pitangui, onde imperava seu primo Francisco Campos, em luta contra Gustavo Capanema.
43. Pio Canêdo, "Entrevista (25 maio 1994)", em Alisson Mascarenhas Vaz, *Israel, uma Vida para a História*, p. 64. Canêdo foi um dos primos de Benedito nomeados prefeitos no período.

aliança familiar de sucesso⁴⁴. Assim ele faz referência à projeção nacional de Tancredo Neves. Segundo ele, Tancredo chegou ao Ministério da Justiça

> [...] por suas próprias virtudes. Em função, a juízo de uns, das vinculações familiares, vinculação ao Major Dornelles. Mas o fato é que se houve essa razão, se ela foi a determinante, não se pode negar que o valor pessoal dele não tenha influído, sobretudo porque ele teve oportunidade de fazer um grande discurso na Câmara, o que impressionou Getúlio⁴⁵.

A Legitimação dos Herdeiros pela Competência Técnica

Do aprendizado inicial adquirido junto à família – que compreende a participação em festas e cerimônias familiares e públicas, o contato direto com a população local e com as suas preocupações, o conhecimento da história do lugar de seu nascimento e de sua família, que se confundia, muitas vezes, com a história política oficial etc.⁴⁶ – o herdeiro, aspirante a político, longe de sua família, aprende, nos colégios internos, o domínio de si e da gestão de seu capital social e político. Mais tarde, com diplomas saídos de escolas prestigiosas e um capital de amizades ampliado e mobilizável, adquire o domínio técnico na prática do serviço público. Dentro das secretarias de governo aprende a escutar e falar, a se informar da situação e das preocupações de cada um, a examinar minuciosamente as situações particulares, a ser ativo e eficaz, a fazer valer suas intervenções e realizações, a conduzir uma reunião – tomar a palavra no melhor momento, propor soluções inspiradas em programas de circunstâncias, exprimindo relativa originalidade –, enfim, a se distinguir por suas competências técnicas específicas e pelo saber "estar disponível" na "defesa de uma causa".

O que chama a atenção na carreira dos políticos mineiros é que, mesmo como herdeiros, todos passaram pela aprendizagem na máquina administrativa do Estado numa escalada a partir de postos modestos, mas na entrada de gabinetes de secretarias influentes, como Interior e Justiça, Segurança e Finanças. Nestas secretarias eram vistos trabalhando, servindo o tempo

---

44. Hidemburgo Diniz era casado com filha de Israel Pinheiro e foi um dos criadores e presidente, durante longo tempo, da Fundação João Pinheiro, organismo voltado aos estudos e projetos macroeconômicos de Minas Gerais desde 1969.
45. Alisson Mascarenhas Vaz, *Israel, uma Vida para a História*, p. 252.
46. Cf. Capítulo 2 *supra*.

todo, recebendo chefes políticos do interior, escrevendo cartas a políticos influentes e respondendo às cartas desses mesmos políticos. Eram, por tudo isso, considerados pessoas capazes. Desta maneira, todos foram testados para a carreira política antes de serem convocados para funções políticas de maior responsabilidade, nas quais se distinguiram por suas competências técnicas específicas – adquiridas na escola e no dia a dia administrativo – e pelo domínio do *savoir-faire* do ofício.

O mais importante a observar é que nenhum deles, com suas atitudes, feriu o senso comum democrático. Conhecidos de seus concidadãos, dispondo de relações numerosas entre seus pares, as autoridades sociais, administrativas e políticas, bem como clientelas diversas, os políticos pesquisados puderam, pelos diplomas escolares, pela competência técnica demonstrada, tornar o capital familiar invisível. Embora tenham mobilizado o eleitorado servindo-se do seu nome de família; embora o capital de confiança e reconhecimento do qual se utilizaram para atingir suas posições políticas fosse um capital ligado também ao nome de família, todos eles se apresentaram, em 1945, como representantes democráticos, filiados a partidos programáticos, UDN ou PSD, e com diretrizes precisas para políticas públicas. É o que declara Pio Canêdo, quando indagado sobre sua herança política:

> Não me considero herdeiro de uma pessoa, mas de um partido [PSD]... Em política não se herda. A política é um investimento difícil, que exige sacrifícios pessoais e uma vocação para a vida pública[47].

Herdeiros políticos e eletivos de pais, tios, avôs, tios-avôs etc., com controle dos votos de suas regiões de origem, disciplinados dentro de partidos nacionais, com recursos políticos para distribuir e se beneficiando da sustentação produzida pelo capital de confiança e de simpatia acumulado pelos membros de suas famílias e pelas belas amizades colecionadas nas escolas, os políticos mineiros, na atividade parlamentar e no Executivo, agiram em bloco. Puderam, assim, ser reconhecidos no plano nacional como políticos hábeis, as chamadas "raposas".

---

47. Entrevista com Pio Canêdo, 20 jul. 1986.

Novas Modalidades de Entrada no Jogo Político

Se a trajetória dos herdeiros das grandes famílias pressupõe a existência prévia de recursos familiares e escolares comuns, uma herança política a lhes permitir uma aprendizagem suave, previsível e lenta do ofício nas secretarias do governo, com relação aos demais políticos profissionais estudados, em especial os de primeira geração, observa-se, nas suas trajetórias, que a aprendizagem política foi feita muito mais no quadro de organizações sindicais patronais, de movimentos populistas ou de escritórios de advocacia do que no seu meio familiar, nos internatos e nos órgãos da administração pública. O resultado foi uma luta pela conquista de postos do poder muito mais evidente entre eles do que entre os herdeiros e cooptados das grandes famílias. Para estes, a garantia da transmissão dos postos é uma tarefa que se desenha em longa duração, de uma geração a outra. Para os de primeira geração, sem ligação com as grandes famílias de políticos, como o caso da maioria de São Paulo, deste período, a trajetória consiste em um combate totalmente marcado pela tomada ou a criação de postos políticos.

Na luta pela conquista dos postos, a maior parte deles teve uma ascensão rápida na política, sendo exemplar o caso de Jânio Quadros: em treze anos conseguiu ser eleito vereador, deputado estadual, prefeito da capital, deputado federal pelo Paraná, governador do Estado de São Paulo e presidente da República, sem pertencer verdadeiramente a nenhum partido, não ser proprietário de jornal, como Batista Ramos, Hugo Borghi e Herbert Levy, não chefiar grupos econômicos como Ademar, Horácio Lafer e Auro de Moura Andrade, nunca ter apresentado programa de governo definido, declarando-se somente dissolvido no bem comum, como no discurso abaixo, no qual celebra o voto como modelo de acesso a esse bem comum:

> O trabalhador da cidade e dos campos que me elegeu, humilde e sofredor, não me sujeita a qualquer partido, a qualquer grupo, a qualquer indivíduo. Sujeita-me tão só e exclusivamente ao bem comum[48].

---

48. Alzira Alves Abreu e Israel Beloch (coord.), *Dicionário Histórico-Biográfico Brasileiro – 1930-1983*, p. 2848.

O Apoio da Mídia

Com "sem grupo e sem partido", Jânio queria dizer que não obtivera, inicialmente, o apoio dos grupos políticos tradicionais e que buscava novos laços sociais capazes de ajudá-lo na entrada e aceleração da carreira. É o caso, também, de Ademar de Barros, Hugo Borghi e Batista Ramos. Suas entradas aconteceram paralelamente ao desenvolvimento, na política brasileira, da propaganda eleitoral de massa que, através de *slogans* célebres, contribuiu para transformar as marcas jurídicas dos partidos políticos em sinais abstratos do poder moral de uma pessoa.

Em especial, Jânio e Ademar contribuíram para firmar um novo estilo de fazer política, aquele que utiliza o *-ismo* no lugar do partido político, uma forma de seduzir o eleitorado recorrendo a um apelo direto e emocional, capaz de produzir uma identidade genealógica no lugar da abstrata ideologia de um partido: ademarismo, janismo etc. Enquanto os mineiros, herdeiros de nomes políticos, escondiam sua origem familiar nas siglas partidárias – PSD e UDN –, esses dois paulistas aspiraram a inaugurar uma genealogia política a partir de seus nomes, que não tinham respaldo nos clãs políticos e, muito menos, ou por isso mesmo, nos partidos políticos que vinham de ser criados. O respaldo eles obtiveram na mídia.

A carreira de Jânio teve início nas atividades do Centro Acadêmico da Faculdade de Direito, para o qual foi eleito secretário, após uma campanha considerada singular na época: "fixou uma fita no chapéu com a inscrição *Vote em Jânio* e passou a sentar-se num barril colocado em frente às arcadas da faculdade"[49]. Deu certo. Depois de diplomado, elegeu-se suplente de vereador à Câmara Municipal de São Paulo, em 1947, com o apoio decisivo de pais de alunos de duas escolas de imigrantes italianos ricos onde lecionava português: o Dante Alighieri e o Vera Cruz. Acabou por assumir o cargo, após a cassação dos mandatos dos vereadores do Partido Comunista. Criou, como vereador, uma figura despenteada, mas corretamente vestida, que visitava, sempre sozinho, os bairros pobres da capital paulista, falando um português correto e empolado que aprendera na Faculdade de Direito e que era visto como respeitoso à população desfavorecida. Firmou-se nas ruas da capital.

---

49. Idem, ibidem.

Ademar, que havia feito estudos na Alemanha, se firmou no interior, utilizando, no programa de rádio *Palestra ao Pé do Fogo*, uma linguagem popular afastada da norma culta procurada por Jânio na capital. Graças à sua ação como interventor, renovou as lideranças do interior por meio da criação do Departamento das Municipalidades, encarregado de abrir créditos especiais para obras de saneamento nos municípios e de implantar um sistema de financiamento para as prefeituras, com taxas de juros menores do que as oferecidas pelos bancos tradicionais:

> Ademar fustiga os prefeitos, exige-lhes obras e marca dia para as inaugurações; "inaugurar" era a mania do novo Interventor, e por isso forçava os dirigentes municipais ao trabalho. Visitas e mais visitas ao interior do Estado, sempre, porém, para inaugurar[50].

Para obter a sustentação política fundamental que lhe faltava na capital,

> [...] levou para São Paulo um grande prefeito, Prestes Maia [...], e para a Secretaria de Viação nomeou o Dr. Guilherme Winter, que era casado com uma Guinle. De modo que era gente de categoria. Com isso o Ademar adquiriu um crédito de confiança[51].

Jânio, diferentemente, para se lançar candidato a prefeito, assinava manifestos e apresentava requerimentos e projetos de leis especiais. Entre eles, o de isentar jornalistas do pagamento do imposto predial e o de conceder abono de Natal aos servidores municipais.

Candidato a prefeito, pelo minúsculo PDC (Partido Democrata Cristão), na cidade que vivia o maior crescimento populacional do país, foi considerado, inicialmente, uma piada política pelos grupos políticos organizados. De piada, transformou-se numa espécie de deus para os descontentes setores médios da população – mal aquinhoados com o desenvolvimento econômico, esmagados pela alta do custo de vida e desejosos de ordem política. Este desejo Jânio sintetizou numa vaga "luta pela recuperação moral, política e administrativa de São Paulo", marcando sua oposição a Ademar de Barros, que se tornara conhecido com o *slogan* "rouba, mas faz". A

---

50. Cf. Castilho Cabral, *Tempos de Jânio e Outros Tempos*, Rio de Janeiro, Civilização Brasileira, 1962.
51. Ernani do Amaral Peixoto, "Entrevista", em Aspásia Camargo, Lucia Hippólito, Maria Celina d'Araújo e Dora Rocha Flaksman, *Artes da Política – Diálogo com Amaral Peixoto*, p. 207.

campanha de Jânio, em oposição, era estilizada em frase famosa – "o tostão contra o milhão" – e na vassoura que, como símbolo, procurava resumir o anseio popular de ordem e limpeza administrativa.

Mas Jânio e Ademar, no aprendizado da política de massas, tiveram Hugo Borghi como professor e Batista Ramos como companheiro. Os dois devem sua entrada na política profissional à relação entre seus negócios e o momento político. Começaram já como deputados federais, isto é, sem o treinamento prévio, eleitos com os maiores números de votos do Estado. A ascensão rápida, para serem eleitos, foi paralela à rapidez da subida no partido, o PTB. Para tanto, além do amparo financeiro de suas famílias de grandes comerciantes, contaram com o conhecimento profissional adquirido, anteriormente, nos meios de comunicação de massa.

Borghi era empresário no ramo de algodão, cercado de operações duvidosas, quando, num acordo com o governo, comprou três estações de rádio, em troca da defesa do governo Vargas em agonia[52]. Usou essas propriedades para formar "uma cadeia nacional de 130 estações coligadas"[53], integrando-as ao Movimento Queremista e mais tarde à campanha de Dutra à presidência da República. Ficou famoso por divulgar, a todo o Brasil, uma frase atribuída ao brigadeiro Eduardo Gomes, afirmando que não precisava dos votos dos "marmiteiros", trabalhadores que comiam na marmita. No comício por sua candidatura a deputado, pelo PTB, quinhentas mil pessoas, isto é, os marmiteiros, compareceram batendo latas e marmitas. Foi o segundo deputado mais votado do Estado de São Paulo. A partir daí firmou-se dentro do partido, conseguindo eleger-se, já em 1946, presidente do diretório de São Paulo.

Batista Ramos iniciou sua vida pública como assistente jurídico do ministro Benedito Costa Neto, a quem coube formalizar a denúncia contra o Partido Comunista Brasileiro, em 1947. Elegeu-se deputado federal, também

---

[52]. Em suas memórias, Borghi escreve que "jamais exercera qualquer atividade política a nível federal, estadual ou municipal, figurando minha participação na Força Aérea Paulista, em 1932. [...] E além de não ter exercido qualquer atividade política, por ela pouco me interessava e dela pouco entendia. A ponto de não conhecer o nome de muitos integrantes do primeiro escalão do governo Vargas [...] até o dia em que acompanhei a comissão de lavradores e maquinistas de algodão na audiência concedida pelo Ministro [da Fazenda] Souza Costa" (Hugo Borghi, *A Força de um Destino*, p. 104).

[53]. Alzira Alves Abreu e Israel Beloch (coord.), *Dicionário Histórico-Biográfico Brasileiro – 1930--1983*, p. 419.

pelo PTB, em 1955, após passar pela experiência de dirigir uma agência de propaganda – Companhia Brasileira de Impressão e Propaganda –, presidir a Rádio Excelsior (de propriedade de seu irmão José Nabantino Ramos) e ser diretor-presidente da Rádio Nacional de São Paulo. Como professor de direito financeiro na Faculdade Mackenzie, retirou, como Jânio antes o fizera, os votos dos conservadores que vieram somar-se aos populares, conquistados com o auxílio das citadas rádios. Dois anos depois, já era líder da bancada trabalhista na Câmara[54]. Em 1960 foi nomeado Ministro do Trabalho por indicação do PTB paulista.

O Movimento Estudantil e os Partidos Políticos

Ulysses Guimarães e Franco Montoro, de origens mais modestas, foram os únicos a exercer o essencial de suas atividades políticas dentro de um partido, respectivamente, o PSD e o PDC. Devem tudo ao partido. Mas a aprendizagem da política partidária foi realizada dentro do movimento estudantil.

Ulysses foi o primeiro vice-presidente da UNE (União Nacional dos Estudantes), criada em 1940, em meio à campanha contra o Estado Novo. Montoro, saído do movimento da Ação Católica, liderado por Alceu Amoroso Lima, foi um dos fundadores da JUC (Juventude Universitária Católica) em São Paulo. Significa que, diferentemente de Jânio, que já na sua primeira experiência eleitoral usou o seu nome desvinculado de qualquer ideologia, Ulysses e Montoro já se apresentaram ao movimento estudantil com uma plataforma política definida.

Da direção da UNE, Ulysses foi trabalhar num escritório de advocacia, antes de partir para a política profissional. Afiliado ao PSD, "uma verdadeira escola política", segundo suas próprias palavras, elegeu-se deputado estadual, em 1947, e percorreu progressivamente todos os escalões da hierarquia interna da Câmara dos Deputados de São Paulo: de presidente da Comissão de Assuntos Municipais a líder da bancada do PSD na Assembleia. Eleito deputado federal, em 1950, passou por comissões importantes, como a de Constituição e Justiça; foi membro de CPI, antes de passar a presidente da Câmara, em 1956.

54. *Idem*, p. 2872.

Montoro ajudou a fundar a JUC, em São Paulo, exatamente no momento em que partidos democratas cristãos nos países católicos do mundo inteiro se propunham a definir uma terceira via entre o capitalismo e o comunismo, após a Segunda Guerra Mundial. Por essa razão, teve oportunidade de comparecer a congressos católicos, onde conheceu os principais líderes de partidos democratas-cristãos latino-americanos, antes de fundar a Vanguarda Democrática, organismo voltado para questões sociais. Só depois ingressou no PDC, partido pelo qual se elegeu vereador, em 1950; deputado estadual, em 1954; deputado federal, em 1958. Como no caso de Ulysses, foi este partido, e não a família ou qualquer meio de comunicação de massa, que lhe deu a formação política e a possibilidade de se consagrar a ela em tempo integral. Do partido retirou seu salário, sua marca, a referência ideológica e um programa.

O Jornalismo e a Associação Profissional do Patronato

No início da Primeira República, na ausência de partidos políticos nacionais organizados, a expansão das ligas nacionalistas, partidos de oposição ao PRP e a redação de jornais serviram, em São Paulo, de coalizações de vários grupos políticos. Nos anos 1920 e 1930, um grande número de pequenos jornais circulava junto aos grandes, como *O Estado de S. Paulo*, que assumiu a liderança das frentes de oposição ao comando perrepista (do PRP). Os Apêndices 3 e 4 mostram o início das atividades políticas de vários indivíduos da amostra dentro de jornais. Nenhum deles veio à política pelo jornalismo, é verdade, mas os que não herdaram um patrimônio político tiveram o jornal como um bom aprendizado político, meio de ação ou trampolim político. É o caso de Herbert Levy, em especial, que, em 1927, se tornou repórter do *São Paulo Jornal* em seguida ao seu ingresso no Partido Democrático (PD), a dissidência do PRP, que era também a alternativa de se fazer carreira fora do situacionismo perrepista. Foi, mais tarde, proprietário e diretor da *Gazeta Mercantil*, redator do *Diário da Noite* e do *Diário Nacional*, este último órgão do PD. Pedroso Horta também debutou no trabalho político escrevendo comentário político para o *Diário da Noite*, em 1928, custeando, assim, os seus estudos de direito. Depois foi repórter em *O Estado de S. Paulo*. Milton Campos e Gabriel Passos fizeram o jornalismo ocasional como colaboradores do jornal da oligarquia mineira, que era *O Estado de Minas*, antes de estrearem nas secretarias de Estado, nos anos 1930.

Dois dos políticos da amostra iniciaram o aprendizado político nas associações profissionais. Auro de Moura Andrade candidatou-se a deputado na Constituinte paulista de 1947, após ser diretor da Associação Comercial do Estado de São Paulo. Para Horácio Lafer, igualmente, a presidência da associação patronal, a Ciesp (Confederação da Indústria do Estado de São Paulo), em 1927, foi fundamental. Como Moura Andrade, ele deixou este posto pelo de deputado eleito para a Assembleia Constituinte de 1934, sendo um dos dezessete representantes dos empregadores então presentes. Uma "chance" socialmente construída por um talento fundado em qualidades escolares (diplomas), vivência no estrangeiro, influência adquirida na confederação. Deputado federal pelo PSD, em 1945, ele empenhou neste posto os recursos de sua dupla representação, tornando-se, assim, rapidamente um conselheiro e um colaborador próximo dos membros do governo, o que lhe valeu o cargo de Ministro das Finanças e de Ministro do Exterior.

CONSIDERAÇÕES FINAIS

A partir dos anos 1950, a atividade política cada vez mais se tornava uma atividade profissional e autônoma, em especial, na razão do aumento do número de votantes e da nova organização dos partidos e da legislação eleitoral. Esta nova configuração leva a crer na necessidade de uma formação específica para a limitação do amadorismo, uma redefinição do saber necessário ao político profissional[55]. Neste aspecto, cabe notar a real desigualdade existente entre os dois grupos de políticos da amostra. Os paulistas, com exceção de Carvalho Pinto, não tiveram uma formação, ou instrução dentro da tradição burocrática, bem conhecida dos mineiros, que alcançaram os altos postos da esfera política seguindo o caminho das secretarias-chave do Estado, como Finanças, Justiça e Interior, antes de

---

55. Max Weber, "A Política como Vocação", *Ciência e Política, Duas Vocações*, São Paulo, Cultrix, 1968.

ingressar no teatro parlamentar. Melhor dizendo, os mineiros se beneficiaram da ajuda especializada dos funcionários públicos e dos políticos mais experimentados, numa aprendizagem adquirida, previamente, nos bastidores da ação. Além do mais, como chefes de gabinete, ou assessores, criaram redes de dependentes na resolução de problemas difíceis para os leigos e também ataram previamente os laços com os políticos mais experimentados, inicialmente como colaboradores, agindo na sombra, como "menino de recado", na expressão utilizada por um dos entrevistados.

Os paulistas não tiveram chances para utilizar, num período em que a administração e a economia apenas se iniciavam como objeto de ensino teórico escolar, os métodos de gestão e de governo entesourados pelas parentelas mineiras para serem transmitidos entre elas. Não herdaram e, portanto, não puderam assimilar as receitas experimentadas pelos mineiros ao longo do tempo de exercício das funções públicas em nível nacional. Eles tinham experiência nas atividades de oposição, nas militâncias revolucionárias dos anos 1930 e nas campanhas eleitorais. Mas as competências parlamentares eram desconhecidas para eles. Tais competências implicam um aprendizado longo dos procedimentos complexos da Assembleia, um conhecimento profundo, de alto a baixo, do seu funcionamento e de seus regulamentos. Um percurso iniciante que os "paulistas" tiveram que percorrer, com as dificuldades normais de adaptação. Ora, a informação técnica, administrativa e econômica, junto com as práticas dos procedimentos jurídicos nos trabalhos das comissões – a chave da vida parlamentar –, foi sempre utilizada como recurso político pelos mineiros. Mais do que tudo, foi o que tornou possível a crença na existência de uma lógica de vocações políticas em Minas Gerais, contrastando com a lógica de vocação econômica de São Paulo, ou também, com uma vocação pela tribuna, que abria aos paulistas um espaço para a palavra desejada.

Maria Arminda Arruda chama a atenção para este aspecto contraditório das crenças nas "vocações", quando ela compara o projeto de criação dos primeiros cursos superiores de ciências políticas e econômicas em Minas Gerais e em São Paulo. O fato pode nos dar uma ideia de como a virtuosidade política dada pelo grupo familiar de origem, ou pela aprendizagem nas secretarias de Estado de Minas Gerais – que funcionavam também no modelo da organização familiar – pode se transformar em aprendizagem racional, sem que uma substitua a outra[56]. Lembra ela que a criação da Faculdade de Ciências Econômicas e Administrativas de Minas Gerais, em 1941, contou, diferentemente da de São Paulo[57], com a participação de figuras importantes do empresariado mineiro e das associações de classe, tendo como figura central Ivon Leite de Magalhães Pinto, banqueiro e ilustre membro da elite mineira[58], e um corpo de professores de nomes conhecidos nacionalmente, como Lucas Lopes[59] e José de Magalhães Pinto. Em São Paulo, de outro modo, a iniciativa de se criar uma escola superior de economia se deu no quadro das orientações que presidiram o projeto da Universidade de São Paulo, isto é, voltada para a Faculdade de Filosofia e com "ênfase na orientação jurídica e no caráter de complementação cultural", passando a ser procurada por jovens sem condição econômica de frequentar a prestigiosa Escola de Direito do Largo São Francisco ou a Politécnica, ambas da USP[60]. A própria Escola Livre de Sociologia e Política de São Paulo, ligada a Roberto Simonsen, não tinha a economia e nem o serviço do Estado como centro catalisador. Ao contrário, na Faculdade de Ciências Econômicas de Minas Gerais, o objetivo "era formar economistas voltados para a macroeconomia". Nessa escola, os formandos em Sociologia e Política e em Administração Pública eram orientados "no sentido de assessorar o governo"[61]. Este programa, deslocado da

---

56. Maria Arminda do Nascimento Arruda, "A Modernidade Possível: Cientistas e Ciências Sociais em Minas Gerais", em Sergio Miceli (org.), *História das Ciências Sociais no Brasil*, São Paulo, Vértice/Editora Revista dos Tribunais/Idesp, 1989, vol. 1, p. 250.
57. Para a Escola de Economia e Administração de São Paulo, ver Maria Rita Loureiro, *Os Economistas no Governo*, Rio de Janeiro, Fundação Getúlio Vargas, 1977.
58. Ivon de Magalhães Pinto era membro de duas das 27 famílias governamentais citadas por Rebelo Horta: os Monteiro de Barros e os Leite de Magalhães Pinto, que se cruzaram na Zona da Mata de Minas Gerais. Seu pai era homem do Ministério Público (Cid Rebelo Horta, "Famílias Governamentais em Minas Gerais", p. 82).
59. Lucas Lopes foi uma das figuras mais importantes da burocracia pública mineira. Na época da criação da Faculdade de Ciências Econômicas, ele era Secretário da Agricultura, Indústria, Comércio e Trabalho no Governo Benedito Valadares, depois de, como engenheiro, ter chefiado a construção das oficinas da Companhia Vale do Rio Doce e dirigir a sessão mineira da Comissão de Mobilização Econômica no Governo Getúlio Vargas (1942-1943). Foi, entre outros cargos, duas vezes ministro da Viação e Obras Públicas (1954 e 1955), presidente do BNDES, durante o Governo JK, coordenador do Programa de Estabilização Monetária desse mesmo governo, presidente do Conselho Nacional de Desenvolvimento, ministro da Fazenda (1958-1959), presidente das Centrais Elétricas de Minas Gerais S.A. – Cemig etc.
60. Maria Rita Loureiro, *Os Economistas no Governo*, p. 37.
61. Maria Arminda do Nascimento Arruda, "A Modernidade Possível: Cientistas e Ciências Sociais em Minas Gerais", p. 254.

realidade agrária da economia mineira, estava, entretanto, de acordo com os planos políticos de formação de um profissional "que se tornava necessário no plano nacional"[62], numa época em que Getúlio consolidava as bases do Estado Nacional e os primeiros passos para um planejamento da economia. O fato é melhor explicitado pelo cientista político Bolívar Lamounier, ex--aluno desta escola:

> Eu me lembro de ter lido uma vez a oração que Oliveira Vianna faria na abertura da Escola de Sociologia e Política de São Paulo... É interessante que ele dizia ali um pouco ingenuamente, pois ele era excessivamente tecnocrático... ele imaginava uma escola que, na verdade, se realizou em Minas. Quer dizer, uma escola para formar pessoas que vão pensar os problemas do governo[63].

Em Minas, tratava-se, portanto, de formar profissionais bem-adestrados, com intimidade com os problemas da gestão pública e privada, conforme continua Bolívar Lamounier:

> Quer dizer, ninguém tinha dúvida de que naquela faculdade estavam se formando os técnicos futuros do governo do Estado. E isto de fato aconteceu... Eu, por exemplo, tive como professor de Política Econômica o Fernando Reis, que se tornaria, posteriormente, figura poderosa do Estado, presidente da Cia. Vale do Rio Doce, diretor de empresas estatais. Ninguém tinha dúvidas que estava se formando ali uma geração de técnicos[64].

Este fato ajuda a entender por que em Minas, como mostra o estudo de Frances Hagopian[65], e contrariamente ao acontecido em São Paulo, a transferência de poder nos cargos públicos, dos políticos para os técnicos, foi menos abrupta, após 1964. Em Minas, ela escreve, "in the early to mid 1970's, traditional political elites and technocrats 'shared' the state"[66] [67]. Na verdade, até mesmo o mais importante posto político, o de governador do

---

62. Idem, ibidem.
63. Bolívar Lamounier, entrevista concedida a Maria Arminda do Nascimento Arruda (idem, ibidem).
64. Idem, p. 255.
65. Frances Hagopian, *Traditional Politics and Regime Change in Brazil*. Em especial o capítulo 4.
66. Idem.
67. "No início e meados da década de 1970, as elites políticas tradicionais e os tecnocratas 'compartilhavam' o Estado".

Estado, foi escolhido pelo governo militar dentro da oligarquia, da mesma maneira como se fazia desde a Primeira República. Dentro da oligarquia mineira, os militares no poder encontraram os políticos providos da competência técnica necessária aos cargos técnicos exigidos pelas transformações econômicas do momento, competência construída dentro de uma gestão familiar peculiar da escola e da crença na meritocracia a legitimar o direito de determinados grupos familiares à dominação.

REFERÊNCIAS BIBLIOGRÁFICAS

ABÉLÈS, Marc. *Jours Tranquilles en 89*. Paris, Odile Jacob, 1989.

ABREU, Alzira Alves & BELOCH, Israel (coord.). *Dicionário Histórico-Biográfico Brasileiro – 1930-1983*. São Paulo, Forense Universitária/Finep, 1984, 4 vols.

ARRUDA, Maria Arminda do Nascimento. "A Modernidade Possível: Cientistas e Ciências Sociais em Minas Gerais". *In:* MICELI, Sergio (org.). *História das Ciências Sociais no Brasil*. São Paulo, Vértice/Editora Revista dos Tribunais/Idesp, 1989, vol. 1.

ALVES, Moreira. "Os Herdeiros". *O Globo,* 11 fev. 1997.

ASSEMBLEIA Legislativa de Minas Gerais. *Pio Soares Canêdo*. Belo Horizonte, ALMG, 1996 (Memória Política de Minas).

BORGHI, Hugo. *A Força de um Destino*. Rio de Janeiro, Forense Universitária, 1995.

BRIQUET, Jean-Louis. *La Tradition en Mouvement*. Paris, Belin, 1997.

CABRAL, Castilho. *Tempos de Jânio e Outros Tempos*. Rio de Janeiro, Civilização Brasileira, 1962.

CAMARGO, Aspásia; HIPPÓLITO, Lucia; D'ARAÚJO, Maria Celina & FLAKSMAN, Dora Rocha. *Artes da Política – Diálogo com Amaral Peixoto*. Rio de Janeiro, Nova Fronteira/CPDOC–FGV/UFF, 1986.

CANÊDO, Letícia Bicalho. "As Metáforas da Família na Transmissão do Poder Político: Questões de Método". *Cadernos Cedes,* vol. 18, pp. 29-52, 1997.

_____. "Caminos de la Memoria". *Historia y Fuente Oral,* n. 12, pp. 91-115, 1994.

_____. "Estratégias Familiares na Construção Social de uma Qualificação Política". *Educação e Sociedade,* vol. 7, ago. 1991.

_____. "Groupes et Groupements Familiaux a Minas Gerais". Paris, EHESS, Centre de Sociologie de l'Éducation et de la Culture, 1990 (*mimeo*).

____. "La Production Généalogique et les Modes de Transmission d'un Capital Politique Familiale dans le Minas Gerais Brésilien". *Genèses*, vol. 2, n. 31, pp. 4-28, juin 1998.

____. "Metáforas do Parentesco e a Duração em Política". *Textos de História*, vol. 3, n. 1, pp. 82-103, 1995.

____. "Rites, Symboles et Allégories dans l'Exercice Professionnel de la Politique". *Informations sur les Sciences Sociales*, vol. 38, n. 2, pp. 249-271, jun. 1999.

CANÊDO, Pio. "Entrevista (25 maio 1994)". *In*: VAZ, Alisson Mascarenhas. *Israel, uma Vida para a História*. Rio de Janeiro, Vale do Rio Doce, 1996.

DOGAN, Mattei. "Les Professions Propices à Carrière Politique". *In*: OFFERLÉ, Michel (org.). *La Profession Politique, XIXe-XXe Siècles*. Paris, Belin, 1999.

GAXIE, Daniel (org.). *Explication du Vote*. Paris, FNSP, 1989.

___. *La Démocratie Représentative*. Paris, Montchrestien, 1993.

HAGOPIAN, Frances. *Traditional Politics and Regime Change in Brazil*. Cambridge, Cambridge University Press, 1996.

HIPPOLITO, Lucia. *De Raposas a Reformistas*. Rio de Janeiro, Paz e Terra, 1982.

HORTA, Cid Rebelo. "Famílias Governamentais em Minas Gerais". *II Seminário de Estudos Mineiros*. Belo Horizonte, UFMG, 1956.

LOUREIRO, Maria Rita. *Os Economistas no Governo*. Rio de Janeiro, Fundação Getúlio Vargas, 1977.

LOVE, Joseph. *São Paulo in the Brazilian Federation, 1889-1937*. Stanford, Stanford University Press, 1980.

MARTINS FILHO, Amilcar Vianna. *The White Collor Republic: Patronage and Interest Representation in Minas Gerais*. University of Illinois, 1986 (Tese de Doutorado).

MONTEIRO, Norma de Góes (coord.). *Dicionário Biográfico de Minas Gerais*. Belo Horizonte, Assembleia Legislativa do Estado de Minas Gerais, 1994. 2 vols.

OFFERLÉ, Michel & SAWICKI, Frédéric (dir.). "Entrées en Politique. Apprentissages et Savoir-Faire". *Politix*, n. 35, 1996.

PEIXOTO, Ernani do Amaral. "Entrevista". *In*: CAMARGO, Aspásia; HIPPÓLITO, Lucia; D'ARAÚJO, Maria Celina & FLAKSMAN, Dora Rocha. *Artes da Política – Diálogo com Amaral Peixoto*. Rio de Janeiro, Nova Fronteira/CPDOC–FGV/UFF, 1986.

PHILIPPE, Garraud. "La Ville en Héritage". *In*: PATRIAT, Claude & PARODi, Jean-Luc (dir.). *L'Hérédité en Politique*. Paris, Économica, 1992.

PINHEIRO, Ruth. "Entrevista (16 maio 1994)". *In*: VAZ, Alisson Mascarenhas. *Israel, uma Vida para a História*. Rio de Janeiro, Vale do Rio Doce, 1996.

ROSSI, Clóvis. "São Paulo É Triste". *Folha de S.Paulo*, 3 set. 1998.

SCHWARTZMAN, Simon. *Bases do Autoritarismo Brasileiro*. Rio de Janeiro, Campus, 1982.

____. *Tempos de Capanema*. Rio de Janeiro, Paz e Terra, 2000.

SILVA, Vera Alice Cardoso & DELGADO, Lucila de Almeida Neves. *Tancredo Neves: A Trajetória de um Liberal*. Petrópolis/Belo Horizonte, Vozes/UFMG, 1985.

SIQUEIRA, Moema Miranda. "Elites Políticas em Minas Gerais". *Revista Brasileira de Estudos Políticos*, n. 29, pp. 173-179, jul. 1970.

TSE – Tribunal Superior Eleitoral. *Dados Estatísticos, 2*. 1952.

____. *Dados Estatísticos, 5*. 1963.

VAZ, Alisson Mascarenhas. *Israel, uma Vida para a História*. Rio de Janeiro, Vale do Rio Doce, 1996.

WEBER, Max. "A Política como Vocação". *Ciência e Política, Duas Vocações*. São Paulo, Cultrix, 1968.

WEFFORT, Francisco. O *Populismo na Política Brasileira*. Rio de Janeiro, Paz e Terra, 1978.

WIRTH, John. *Minas Gerais in the Brazilian Federation, 1889-1937*. Stanford, Stanford University Press, 1977.

4

Heranças e Aprendizagens na Transmissão da Ordem Política Brasileira (1945-2002)[1]

INTRODUÇÃO

A ocupação de posições dominantes na esfera política brasileira vem sendo descrita pelos estudiosos como uma progressiva substituição de antigos bacharéis, com seus conhecimentos de Direito Constitucional, por indivíduos que combinam conhecimento técnico sofisticado com sensibilidade política. Fernando Henrique Cardoso é sempre o modelo citado. Economistas eleitos por voto popular para o Parlamento, como José Serra, Delfim Netto, Eduardo Suplicy, entre outros, são exemplos paradigmáticos fornecidos para mostrar o afastamento dos especialistas em direito das posições representativas nas instituições centrais no Estado (Parlamento, Executivo). A base da descrição desta história política situa-se na reestruturação do espaço político que se seguiu ao período de domínio dos militares e na emergência de uma nova ordem econômica mundial, com as implicações daí decorrentes em termos de desemprego e intensificação das crises financeiras. Tais fatos teriam contribuído para o aparecimento de novos atores políticos cujas propriedades socioprofissionais, assim como os

---

1. Originalmente publicado nos *Cadernos CERU*, série 2, n. 15, 2004. Este capítulo resulta de uma exposição feita no XXVI Encontro Anual da Anpocs, em 2002. Devo agradecimentos a Joana Canêdo e a Afrânio Garcia não só pela competente leitura e discussão da primeira versão deste texto, como também pela disponibilidade e amizade demonstradas. A pesquisa foi financiada pelo CNPq.

procedimentos pelos quais são recrutados, divergiriam das que caracterizaram os representantes dos partidos dominantes nos anos anteriores a 1964.

Dentro deste raciocínio, pesquisadores que estudam o fenômeno incluem os titulares de posições político-administrativas, como Pedro Malan, no grupo de políticos modernos. Alegam que "o limite entre o que é a tarefa do burocrata e o que cabe ao político vem-se tornando cada vez mais tênue e, em alguns casos, há um total 'embaralhamento' destas duas funções"[2]. Isto porque estes burocratas, portadores da competência técnica necessária para administrar a economia, orientam programas de ação comprometidos com a governabilidade, a qual é gerada nas relações negociadas entre o Executivo e o Legislativo. Mesmo agindo com conhecimento técnico sofisticado adquirido em escolas de alto padrão, muitas vezes pertencentes ao circuito internacional, suas ações e discursos estariam cada vez mais norteados pelos sinais emitidos por políticos locais. No Parlamento, a atuação dos políticos profissionais estaria cada vez mais baseada no discurso técnico, o que o crescimento do número de deputados federais eleitos com diploma de economista ajuda a confirmar[3].

Para a maior parte dos autores, a ponte entre os interesses representados pelos políticos e as decisões burocráticas provenientes desse conjunto tecnocrático resulta do envolvimento do Estado brasileiro com a abertura das economias, as privatizações, a implantação do Consenso de Washington e a consequente necessidade de uma atuação mais eficiente tanto por parte do Poder Executivo quanto do Legislativo. Diante deste imperativo, "as elites partidárias", que influenciam a indicação dos candidatos e o voto dos eleitores, encaminham a preferência dos cidadãos para políticos com conhecimento técnico especializado para atuar nos vários programas de "ajuste estrutural".

Esses argumentos vêm alimentando a ideia do político profissional como objeto de opróbrio, com argumentos estigmatizados, como se vê nas denúncias dirigidas, de maneira generalizante, aos que vivem para e da política no Parlamento eleito. Contribuem também para aumentar a suspeita

---

2. Maria Rita Loureiro e Fernando Luiz Abrucio, "Política e Burocracia no Presidencialismo Brasileiro: O Papel do Ministério da Fazenda no Primeiro Governo Fernando Henrique Cardoso", *Rev. Bras. Ci. Soc.*, vol. 14, n. 41, p. 69, out. 1999.
3. Leôncio Martins Rodrigues, *Partidos, Ideologia e Composição Social*, São Paulo, Edusp, 2002, p. 103.

dos eleitores de que os políticos eleitos obedecem a interesses ligados a um mundo à parte, e não aos interesses dos votantes.

Os analistas não examinam, no entanto, quem foram os políticos bacharéis e nem quem são os indivíduos que os teriam substituído nos postos-chave da competição democrática, da mesma forma como não se perguntam sobre as maneiras pelas quais eles chegaram a alcançar a preferência neste espaço político competitivo, desacreditando os antigos especialistas em lei e o tipo de conhecimento que os produziu[4].

Neste capítulo, procuro compreender quem são os indivíduos que estão agora ocupando o espaço de poder político no Brasil, o conhecimento que os produziu (ciências jurídicas e sociais, economia e administração etc.), os procedimentos de recrutamento e as chances oferecidas aos pretendentes. Foram selecionados para estudo dois conjuntos biográficos comparáveis de políticos eleitos, com carreira de sucesso, nos dois colégios de mais alto percentual de eleitores no Brasil e com o maior número de assentos no Congresso Nacional: São Paulo e Minas Gerais[5]. Também, visando uma comparação, analisei a biografia de quatro técnicos-políticos que participaram dos planos Cruzado e Real e assessoraram a presidência da República, cotejando-as com as dos eleitos.

O trabalho faz parte de uma pesquisa mais ampla sobre a problemática da transmissão do poder no Brasil e da profissionalização do pessoal político[6]. A ideia que embasou a construção da pesquisa foi a de que a compara-

---

4. Yves Dezalay e Bryant Garth, "A Dolarização do Conhecimento Técnico Profissional e do Estado: Processos Transnacionais e Questões de Legitimação na Transformação do Estado, 1960-2000", *Rev. Bras Ci. Soc.*, vol. 15, n. 43, 2000.
5. São Paulo tem 24 milhões de eleitores e Minas Gerais doze milhões. São 84 deputados federais por São Paulo e 63 por Minas Gerais.
6. Letícia Bicalho Canêdo, "Estratégias Familiares na Construção Social de uma Qualificação Política", *Educação e Sociedade*, vol. 7, ago. 1991; "Caminos de la Memoria", *Historia y Fuente Oral*, n. 12, pp. 91-115, 1994; "Metáforas do Parentesco e a Duração em Política", *Textos de História*, vol. 3, n. 1, pp. 82-103, 1995; "As Metáforas da Família na Transmissão do Poder Político: Questões de Método", *Cadernos Cedes*, vol. 18, pp. 29-52, 1997; "La Production Généalogique et les Modes de Transmission d'un Capital Politique Familiale dans le Minas Gerais Brésilien", *Genèses*, vol. 2, n. 31, pp. 4-28, juin 1998; "Rites, Symboles et Allégories dans l'Exercice Professionnel de la Politique", *Informations sur les Sciences Sociales*, vol. 38, n. 2, pp. 249-271, jun. 1999; "Herança na Política, ou Como Adquirir as Disposições e Competências Necessárias às Funções de Representação Política, 1945-1964", *Pró-Posições*, vol. 13, n. 3, set./dez. 2002. Artigos resultantes de pesquisas que foram e estão sendo financiadas pelo CNPq e pela Fapesp.

ção desses dois conjuntos de biografias, em dois espaços de tempo político (1945-1964 e 1984-2002), acrescida do grupo tecnocrático, pudesse ser passível de funcionar como apoio para o estudo dos processos de legitimação do pessoal político, dos usos políticos das competências profissionais e do acesso às fontes de controle dos cargos públicos.

A PESQUISA

Os dois períodos foram escolhidos para o estudo por se apresentarem como épocas de reestruturação, tendo sucedido regimes autoritários, o que significou uma intensidade e uma maior visibilidade sobre o trabalho dos políticos.

No final dos anos 1940, a transformação do sufrágio – tornado obrigatório para os alfabetizados[7] – e a criação de partidos políticos nacionais intensificaram as relações entre o eleitor (obrigado a votar) e o candidato (que tem necessidade do voto). E entre os próprios candidatos. A tendência foi no sentido de uma profissionalização do *métier* político, em especial porque com a implantação dos partidos sobre o conjunto do território nacional, e a necessidade de eles apresentarem o maior número de candidatos em todas as eleições – na mira de um crescimento de sua audiência –, aumentou a concorrência entre os políticos, tornando a competição muito difícil para os empreendimentos individuais. Neste período de aprendizado democrático, os políticos-bacharéis, envoltos em arcabouços jurídicos, ligados às mais prestigiosas faculdades de direito, promoveram a estabilidade do regime, facilitaram as reformas sociais e protegeram o que se conhece com o nome de *establishment*. A data de 1964 é a do golpe de Estado que marcou a supressão dos partidos políticos existentes e cancelou as eleições para cargos de governador de Estado e presidente da República.

---

7. Antes de 1930, 3,5% da população brasileira votava, isto é, 1,2 milhão de votantes (*Anuário Estatístico do Brasil 1908-1912*). Em 1932, foi instituído o voto feminino e a Constituição de 1934 reduziu a idade de votar para dezoito anos, mas o percentual de eleitores inscritos por habitante nas eleições de 1934 diminuiu em relação à República Velha (*Anuário Estatístico do Brasil*, 1936). Em 1945, com o voto tornado obrigatório, 15% da população compareceu às urnas para as eleições presidenciais, quase 7,5 milhões de votantes (TSE, *Dados Estatísticos*, 2, 1952). Nas eleições nacionais de 1960, o número de votantes foi de 15 543 332, isto é, 22% da população brasileira, segundo o TSE (*Dados Estatísticos*, 5, 1963).

Os anos que se sucederam aos governos militares (1984-2002) assistiram a uma considerável ampliação de eleitores com a inclusão do voto do analfabeto[8]. Entretanto, o período se caracterizou pela crise de representação: corrupção, negociatas, nepotismo etc. E o espaço do poder passou a ser, a cada eleição, ocupado pelos políticos "modernos", ou "técnicos", que construíram suas carreiras disputando o poder com as elites do direito e os políticos tradicionais, trazendo agendas orientadas para a luta por valores ligados à abertura das economias e as privatizações, pertencentes ao que se nomeou Estado neoliberal.

Para a pesquisa, utilizei dicionários biográficos[9] e entrevistas – não só as realizadas por mim, mas, e principalmente, as que vêm sendo publicadas pelo Centro de Documentação de História Oral do CPDOC e por outras instituições, como a Assembleia Legislativa de Minas Gerais.

A escolha dos políticos foi feita a partir de um banco de dados biográficos, sendo que os da amostra são os de maior visibilidade nacional e com tempo de atuação política longo e de sucesso. Este critério de escolha se baseou no fato de que as funções políticas se tornaram uma profissão de tipo particular: possuem regras imprecisas, seus protagonistas não as registram como sua profissão, e implicam uma especialização e profissionalizações múltiplas[10]. A maior parte dos políticos exerceu, ou mesmo ainda exerce, outras atividades. Sendo assim, nem todos podem ser considerados profissionais, no sentido de consagrar tempo completo à suas responsabilidades de homens públicos (viver para e da política no sentido weberiano). A profissionalização se desenvolve, entretanto, na medida do crescimento das posições ocupadas na hierarquia dos cargos. Como argumenta Gaxie, "nem todos os políticos são profissionais, mas os principais são"[11], pois a ativida-

---

8. Nas eleições presidenciais de 1989, 49% da população votou, isto é, 72 milhões de cidadãos. Inscreveram-se 82 milhões, cerca de 56% da população.
9. Alzira Alves Abreu e Israel Beloch (coord.), *Dicionário Histórico-Biográfico Brasileiro – 1930--1983*, Rio de Janeiro, FGV, 2001; Norma de Góes Monteiro (coord.), *Dicionário Biográfico de Minas Gerais*, Belo Horizonte, Assembleia Legislativa do Estado de Minas Gerais, 1994, 2 vols.
10. Os estudos clássicos da sociologia identificam na profissão "a existência de um saber teórico que fundamenta uma competência particular, o desenvolvimento de um ensino e de uma formação especializada, a avaliação da competência dos membros da profissão por meio de exames formais, o desenvolvimento de uma organização profissional, a emergência de um código profissional, a oferta de um serviço altruísta" (Geneviève Paicheler, *L'Invention de la Psychologie Moderne*, Paris, L'Harmattan, 1992, pp. 42-55).
11. Daniel Gaxie, *La Démocratie Représentative*, Paris, Montchrestien, 1993, p. 88.

de política no nível elevado supõe uma total disponibilidade psicológica e econômica. Mesmo assim, há importantes políticos ausentes na amostra. O fato se deve a que não acrescentariam elementos novos à demonstração pretendida. Nos Apêndices estão os quadros que sintetizam a trajetória dos 34 políticos selecionados para análise.

TRANSMISSÃO DO PODER POLÍTICO E DEMOCRACIA

Uma leitura rápida dos quadros produzidos para a pesquisa induz a identificação de dois tipos de políticos. O que primeiro salta aos olhos é a cadeia dinástica que prende os mineiros no espaço público (que nomeio aqui "herdeiros"), contrastando com o grupo dos paulistas, que nos dois períodos analisados se apresentam como políticos de primeira geração familiar na política. Enquanto nomes portugueses de velhas famílias detentoras do poder político pesam no espaço político mineiro contemporâneo, no paulista, a maioria dos nomes estrangeiros indica a origem imigrante, ligada a negócios industriais ou comerciais, demonstrando renovação de geração política em São Paulo[12] desde 1945, com uma única presença de representação operária. Esta reprodução/renovação pode ser observada também no Apêndice 11, no qual são apresentados os tecnocratas responsáveis pelos planos Cruzado e Real, apesar da pequena amostragem.

Num universo democrático, as competências simbólicas (notoriedade familiar, genealogia política etc.) não deveriam ser condições suficientes para atingir os altos postos da República, em especial para aqueles que vão decidir quem e quais as competências legítimas no espaço competitivo dos postos públicos. A existência de uma cadeia dinástica nas posições dominantes da República afeta profundamente as regras admitidas numa sociedade democrática, pois contradiz o princípio de representação existente na alternância de poder, que se associa à ideia de eleição, ou de concurso público, ligado ao mérito, e introduz um elemento de permanência no lugar de livre acesso e esperança na transformação. Dentro deste raciocínio, a reprodução da liderança política mineira seria sintoma da negação da tese

---

12. Por renovação de geração não me refiro à idade de entrada, e sim a novos líderes porta-vozes das novas aspirações e esperanças políticas.

clássica da democracia. E a renovação dos porta-vozes das aspirações dos paulistas seria sintoma de progresso democrático.

Para a redação da pesquisa, estes critérios apriorísticos foram abandonados após uma análise mais cuidadosa dos quadros biográficos. No lugar da facilidade das fórmulas universais, preferi pensar as práticas políticas e sociais que contribuem para que um grupo de políticos com prestígio e poder, confundindo-se, em parte, com o jogo de relações estabelecidas no período do Império, sobreviva, com sucesso, à introdução do pluripartidarismo, ao aumento da concorrência eleitoral (com a entrada na política de candidatos de outras origens sociais), à liberdade de imprensa, à liberação das reuniões públicas e à ampliação dos espaços de ação no governo. Além do mais, esta sobrevivência obriga também uma reflexão mais profunda sobre a complexidade do processo de autonomia do político em relação ao social.

Pensar este processo e, ao mesmo tempo, o caráter operatório do viés social no universo político é importante, especialmente quando se observa, por exemplo, o quadro dos técnicos que participaram dos planos Cruzado e Real (Apêndice 11).

Portadores de alta competência técnica para gerar estes planos, integrados numa rede de relações que se assentam em universidades americanas, ultrapassando as fronteiras regionais e nacionais, estes personagens deveriam ser a prova de um novo sistema meritocrático, afastado de qualquer tradição ou origem familiar[13]. Entretanto, a observação do grupo familiar que socializou três destes tecnocratas traz a dúvida sobre a total desvinculação deles com um conhecimento político produzido neste meio. Os pais e avós de Francisco Lopes e André Lara Resende foram importantes figuras da tecnocracia política dos anos 1940 e 1950. O parentesco de Edmar Bacha indica ligações tanto com a área legislativa quanto com a financeira. Estes ancestrais iniciaram a carreira, da mesma forma que a maior parte dos herdeiros da época, como técnicos nas secretarias de Benedito Valadares, atestando o pertencimento a uma elite política que, como demonstrou Rebelo

---

13. Os poucos trabalhos que estudaram a relação entre política e burocracia no Brasil estabeleceram uma divisão entre o comportamento técnico do corpo burocrático – o padrão meritocrático – e a forma clientelista de atuação dos parlamentares (Barbara Geddes, *Politician's Dilemma: Building State Capacity in Latin America*, Berkeley, University of California Press, 1994; Gilda Portugal Gouvea, *Burocracia e Elites Burocráticas no Brasil*, São Paulo, Pauliceia, 1994).

Horta, formava uma rede de 27 famílias controlando a política do Estado em escalões burocráticos[14].

Dessa maneira, se lemos o quadro do Apêndice 11 no sentido dado por Bourdieu para estratégias[15], os dados indicam duas coisas: *1.* o senso prático das estratégias educativas de algumas famílias políticas que conseguiram, na socialização de seus herdeiros, interiorizar neles a capacidade de se adaptar a novos tempos, no caso o tempo da tecnocracia e, dessa forma, salvar o essencial do poder político que esta socialização visava garantir; *2.* as afinidades eletivas, que aproximam os agentes dotados de *habitus* ou gostos semelhantes e são produtos de condições e condicionamentos sociais semelhantes. Não à toa, foi um herdeiro político, Fernando Henrique Cardoso (Apêndice 6), envolvido com a modernização do Estado brasileiro, que recrutou Edmar Bacha, Francisco Lopes e Lara Resende para gerir e negociar a implantação do "Consenso de Washington" e as linhas consideradas legítimas para uma atuação política eficiente.

Assim, dentro do interesse em compreender quem são os indivíduos que ocupam o espaço de poder político no Brasil, a análise dos quadros biográficos produzidos para a pesquisa foi feita dentro do tema da reprodução/renovação da geração política, ou herdeiros políticos × novos pretendentes. Mas procurei pensá-los com base nos estilos diferentes de conexão política para acesso e ascensão aos postos nacionais, tendo em vista o fato de que a profissionalização no campo da política é coletiva, perigosa para iniciativas muito pessoais e as chances oferecidas aos pretendentes são muito diversas.

A hipótese que dirigiu a redação desta pesquisa é a de que há exigências para a prática política que não se encontram nas ideias universais sobre a democracia, nem estão escritas nas regras jurídicas, porque têm bases sociais fora do campo político. As bases sociais delimitam as margens de liberdade de ação para o exercício do que se convencionou chamar de "artes da política".

14. Cid Rebelo Horta, "Famílias Governamentais em Minas Gerais", *II Seminário de Estudos Mineiros*, Belo Horizonte, UFMG, 1956, pp. 47-77.
15. Estratégia como produto do senso prático, como no sentido do jogo, de um jogo social particular, historicamente definido, que se adquire na infância participando das atividades sociais. O bom jogador faz a cada instante o que demanda e exige o jogo, o que supõe uma invenção permanente, indispensável para se adaptar a situações variadas, nunca idênticas (Pierre Bourdieu, *Le Sens Pratique*, Paris, Minuit, 1989, pp. 84-90).

HERANÇA NA POLÍTICA E FAMILIARIZAÇÃO COM O UNIVERSO DA COISA PÚBLICA

Cid Rebelo Horta, no seu artigo muito citado pelos cientistas sociais, já havia, em 1956, chamado a atenção para "consciência de solidariedade" existente nos grupos familiares mineiros, concentrados em seus centros de origem, com resíduos de suas lutas do Império continuando a traçar a linha partidária e "permitindo aos parentes se descobrirem facilmente em cada eleição, para efeito do proselitismo eleitoral"[16].

A leitura dos quadros dos Apêndices 3 e 5 indicam que as conexões políticas e o lado ativo do conhecimento prático dos políticos de Minas Gerais ainda podem ser encontradas neste cenário oficioso da política, com suas redes de parentelas munidas de conhecimento do funcionamento dos trâmites parlamentares e dos altos cargos burocráticos. Este mesmo padrão descrito há cinquenta anos por Rebelo Horta pode, ainda, ser visto na região de base eleitoral dos políticos eleitos nas últimas eleições para deputado federal[17]. Isto é, embora estes herdeiros contemporâneos tenham nascido e sido educados em escolas da capital, a ligação com o local de origem familiar é prática e simbolicamente mantida, vinculando as gerações umas às outras num jogo complexo de cadeias de influências. Com os vínculos que mantêm, aprendem rapidamente a se conhecer e a reconhecer seus próximos e antagonistas.

O lado ativo do conhecimento prático de muitos dos eleitos estudados pode perfeitamente ser observado em seus locais de origem, onde desde cedo participam de festas íntimas e cerimônias políticas, mantêm contato com a população local e com as suas preocupações, escutam a história do lugar e de seus personagens que se confundem, muitas vezes, com a história política oficial. O deputado Roberto Brant, por exemplo, que nasceu e iniciou sua carreira pública longe de Diamantina, procura vincular seu nome à cidade de seus ancestrais, onde nasceu seu pai, o desembargador Moacir Pimenta Brant. Notícias de jornais o mostram nesta cidade em inaugurações, recebendo personagens ilustres etc.

A análise dos itens "Família" e "Região de Base Eleitoral", no quadro do Apêndice 5, nos mostra que: *1.* a prática política dos políticos mineiros

---

16. Cid Rebelo Horta, "Famílias Governamentais em Minas Gerais", pp. 60-61.
17. Cf. TRE-MG, Eleições 1988 e 2002, por município.

continua a ser elaborada no interior de redes sociais e políticas, em especial no que se refere aos princípios classificatórios que sustentam as indicações partidárias e as campanhas eleitorais dos "herdeiros"[18]; 2. continuam a ter sucesso as estratégias dos grupos políticos das zonas eleitorais mais antigas de Minas Gerais, que transformam em ilegítimas as candidaturas estranhas ao lugar; 3. o controle do acesso às fontes dos cargos públicos continua nas mãos dessas mesmas redes.

A análise da iniciação na política, por sua vez, mostra a atividade pedagógica familiar dando sentido ao duplo jogo no qual a família desses herdeiros políticos se empenha: o domínio da cultura histórica familiar e o da prática política.

No caso da prática política, com poucas exceções, os herdeiros a adquirem nos gabinetes de deputados e secretarias estaduais, ministérios e antessalas do governo do Estado e Presidência da República, ou em cargos de confiança em agências estatais. Dentro desses locais aprendem a escutar e falar, a se informar da situação e das preocupações de cada um, a examinar minuciosamente as situações particulares, a ser ativo e eficaz, a fazer valer suas intervenções e realizações, a conduzir uma reunião – tomar a palavra no melhor momento, propor soluções inspiradas em programas de circunstâncias, exprimindo relativa originalidade – enfim, a se distinguir por suas competências e pelo saber "estar disponível" na "defesa de uma nobre causa pública". Como assistentes, chefes de gabinete ou assessores, criaram redes de dependentes na resolução de problemas difíceis para os leigos, e também ataram previamente os laços com os políticos mais experimentados, inicialmente como colaboradores, e mais tarde articulando as relações acumuladas nas coxias. Isto é, tiveram uma formação, ou instrução, dentro da tradição burocrática, e alcançaram os altos postos da esfera política seguindo o caminho das secretarias-chave do Estado, como Finanças, Justiça e Interior, ou das demais agências de governo, antes de ingressar no teatro parlamentar.

18. Convém apresentar o trecho de uma entrevista realizada em 8 set. 2002 com um deputado estadual da região da Zona da Mata, que mostra na prática o uso dos laços morais existentes nos acordos apresentados aos eleitores: "Reuni trinta prefeitos do interior no salão do meu prédio e chamei o Aécio [Neves]. [...] Então me levantei e apresentei o Aécio como o nosso candidato, o candidato dos nossos companheiros e insisti na ligação de amizade do tio Pio e do tio Antônio com o Tancredo, avô dele, e que nós dois [Aécio e o entrevistado] também partilhávamos da mesma amizade. Foi um sucesso. Todos saíram comentando e aumentando o fato, o que me deixa mais tranquilo quanto a nossas duas candidaturas".

Conseguiram ter acesso a essas posições graças aos laços preexistentes, sempre começando como "menino de recado", expressão empregada por um dos entrevistados mineiros, o que levou Hagopian a defender em sua tese de doutorado que a mistura de raízes oligárquicas, do serviço público e, frequentemente, de uma competência técnica entre os notáveis são aspectos da política mineira que ainda permanecem intactos[19].

Mas a detenção dos recursos mencionados pela brasilianista não é mecânica. Uma observação do vice-governador de Minas, durante o governo de Israel Pinheiro (filho de João Pinheiro, presidente do Estado em 1906-1908, e avô de Lara Resende), ilustra as marcas simbólicas dos ancestrais nas ações políticas como resultados de uma longa aprendizagem normativa. Observou que Israel, com a idade de setenta anos, "costumava dizer que não tomaria determinada posição, pois certamente seu pai não aprovaria"[20].

Esta aprendizagem influi sobre a percepção que o herdeiro pode ter dele mesmo, capaz de sustentar um projeto pessoal de reprodução da atuação de seus ancestrais, como bem explica Fernando Henrique Cardoso, também herdeiro político (Apêndice 6):

> Meu avô era muito próximo do Floriano [Peixoto], foi seu ajudante de ordem. Meu pai, quando menino, e o meu avô moraram no Palácio do Itamaraty, onde Floriano vivia. Meu avô era então um jovem abolicionista, republicano e bastante exaltado. Foi depois o único general – ele e o Hermes [da Fonseca] – que apoiou a Revolução de 1922. Meu pai também participou da Revolução de 1922. Um tio meu – irmão do meu pai – também foi preso em 22. [...] Augusto Inácio do Espírito Santo Cardoso, meu tio-avô, foi ministro de Getúlio. O filho de Augusto Inácio foi também Ministro da Guerra e também do Getúlio, na década de 50. [...] Meu avô foi para o Rio Grande do Sul para lutar contra a Revolução Federalista. E ficou sob as ordens do pai de Getúlio, que era então um caudilho no Rio Grande. Estas histórias todas preencheram o meu imaginário, na infância. [...] Estes personagens para mim, não eram de ficção. Eram pessoas. Eu fui digamos, socializado, treinado, nesse ambiente de revisão permanente dos fatos políticos, e muitas vezes em oposição ao governo[21].

---

19. Frances Hagopian, *The Politics of Oligarchy: The Persistence of Traditional elites in Contemporary Brazil*, Massachusetts Institute of Technology, 1986, pp. 189-232 (Tese de Doutorado).
20. Alisson Mascarenhas Vaz, *Israel, uma Vida para a História*, Rio de Janeiro, Vale do Rio Doce, 1996, p. 21.
21. Roberto Pompeu de Toledo, *O Presidente Segundo o Sociólogo*, São Paulo, Companhia das Letras, 1998, p. 340.

Comparando esses dados de treinamento para a carreira com a prática política dos não herdeiros, fica evidente a desigualdade de acesso ao poder. Quando se observa o treinamento político dos paulistas, por exemplo, a presença de centros acadêmicos, empresas jornalísticas, sindicatos e associações no lugar das antessalas do governo é flagrante. Os políticos de primeira geração não tiveram a chance para utilizar os métodos de gestão e de governo entesourados pelas parentelas e a serem transmitido entre elas. Não herdaram e, portanto, não puderam assimilar as receitas experimentadas ao longo do tempo de exercício de seus antepassados nas funções públicas em nível nacional. Não puderam, também, aprendê-las, abstratamente, na escola, pois, nos anos 1950, os cursos de administração e economia apenas se iniciavam como objeto de ensino teórico escolar e eram, geralmente, procurados por jovens de extração social mais baixa, como Delfim Netto, o primeiro deles se aproveitar para o impulso em sua carreira[22]. A formação nos cursos de economia e administração teve um impacto positivo em termos políticos apenas para a geração que se seguiu à reforma educacional de 1968, quando tais cursos se expandiram e valorizaram.

É sem dúvida por isso que no caso de São Paulo, onde está situada grande parte dos políticos de primeira geração, a coluna referente aos cargos públicos ocupados em agências estatais (Apêndice 10) estaria totalmente em branco não fosse uma ligeira passagem de Delfim Netto pela Consplan, em 1965, e a de Paulo Maluf por um ano na diretoria da Caixa Econômica. Leôncio Martins Rodrigues, ao se referir às bancadas na Câmara dos Deputados (51ª Legislatura), chama a atenção para o mesmo fato, isto é, de que há uma baixíssima proporção, entre os paulistas, de deputados que vieram do segmento do alto funcionalismo (1%), em contraposição aos 8% de Minas. Da mesma forma que nossa amostra exibe três dos seis herdeiros mineiros como ex-diretores de bancos estatais, a de Leôncio registra 6% dos integrantes da bancada mineira como ex-diretores de bancos estatais. E nenhum paulista[23].

Mas há um outro percurso que os políticos iniciantes necessitam percorrer, que também a escola e a prática militante pouco podem ajudar. Trata-se do aprendizado longo, de alto a baixo, do funcionamento das Assembleias Legislativas e de seus regulamentos. Ora, as práticas dos procedimentos

---

22. Maria Rita Loureiro, *Os Economistas no Governo*, Rio de Janeiro, FGV, 1997, p. 38.
23. Leôncio Martins Rodrigues, *Partidos, Ideologia e Composição Social*, São Paulo, Edusp, 2002.

jurídicos nos trabalhos das comissões das Assembleias – a chave da vida parlamentar – são extremamente complexas e exigem alto grau de sutileza para seu exercício. As condições de discussão para produção de um texto são acompanhadas de um considerável *corpus* de precedentes. Por esta razão, as comissões foram sempre utilizadas como recurso político pelos herdeiros mineiros.

Se a trajetória dos herdeiros pressupõe, além da existência prévia de recursos familiares, uma herança política a lhes permitir uma aprendizagem suave, previsível e lenta do ofício nas secretarias do governo e órgãos estatais, a dos políticos de primeira geração pode ser vista sendo desenvolvida muito mais no quadro de operação de militância e movimentos políticos de massa (dissidências paulistas das décadas de 1920 e 1930, organizações sindicais patronais ou de trabalhadores, movimentos estudantis ou populistas) ou de empreendimentos nos campos do direito (escritórios de advocacia) ou do jornalismo.

O resultado foi uma luta pela conquista de postos do poder muito mais evidente entre os políticos de primeira geração do que entre os herdeiros e cooptados das grandes famílias. Para estes, a garantia de aquisição dos postos é uma luta mais de manutenção do que de conquista, a qual se desenha na longa duração, de uma geração a outra. Para os políticos de primeira geração, sem ligação com as grandes famílias, como é o caso da maioria dos paulistas da amostragem, a luta é totalmente marcada pela conquista e acumulação de um capital militante e/ou escolar para se conseguir alcançar os postos políticos eletivos. Esta conquista tem duração longa.

O fato pode ser visto no quadro do Apêndice 12, que lista as idades do primeiro cargo eletivo. Ele mostra o recrutamento dos herdeiros para os postos eletivos na faixa média dos trinta anos e o ingresso mais tardio na carreira política dos novos pretendentes (faixa média dos 47 anos), a partir de uma situação profissional já estabelecida em outras áreas. É o que explica também o fato de os não herdeiros terem sido eleitos pela primeira vez diretamente para cargos de nível nacional, ao contrário dos herdeiros, que começam, em geral, pelos cargos locais. Os dados também indicam a importância do investimento nos cursos de pós-graduação, que firmaram uma moderna e internacionalizada estrutura de formação acadêmica nos anos 1960, para a legitimação dos políticos de primeira geração e a renovação de estratégias dos herdeiros no campo da tecnocracia (Apêndice 11).

OS DIPLOMAS E O CONHECIMENTO QUE CONCORRE PARA A PRODUÇÃO DE UM POLÍTICO

Dos catorze políticos em evidência no período 1984-2001, quatro possuem o diploma de direito. Os quatros são herdeiros políticos. Este cenário contrasta com o período anterior, em que a maioria (18 dos 22 políticos da amostragem) cursou uma Faculdade de Direito.

Soa estranho a nova geração preterir a formação em direito, pois este curso sempre marcou os que tinham pretensões nesta carreira. O domínio da técnica jurídica é a pedra fundamental de um deputado, considerando que o trabalho parlamentar está orientado para um objetivo preciso: a fabricação da lei. Nas comissões, e também nas sessões plenárias, os deputados se exercitam emendando textos, retomando cada artigo, parágrafos, frases e palavras. E como já bem demonstrou Mattei Dogan, o sucesso de uma comissão parlamentar depende muito mais da energia despendida pelos políticos nos procedimentos jurídicos do que da justeza do que ali se advoga[24]. O rigor jurídico foi o trunfo de muitos dos políticos da amostra nas comissões parlamentares dos anos 1950, em especial nas duas encarregadas dos interesses mais fortes: a da Constituição e Justiça, e a de Finanças e Orçamento.

Mas é também a aprendizagem, se não do talento oratório, mas pelo menos do hábito de falar em público, que sempre ajudou a explicar a procura pelo curso. Franco Montoro, em suas memórias, não deixa dúvidas quanto à importância de tal formação:

> Foi na São Francisco que aprendi a falar em público, instrumento indispensável de todo político interessado em explicar e convencer. Entrei para a Academia de Letras da Faculdade e, assim que ganhei algum desembaraço, deixei de lado os textos escritos, trazendo no máximo algumas notas que me serviam de guia nas exposições mais longas[25].

Pois é bom lembrar que a defesa no Parlamento não é diferente daquela do tribunal: trata-se de convencer. Trocas de opiniões, deliberação pública, fabricação da lei são inseparáveis da expressão dos interesses e da figuração

---

24. Mattei Dogan, "Les Professions Propices à Carrière Politique", em Michel Offerlé (org.), *La Profession Politique, XIXe-XXe Siècles*, Paris, Belin, 1999, pp. 177-178.
25. Franco Montoro, *Memórias em Linha Reta*, São Paulo, Senac, 2000, p. 42.

para o público de uma relação de força. O debate parlamentar é uma batalha, face a face, onde o texto se torna um pretexto à manifestação de antagonismo entre dois campos e propósito para demonstração das paixões políticas.

Se nos anos 1945-1964, a maioria dos deputados da amostra saiu de uma escola de Direito, o período 1984-2000 assinala esta preferência sendo suplantada por outras carreiras mais técnicas.

Estando em jogo os programas de reforma econômica, advindas da nova ordem mundial e suas implicações decorrentes da expansão de desemprego e intensificação das crises financeiras, o que se observa entre os políticos do período 1984-2001 é a preferência pelos cursos de Economia, Administração e Engenharia (Apêndices 5 e 6). Há uma tendência, também de escolaridade mais longa. Dos novos pretendentes, três possuem doutorado em Economia, sendo dois deles nos Estados Unidos. Entre os herdeiros houve também aumento do tempo escolar: Fernando Henrique tem pós-doutorado, em Sociologia, nos Estados Unidos e na França, e Bonifácio de Andrada, como herdeiro mineiro, fez doutorado na própria UFMG, naturalmente em Direito Público.

Mas a maioria dos herdeiros abandonou a escola após a graduação cursada em universidades locais. Isto se explica provavelmente pelo fato de que, para o herdeiro, herdado pela política, no sentido referido por Marx aos camponeses (a terra herda o herdeiro que a herda), fica difícil o afastamento do jogo político local para participar de cursos em circuitos internacionais. O princípio das conexões eleitorais, ligado nas complexas situações de pertencimento e cadeias de influências, é a garantia do herdeiro de sua sobrevivência a diversas eleições. Subir lentamente os degraus do poder implica a manutenção dos vínculos simbólicos com o patrimônio eleitoral herdado. Uma circulação internacional, no caso, acabaria sendo vista como ausência de raízes. Para o herdeiro, o cosmopolitismo é visto como um estigma.

Por outro lado, para aqueles que não têm as mesmas conexões simbólicas com locais de origem como base para a formação de redes eleitorais, a ideia de internacionalização se inverte, tornando-se trunfo para acumulação de capital político, em especial no momento das transformações no sistema político e no aparato estatal, como o ocorrido a partir dos meados dos anos 1960. Tais transformações servirão de justificativa para o início da inserção de pretendentes à carreira política no circuito científico internacional. Melhor dizendo, a modernização no período militar inaugurou novos canais de acesso aos postos políticos, em especial os cargos na área econômica, trazendo o peso da legitimidade científica para o processo decisório.

Em Minas, o crescimento dos técnicos políticos tornou-se mais evidente na administração de Israel Pinheiro (1965-1970), que inaugurou o "planejamento científico" no governo de Minas Gerais. Como seu pai, João Pinheiro – o positivista presidente de Minas dos anos 1906-1908 –, no afã de promover o desenvolvimento econômico do Estado, Israel convidou muitos técnicos para o governo. E muitos deles foram recrutados entre determinados filhos da oligarquia que, regularmente, desde o governo Valadares, passando pelo governo Kubitschek, vinham redefinindo o saber necessário à política dentro das secretarias e agências de governo. Para Hagopian, esta peculiar gestão familiar do serviço público é o que explica por que, contrariamente ao acontecido em São Paulo, a transferência de poder nos cargos públicos em Minas Gerais, dos políticos para os técnicos, foi menos abrupta. Em Minas, "em meados da década de 1970, as elites políticas tradicionais e os tecnocratas 'compartilharam' o Estado"[26]. Na verdade, até mesmo o mais importante posto político, o de governador do Estado, foi escolhido pelo governo militar dentro da oligarquia.

O fato pode nos dar uma ideia de como a virtuosidade política dada pelo grupo familiar de origem, ou pela aprendizagem nas secretarias de Estado de Minas Gerais – que funcionavam também no modelo da organização familiar – pode se transformar em aprendizagem racional, sem que uma substitua a outra. Maria Arminda Arruda chama a atenção para este aspecto contraditório quando compara o projeto de criação dos primeiros cursos superiores de Ciências Políticas e Econômicas em Minas Gerais e em São Paulo. Lembra ela que a criação da Faculdade de Ciências Econômicas e Administrativas de Minas Gerais, em 1941, contou com a participação do empresariado financeiro mineiro e representantes das associações patronais (Federação das Indústrias e Comércio), tendo como figura central o banqueiro Ivon Leite de Magalhães Pinto[27], e um corpo de professores de

---

26. Frances Hagopian, *The Politics of Oligarchy: The Persistence of Traditional elites in Contemporary Brazil*, p. 192.
27. Ivon de Magalhães Pinto era membro de duas das 27 famílias governamentais citadas por Rebelo Horta: os Monteiro de Barros e os Leite de Magalhães Pinto, que se cruzaram na Zona da Mata de Minas Gerais. Seu pai era homem do Ministério Público (Cid Rebelo Horta, "Famílias Governamentais em Minas Gerais", p. 82).

nomes conhecidos nacionalmente, como Lucas Lopes e José de Magalhães Pinto[28]. Em São Paulo, diferentemente, a iniciativa de se criar uma Escola Superior de Economia se deu no quadro das orientações que presidiram o projeto da Universidade de São Paulo, isto é, voltada para a Faculdade de Filosofia e com ênfase na orientação jurídica e no caráter de complementação cultural[29], passando a ser procurada por jovens sem condição econômica para frequentar a prestigiosa escola de Direito do Largo São Francisco ou a Politécnica, ambas da USP[30]. A própria Escola Livre de Sociologia e Política de São Paulo, ligada a Roberto Simonsen, não tinha a economia e nem o serviço do Estado como centro catalisador[31]. Já na Faculdade de Ciências Econômicas de Minas Gerais, o objetivo era formar economistas voltados para a macroeconomia. Os formandos em Sociologia e Política e em Administração Pública eram orientados "no sentido de assessorar o governo"[32]. Este programa, deslocado da realidade agrária da economia mineira, estava, entretanto, de acordo com os planos políticos de formação de um profissional que se tornava necessário no plano nacional numa época em que Getúlio consolidava as bases do Estado Nacional e os primeiros passos para um planejamento da economia. O fato é melhor explicitado pelo cientista político Bolívar Lamounier, ex-aluno desta escola:

> Eu me lembro de ter lido uma vez a oração que Oliveira Vianna faria na abertura da Escola de Sociologia e Política de São Paulo. [...] É interessante que ele dizia ali um pouco ingenuamente, pois ele era excessivamente tecnocrático [...] ele imaginava uma escola que, na verdade, se realizou em Minas. Quer dizer, uma escola para formar pessoas que vão pensar os problemas do governo. [...] Ninguém tinha dúvida de que naquela faculdade estavam se formando os técnicos futuros

---

28. Maria Arminda do Nascimento Arruda, "A Modernidade Possível: Cientistas e Ciências Sociais em Minas Gerais", em Sergio Miceli (org.), *História das Ciências Sociais no Brasil*, São Paulo, Vértice/Revista dos Tribunais/Idesp, 1989, vol. 1.
29. Fernando de Magalhães Papaterra Limongi, *Educadores e Empresários Culturais na Construção da USP*, Universidade Estadual de Campinas, Instituto de Filosofia e Ciências Humanas, 1988 (Dissertação de Mestrado em Ciência Política).
30. Maria Rita Loureiro, *Os Economistas no Governo*, p. 37.
31. No "Manifesto de Fundação da Escola Livre de Sociologia e Política de São Paulo" (*O Estado de S. Paulo*, 17 maio 1933), a escola é justificada pela "falta que fazia uma elite numerosa e organizada, instruída sob os métodos científicos, a par das instituições e conquistas do mundo civilizado, capaz de compreender, antes de agir, o meio social em que vivemos".
32. Maria Arminda do Nascimento Arruda, "A Modernidade Possível: Cientistas e Ciências Sociais em Minas Gerais", p. 254.

do Governo do Estado. E isto de fato aconteceu. [...] Eu, por exemplo, tive como professor de política Econômica o Fernando Reis, que se tornaria, posteriormente, figura poderosa do estado, presidente da Cia. Vale do Rio Doce, diretor de empresas estatais[33].

Em Minas, tratava-se, positivamente, de formar profissionais bem adestrados, com intimidade com os problemas da gestão pública e privada. A montagem da estrutura arrojada da escola se completou com o sistema de bolsas de estudo, que contemplava os melhores alunos, selecionados após provas seletivas, e pela obtenção do tempo integral para os professores. Nas palavras do diretor Ivon de Magalhães Pinto, "cumpria que a faculdade passasse a diplomar elementos mais capacitados, para serem utilizados pela própria escola nas atividades didáticas e técnico-científicas e ainda para atender as necessidades do mercado profissional. Daí a ideia do regime de tempo integral de estudos para alunos, mediante o sistema de bolsas de estudos"[34].

Não é surpreendente constatar que Edmar Bacha tenha feito graduação nesta escola criada pelo pai de um futuro colega na PUC do Rio de Janeiro, o professor Francisco Lopes. Ambos, após terminarem o curso de economia, usufruíram um dos efeitos da modernização do país, que foi a instalação dos programas de pós-graduação no exterior, o qual passou a dar legitimidade política a alguns indivíduos que, como eles, com respaldo anterior em redes políticas brasileiras, puderam se inserir no circuito internacional dos diplomas para acesso ao campo político.

Esse foi o caso dos economistas citados acima e de um outro herdeiro, André Lara Resende. Os três não eram herdeiros de um patrimônio eleitoral, mas de um estilo de político mineiro inaugurado em Minas pelo bisavô de André Lara, João Pinheiro, seguido por Juscelino Kubitschek e Israel Pinheiro. O objetivo deles não era o trabalho parlamentar – nenhum desses três se sobressaiu nesta área –, e sim atuar como planejadores e executores de políticas econômico-financeiras de um Estado modernizador.

O ponto de encontro desses políticos-técnicos de Minas situava-se nas secretarias de Benedito Valadares, nos anos 1930, e na Companhia Vale do

---

33. *Idem, ibidem.*
34. *Idem*, p. 258.

Rio Doce, nos anos 1940, de onde saíram as afinidades eletivas que vão também unir seus descendentes na PUC do Rio de Janeiro e em Harvard. As redes montadas pelos técnicos políticos de Minas, tanto no Brasil como no exterior, nos anos 1940 e 1950, e as práticas adquiridas na participação nas Comissões Mistas Brasil-Estados Unidos durante o governo Getúlio Vargas, não passaram em branco para seus descendentes. Isto pode ser visto com a criação do departamento de pós-graduação em Economia da PUC[35], grande parte sob a responsabilidade de Francisco Lopes e Edmar Bacha, cujo pai e tio já haviam participado da criação da Faculdade de Economia de Minas. Não se pode esquecer, também, a desenvoltura com que Lara Resende apresenta, com 33 anos de idade, o seu artigo brasileiro na reunião do Fundo Monetário Internacional, em 1984[36]. O respaldo dado pelos meios financeiros e acadêmicos internacionais a ele e aos planos elaborados por ele, seus professores, além de Pérsio Arida, tiveram a ver com a competência do trabalho, mas também a visibilidade na imprensa e a decorrente aplicação se devem a redes anteriormente estabelecidas e à autoridade e credibilidade interiorizada por estes herdeiros técnicos-políticos na explicitação de seu trabalho no circuito cientifíco internacional, permitindo-lhes reforçar a diferença em relação a outros grupos políticos e econômicos.

Assim, o efeito do diploma adquirido pelos herdeiros mineiros foi muito desigual, e dependeu da posição de cada um deles neste campo, mais precisamente, da distância ou proximidade com uma experiência política de gerações anteriores em assessorar o governo no plano nacional.

Já os diplomas de doutorado dos filhos mais novos de famílias de imigrantes enriquecidos na indústria, como Eduardo Matarazzo Suplicy, serviram para que eles agissem na política de maneira mais externa. A pós-graduação nos Estados Unidos foi útil para Suplicy adquirir espaço num partido político nascente, como o PT, aí se integrando como conselheiro, a partir de estudos realizados sobre controle de preços e salários.

---

35. Loureiro analisa os cursos da pós-graduação da PUC dando ênfase à modelização matemática e constituindo-se no polo mais internacionalizado das universidades brasileiras. Seus professores participam mais intensamente que os demais do circuito internacional e em agências econômicas internacionais como o FMI, o Banco Mundial etc. (Maria Rita Loureiro, *Os Economistas no Governo*, p. 74).
36. Carlos Alberto Sardenberg, *Aventura e Agonia: nos Bastidores do Plano Cruzado*, São Paulo, Companhia das Letras, 1987, pp. 42-46.

Militantes estudantis exilados em 1964, filhos de pequenos comerciantes de bairros de imigrantes, como José Serra, tiveram, com a política de bolsas de agências internacionais, a oportunidade de fazer investimentos escolares que não eram compreendidos pela geração de seus pais. Com apoio de movimentos de esquerda na América Latina, em especial da ala católica (era da AP, Ação Popular), Serra, por exemplo, ganhou a possibilidade de fazer rupturas e reconversões sociais importantes e a chance de ingressar na política via redes políticas de Franco Montoro ligadas à Igreja Católica (Apêndice 4), que o nomeou Secretário do Planejamento do Estado de São Paulo durante seu governo pré-abertura. De conselheiro, poder-se-ia talvez dizer, ele se tornou herdeiro de Montoro e de sua democracia cristã.

Este duplo movimento, perder algo e ganhar a possibilidade de fazer rupturas a partir da adversidade, como José Serra, foi o mesmo a levar Fernando Henrique à sua trajetória política de sucesso após o exílio – no qual acumulou um capital científico ímpar nas instituições acadêmicas de ponta do Chile, França e Estados Unidos. Após sua volta, e após ter perdido a cátedra de Ciência Política na USP com uma aposentadoria compulsória, o capital de relações acumulado no exílio ajudou-o a criar o Cebrap (Centro Brasileiro de Análise e Planejamento), financiado pela Fundação Ford. E aproximou-o da área empresarial, via as encomendas de pesquisa. Mas ele próprio não deixa de reconhecer que seu sucesso político não se deve somente aos esforços despendidos em sua formação acadêmica e ao acúmulo das relações. "Fui socializado, treinado nesse ambiente de revisão permanente dos fatos políticos, e muitas vezes em oposição ao governo"[37]. Isto é, um treinamento político na família, que o aproximou de Ulysses Guimarães, no momento em que este procurava outras alianças capazes de legitimar a campanha das Diretas Já e o fortalecimento do PMDB. De menino que escutava as discussões e as histórias políticas da família, e de intelectual que aprendeu a "anotar com paciência, perguntar, perguntar de novo"[38], FHC passou, com a rede já montada por Ulysses, a pensar e a atuar como um profissional que se tornava necessário no plano nacional, escrevendo o novo programa das oposições, o MDB[39].

---

37. Roberto Pompeu de Toledo, *O Presidente Segundo o Sociólogo*, p. 340.
38. *Idem*, p. 343.
39. Afrânio Garcia, *Une Noblesse Républicaine. Fernando Henrique Cardoso et la Sociologie au Brésil*, Paris, Université Paris VII, 2003, p. 4.

CONSIDERAÇÕES FINAIS: HERANÇA NA POLÍTICA OU TRANSMISSÃO?

O que esta pesquisa deixou até agora como saldo é o sentido do trabalho coletivo do político articulado em redes. Pensar nessas redes implica um mergulho não só nas estratégias de educação, mas, principalmente no significado de uma herança em política.

O caso de Lula é exemplar para uma discussão desse quilate. Não recebeu uma educação escolar e não foi socializado em uma tradição familiar de políticos. Sua possibilidade de arranque lhe veio de um capital político acumulado em movimentos sindicais operários e um momento político favorável às alianças e articulações, o mesmo momento aproveitado por Fernando Henrique junto à oposição liberal. Mas, diferentemente de um herdeiro como Fernando Henrique, Lula, só dispondo de um capital político militante, articulou-se com outros militantes, seja de partidos de esquerda, sindicalistas ou universitários, para criar o PT.

A narrativa de um socialista histórico, Antonio Candido, sobre a fundação do PT em 1980 no Colégio Sion mostra bem toda uma esquerda militante brasileira que recolhia seu espólio para investi-la em algo:

> Não hesitei em ir à reunião histórica do Colégio Sion, em fevereiro de 1980, na qual me sentei ao lado de um antigo companheiro do Partido Socialista, Paul Singer, vendo que lá estavam também outros companheiros mais velhos, como Lélia Abramo, Mário Pedrosa, Sérgio Buarque de Holanda, que receberam grandes aplausos. Lembro que chamou minha atenção um sinal dos tempos: a presença de pessoas originárias de opções ideológicas que alguns anos atrás se hostilizavam, por vezes com grande aspereza: stalinistas, trotskistas, socialistas democráticos. Ao vê-los reunidos em coexistência pacífica, como quem partilha de convicções comuns, percebi que estava começando uma era diferente na história da esquerda brasileira[40].

Nesta reunião cumpria-se uma formalidade indispensável, de acordo com a Lei nº 6.767 que modificou os dispositivos da Lei Orgânica dos Partidos Políticos de 1971. Para que o registro da nova agremiação se tornasse possível, haveria a necessidade de um manifesto, com um mínimo de

---

40. Antonio Candido de Mello e Souza, "Lembranças PT", *Especial PT 20 Anos*, São Paulo, Fundação Perseu Abramo, 2000, p. 1.

101 assinaturas, expressando os objetivos e as linhas fundamentais de pensamento que deveriam ser a base da proposta do partido. Entretanto, a mesa que dirigiu os trabalhos[41], com a presença de Lula, o número de pessoas que compareceu (uma média de setecentas) e as seis primeiras pessoas que assinaram o trabalho, representantes históricos dos partidos de esquerda[42], demonstram que Lula se tornou um político, não somente porque era um sindicalista, mas porque ele foi, à sua maneira, um herdeiro também. Não de uma oligarquia, mas foi herdado pela esquerda brasileira, que o herdou.

REFERÊNCIAS BIBLIOGRÁFICAS

ABREU, Alzira Alves & BELOCH, Israel (coord.). *Dicionário Histórico-Biográfico Brasileiro – 1930-1983*. Rio de Janeiro, FGV, 2001.

ARRUDA, Maria Arminda do Nascimento. "A Modernidade Possível: Cientistas e Ciências Sociais em Minas Gerais". *In*: MICELI, Sergio (org.). *História das Ciências Sociais no Brasil*. São Paulo, Vértice/Revista dos Tribunais/Idesp, 1989, vol. 1.

"ATA da Reunião no Colégio Sion – 10.2.1980". Fundação Perseu Abramo.

BOURDIEU, Pierre. *Le Sens Pratique*. Paris, Minuit, 1989.

CANÊDO, Letícia Bicalho. "As Metáforas da Família na Transmissão do Poder Político: Questões de Método". *Cadernos Cedes*, vol. 18, pp. 29-52, 1997.

____. "Estratégias Familiares na Construção Social de uma Qualificação Política". *Educação e Sociedade*, vol. 7, ago. 1991.

____. "Caminos de la Memoria". *Historia y Fuente Oral*, n. 12, pp. 91-115, 1994.

---

41. A mesa que dirigiu os trabalhos estava formada por Jacó Bittar, do Sindicato dos Petroleiros de Paulínia (presidente); Henrique Santillo, senador de Goiás (secretário); Henos Amorina, do Sindicato dos Metalúrgicos de Osasco; Wagner Benevides, dirigente sindical de Minas Gerais; José Cicote, dirigente sindical de Santo André; Paulo Skromov, do Sindicato dos Coureiros de São Paulo; Luiz Inácio Lula da Silva, do Sindicato dos Metalúrgicos de São Bernardo e Diadema; Olívio Dutra, líder bancário do Rio Grande do Sul; Édson Khair, deputado federal do Rio de Janeiro; Manoel da Conceição, líder camponês do Nordeste; Arnóbio Vieira da Silva, líder popular de Itanhaém; Lourin Martinho dos Santos, da construção civil do Rio Grande do Sul ("Ata da Reunião no Colégio Sion – 10.2.1980", Fundação Perseu Abramo). Agradeço a Afrânio Garcia a sugestão de procurar este manifesto.
42. Os seis primeiros signatários do manifesto eram: Mário Pedrosa (da ala trotskista); Manoel da Conceição (líder camponês); Sérgio Buarque de Holanda (da ala socialista); Lélia Abramo (da ala anarquista); Apolônio de Carvalho (Partido Comunista); Moacir Gadotti (ala da pastoral da Igreja Católica).

____. "Herança na Política, ou Como Adquirir as Disposições e Competências Necessárias às Funções de Representação Política, 1945-1964". *Pró-Posições*, vol. 13, n. 3, set./dez. 2002.

____. "La Production Généalogique et les Modes de Transmission d'un Capital Politique Familiale dans le Minas Gerais Brésilien". *Genèses*, vol. 2, n. 31, pp. 4-28, juin 1998.

____. "Metáforas do Parentesco e a Duração em Política". *Textos de História*, vol. 3, n. 1, pp. 82-103, 1995.

____. "Rites, Symboles et Allégories dans l'Exercice Professionnel de la Politique". *Informations sur les Sciences Sociales*, vol. 38, n. 2, pp. 249-271, jun. 1999.

DEZALAY, Yves & GARTH, Bryant. "A Dolarização do Conhecimento Técnico Profissional e do Estado: Processos Transnacionais e Questões de Legitimação na Transformação do Estado, 1960-2000". *Rev. Bras Ci. Soc.*, vol. 15, n. 43, 2000.

DOGAN, Mattei. "Les Professions Propices à Carrière Politique". *In*: OFFERLÉ, Michel (org.). *La Profession Politique, XIXe-XXe Siècles*. Paris, Belin, 1999.

GARCIA, Afrânio. *Une Noblesse Républicaine. Fernando Henrique Cardoso et la Sociologie au Brésil*. Paris, Université Paris VII, 2003.

GAXIE, Daniel. *La Démocratie Représentative*. Paris, Montchrestien, 1993.

GEDDES, Barbara. *Politician's Dilemma: Building State Capacity in Latin America*. Berkeley, University of California Press, 1994.

GOUVEA, Gilda Portugal. *Burocracia e Elites Burocráticas no Brasil*. São Paulo, Pauliceia, 1994.

HAGOPIAN, Frances. *The Politics of Oligarchy: The Persistence of Traditional Elites in Contemporary Brazil*. Massachusetts Institute of Technology, 1986 (Tese de Doutorado).

HORTA, Cid Rebelo. "Famílias Governamentais em Minas Gerais". *II Seminário de Estudos Mineiros*. Belo Horizonte, UFMG, 1956.

LIMONGI, Fernando de Magalhães Papaterra. *Educadores e Empresários Culturais na Construção da USP*. Universidade Estadual de Campinas, Instituto de Filosofia e Ciências Humanas, 1988 (Dissertação de Mestrado em Ciência Política).

LOUREIRO, Maria Rita. *Os Economistas no Governo*. Rio de Janeiro, FGV, 1997.

____. & ABRUCIO, Fernando Luiz. "Política e Burocracia no Presidencialismo Brasileiro: O Papel do Ministério da Fazenda no Primeiro Governo Fernando Henrique Cardoso". *Rev. Bras. Ci. Soc.*, vol. 14, n. 41, out. 1999.

MELLO e SOUZA, Antonio Candido de. "Lembranças PT". *Especial PT 20 Anos*. São Paulo, Fundação Perseu Abramo, 2000.

MONTEIRO, Norma de Góes (coord.). *Dicionário Biográfico de Minas Gerais*. Belo Horizonte, Assembleia Legislativa do Estado de Minas Gerais, 1994, 2 vols.
MONTORO, Franco. *Memórias em Linha Reta*. São Paulo, Senac, 2000.
PAICHELER, Geneviève. *L'Invention de la Psychologie Moderne*. Paris, L'Harmattan, 1992.
RODRIGUES, Leôncio Martins. *Partidos, Ideologia e Composição Social*. São Paulo, Edusp, 2002.
SARDENBERG, Carlos Alberto. *Aventura e Agonia: Nos Bastidores do Plano Cruzado*. São Paulo, Companhia das Letras, 1987.
TOLEDO, Roberto Pompeu de. *O Presidente Segundo o Sociólogo*. São Paulo, Companhia das Letras, 1998.
VAZ, Alisson Mascarenhas. *Israel, uma Vida para a História*. Rio de Janeiro, Vale do Rio Doce, 1996.

5

Herdeiros, Militantes, Cientistas Políticos: Socialização e Politização dos Grupos Dirigentes no Brasil (1964-2010)[1]

Com base em elementos marcantes encontrados na ascensão dos políticos mineiros ao poder – parte de uma longa história familiar na política de Minas Gerais[2] –, este capítulo trata de estudantes mineiros que militaram nas décadas de 1960 e 1970 e que recentemente ascenderam a, ou conquistaram pelo voto, altos postos da República. Mas, diferentemente dos "herdeiros políticos", que tiveram nas famílias um local de transmissão das competências – e também do sentimento de ter "vocação" para a política –, esses novos atores adquiriram a predisposição para a "defesa de uma causa política" no ambiente escolar, nos movimentos trotskistas e católicos e na luta armada contra o governo militar.

1. Originalmente publicado em Letícia Bicalho Canêdo, Kimi Tomizaki e Afrânio Garcia, *Estratégias Educativas das Elites Brasileiras na Era da Globalização*, São Paulo, Hucitec, 2013. Este capítulo é uma versão modificada do texto apresentado e discutido no colóquio "Saber e Poder", realizado no Focus – Grupo de pesquisas sobre Instituição Escolar e Organizações Familiares, FE/Unicamp, em 2008. Agradeço a Afrânio Garcia, Michel Offerlé e Yves Dezalay as observações feitas na ocasião. E a Igor Grill, Ernesto Seidl e José Carlos Durand a leitura cuidadosa da primeira versão do texto.
2. Letícia Bicalho Canêdo, "As Metáforas da Família na Transmissão do Poder Político: Questões de Método", *Cadernos Cedes*, vol. 18, pp. 29-52, 1997; "La Production Généalogique et les Modes de Transmission d'un Capital Politique Familiale dans le Minas Gerais Brésilien", *Genèses*, vol. 2, n. 31, pp. 4-28, juin 1998; "Heranças e Aprendizagens na Transmissão da Ordem Política Brasileira (1945-2000)", *Cadernos CERU*, série 2, n. 15, 2004; "Les Boursiers de la Fondation Ford et la Recomposition des Sciences Sociales Brésiliennes. Le Cas de la Science Politique", *Cahiers de la Recherche sur l'Éducation et les Savoirs*, Hors Série, n. 2, juin 2009.

O capítulo faz parte de uma pesquisa mais ampla sobre a sócio-história da vida política brasileira e voltada para a observação sistemática dos usos, dos comportamentos e das representações dos atores políticos e sociais, procurando compreender como, de um lado, os indivíduos interiorizam e incorporam as maneiras de pensar e agir; de outro lado, que uso fazem disso nas suas práticas dentro das instituições.

Sendo assim, a emergência desse novo grupo na política é mostrada neste capítulo a partir da hipótese de que é o modelo de socialização política original que o distingue do grupo dos herdeiros e explica os recursos materiais e simbólicos distintos que ele investe na política.

Por sua vez, o caráter peculiar da aquisição desses recursos e das competências políticas – indissociável de engajamento militante dessemelhante em duas conjunturas históricas precisas – justifica a separação dos ex--militantes mineiros em dois conjuntos geracionais distintos[3]: o primeiro correspondendo aos que viveram os acontecimentos que levaram ao golpe de Estado de 1964 dentro de uma mesma classe de idade e de uma história escolar comum de sucesso em Belo Horizonte; o segundo, demarcado pelos efeitos do AI-5, de 13 de dezembro de 1968, que os expulsou da escola, com menos de vinte anos, e os levou a viver experiências extremas.

O capítulo, fundamentado em base de dados prosopográfica construída progressivamente[4], está dividido em três partes. A primeira – apoiada na

---

3. Geração está compreendida aqui no sentido que a ela deu Mannheim, com distinções entre "situação de geração, "conjunto geracional" e "unidade de geração". Para este autor, "indivíduos da mesma idade só estão ligados a um conjunto geracional na medida em que tomam parte em correntes sociais e intelectuais [...] e em que participam ativamente e passivamente a essas interações que formam uma nova situação" (Karl Mannheim, *Le Problème des Générations*, Paris, Nathan, 1990, pp. 59 e ss.).

4. O material de pesquisa utilizado neste capítulo se compõe de dicionários históricos (Norma de Góes Monteiro (coord.), *Dicionário Biográfico de Minas Gerais*, Belo Horizonte, Assembleia Legislativa do Estado de Minas Gerais, 1994, 2 vols.; Alzira Alves Abreu e Israel Beloch (coord.), *Dicionário Histórico-Biográfico Brasileiro – 1930-1983*, Rio de Janeiro, FGV, 2001), informações sobre os percursos dos antigos militantes (entrevistas e testemunhos publicados em jornais e revistas, acadêmicas ou de grande circulação), teses (Isabel Cristina Leite, *Comandos de Libertação Nacional: Oposição Armada à Ditadura em Minas Gerais (1967--1969)*, Universidade Federal de Minas Gerais, 2009 (Tese de Doutorado); Eliana Tavares Reis, *Contestação, Engajamento e Militantismo: Da "Luta contra a Ditadura" à Diversificação das Modalidades de Intervenção Política no Rio Grande do Sul*, Universidade Federal do Rio Grande do Sul, 2007 (Tese de Doutorado) e pesquisa em sites de instituições especializadas (Fundação Padre Anchieta, Fundação Perseu Abramo, Memória *Roda Viva*, Tortura Nunca Mais, Fórum de Entidades Nacionais de Direitos Humanos). Os dados aí obtidos foram comparados com

comparação dos modos diversificados de adquirir predisposição para a atividade política e no confronto das trajetórias escolares – está voltada para a análise das "barreiras à entrada" a uma carreira profissional na política enfrentada por estudantes de origem social e intelectual bem diferente dos herdeiros políticos de Minas Gerais e, por conseguinte, do drástico investimento feito por uma parte deles para tentar subverter as regras e as modalidades da organização do campo político.

A segunda parte trata de duas dinâmicas que contribuíram para que os nomeados de primeira geração delimitassem e requalificassem seus objetivos, possibilitando-os transferir suas práticas militantes para o conjunto das organizações políticas. Em primeiro lugar, a interação da Igreja Católica latino-americana com a sociedade civil no período da ditadura militar e durante a abertura democrática[5], que foi chave para a requalificação dos objetivos dos estudantes católicos que tiveram contato com o trabalho de organizações católicas no exílio e puderam mobilizar recursos da CNBB para criação de ONGs; em segundo lugar, as estratégias hegemônicas das grandes fundações filantrópicas americanas durante a guerra fria, em especial as da Fundação Ford e suas práticas de recrutamento de estudantes de países limítrofes a este conflito para estudar ciência política nos Estados Unidos. De volta ao Brasil, os recrutados tiveram condições substantivas para reavaliar os modos de pensar a vida política nacional, engajando-se na modernização dos dispositivos de Estado e das competências de governo.

A terceira parte trata da requalificação dos ex-militantes mineiros da luta armada (nomeados de segunda geração) dentro das formas institucionalizadas da política. Em razão do endurecimento do regime militar (prisão, tortura, morte etc.), eles não se beneficiaram da circulação pelas potências democráticas e, diferentemente do grupo anterior, atuam em partido político, o Partido dos Trabalhadores (PT), que ajudaram a criar. No

---

os que haviam sido utilizados nas minhas pesquisas anteriores, baseadas num banco de dados genealógicos, e que solicitaram também trabalhos realizados na área da sócio-história do político e da politização (Jacques Lagroye (org.), "Les Processus de Politisation", *La Politisation*, Paris, Belin, 2003; Yves Deloye e Bernard Voutat (org.), *Faire de la Science Politique*, Paris, Belin, 2002; Michel Offerlé, "Capacités Politiques et Politisations", *Genèses*, n. 67-68, 2007).

5. Ralph Della Cava, "A Política Atual do Vaticano na Europa Central e do Leste e o 'Paradigma Brasileiro'", *Lua Nova*, n. 27, dez. 1992; Daniela Maria Ferreira, *Filósofos à Brasileira: Catolicismo e Autonomia dos Debates Intelectuais*, Campinas, Arte Escrita Editora, 2010.

governo, eleitos pelo PT, fortalecem suas posições no jogo político, em que pese as contradições entre o que aguardavam a partir da prática militante anterior e os novos conhecimentos e experiências com que se defrontam na aprendizagem das regras, ritos e *savoir-faire* requerido pelas formas políticas instituídas[6].

Por meio da trajetória dos militantes, chamo a atenção para a maneira como as habilidades conferidas pela militância (valorização do trabalho ideológico, domínio do aparelho e uma concepção tática da política), como as competências importadas do exterior (via doutorados completados em universidades dos Estados Unidos e via modos de condutas adquiridos em ações vinculadas a organizações internacionais durante exílio) foram requalificadas na prática política, sem renúncia a qualquer uma delas[7].

O capítulo testemunha meu interesse em refletir sobre os caminhos, no mais das vezes improváveis, pelos quais homens e mulheres, dotados de percepções diferentes e contraditórias, se apropriam, por meio de práticas e usos diversos, de responsabilidades políticas que acreditam "dever" assumir. Tem por objetivo pensar a politização sem reduzi-la à difusão ou à ingestão de categorias universais vindas do alto; considerá-la resultado de práticas e crenças de atores sociais que, conscientemente, ou não, episodicamente ou de maneira contínua, contribuem para produzir transformações na instituição política[8].

TRANSMISSÃO DE PODER E ENQUADRAMENTO MORAL EM "GRANDES FAMÍLIAS"

Quanto ao meu ingresso na vida pública, o início se deu da seguinte forma: meu tio Paulo Campos e o Magalhães Pinto [governador de Minas Gerais] resolveram que eu deveria ser deputado no lugar dele, Paulo, já que o Magalhães havia lhe dado o cartório. Naquela época, quando você ganhava cartório, de imediato não podia

---

6. Remi Lefebvre, "Se Conformer à son Rôle – Les Ressorts de l'Intériorisation Institutionnelle", em Jacques Lagroye e Michel Offerlé (dir.), *Sociologie de l'Institution*, Paris, Belin, 2010, pp. 210-247.
7. É como Jacques Legroye entende a politização, "uma requalificação das atividades sociais as mais diversas, requalificação que resulta de um acordo político entre agentes sociais predispostos, por múltiplas razões, a transgredir ou desafiar a diferenciação dos espaços de atividades" (Jacques Lagroye, "Les Processus de Politisation", pp. 360-361).
8. *Idem, ibidem*; Michel Offerlé, "Capacités Politiques et Politisations".

tirar licença, só depois. Eles me elegeram deputado, eu não tinha voto. Uma pessoa com vinte e quatro anos de idade não pode ter voto, já que não era líder classista e havia saído da Faculdade de Direito recentemente[9].

A escolha de Benedito [Valadares] foi feita por razões familiares. A irmã de Dona Odete, sua mulher, era casada com Ernesto Dornelles, que era primo de Getúlio Vargas e que ocupava postos importantes aqui em Minas. Ovídio de Abreu costumava dizer que a política mineira era feita com os laços familiares. Carlos Luz deu todo o apoio ao Milton Campos, em 1947, porque foi casado, em primeiras núpcias, com uma irmã de Dona Déia, mulher do Milton. O Tancredo tinha uma tia que foi casada com um irmão do Ernesto Dornelles. O Zequinha Bonifácio e o Bias Fortes eram concunhados, assim como Juscelino Kubitschek e Gabriel Passos[10].

Os depoimentos dos dois herdeiros políticos reproduzidos acima fazem uma síntese das condições políticas e sociais a que os interessados em galgar os postos eletivos e os da hierarquia dos partidos políticos existentes em Minas Gerais, ou mesmo da alta administração pública, estavam submetidos até os anos 1990. Eles evidenciam o monopólio de fato dos postos eletivos, "reserva de caça" dos grandes grupos familiares desse Estado da federação. Explicitam, ainda, o montante de capital de relações sociais e políticas necessárias para assegurar um lugar entre as "raposas mineiras".

O montante de relações sociais, expresso pelos depoentes acima num conjunto complexo de laços matrimoniais, se realizava fazendo vingar o "espírito de família", gerador dos devotamentos, das generosidades, das

---

9. Depoimento de Carlos Eloy Carvalho Guimarães à Cemig, 2004. Ele foi deputado estadual à Assembleia Legislativa do Estado de Minas Gerais (1963-1979) e deputado federal por Minas Gerais em duas legislaturas na Câmara dos Deputados (1978-1982 e 1982-1986). Foi também secretário de Obras Públicas de Minas Gerais (1979-1982) e presidente da Cemig (1991-1998). É também sobrinho de Francisco Campos, do lado materno, e da família de Gustavo Capanema. É primo do atual deputado federal pelo PT, Virgílio Guimarães.
10. "Depoimento de Pio Canêdo" (Alisson Mascarenhas Vaz, *Israel, uma Vida para a História*, Rio de Janeiro, Vale do Rio Doce, 1996, p. 181), que iniciou sua carreira como vereador e prefeito do município de Muriaé, foi também secretário estadual da Justiça e, ainda da Agricultura, Indústria, Comércio e Trabalho antes de se eleger deputado estadual pelo PSD em três legislaturas. Liderou a bancada de seu partido, a minoria e a maioria, foi líder do governo, presidente da Assembleia Legislativa (1962) e vice-governador do Estado (1966-1970). Foi também diretor jurídico e assessor especial da Fundação João Pinheiro, vice-presidente do Banco do Estado de Minas Gerais e presidente do Conselho Nacional de Política Penitenciária. Era neto de políticos conservadores da Assembleia Geral do Império, filho, sobrinho, irmão e tio de importantes políticos mineiros.

solidariedades, e era mantido pelas mulheres, sujeito e objeto da história dessas famílias. Cabia a elas a introdução de talentos políticos masculinos na linhagem familiar por meio dos casamentos, ou aceitar, se necessário, o celibato; cuidar dos convites para festas familiares; receber as visitas, comparecer às festas de batizado e de aniversário etc. Esta atividade realizada por mães, filhas, irmãs e afilhadas chama a atenção pela "disponibilidade" com que era operada e está associada à crença no poder político masculino articulado às competências políticas e tecnoburocráticas[11].

O investimento social e político efetuado por meio dos casamentos era o que atava os herdeiros nos laços familiares e garantia a presença de pais, filhos, maridos, sobrinhos e primos nos altos cargos políticos como eleitos, ou como técnicos na administração pública. A competência parlamentar era adquirida muito cedo junto aos gabinetes de deputados (condução dos procedimentos, conhecimento dos regulamentos etc.); obtinham as demais práticas nos gabinetes de secretários estaduais, nas antessalas do governo do Estado, nas dos ministérios e da presidência da República, nos cargos de confiança dentro das agências estatais. Dessa maneira as grandes famílias asseguravam o controle dos cargos e dos organismos administrativos federais, estaduais e municipais, confirmando sua posição de mediadoras entre os órgãos das administrações e os eleitores, perpetuando as relações de clientela pela distribuição, ou promessa de distribuição, de bens públicos aos eleitores, tanto no que concerne a empregos, favores, postos administrativos, encaminhamentos para médicos etc., quanto a políticas públicas[12].

Por meio da gestão familiar da escola, os conhecimentos necessários para os diversos momentos da vida política e social eram reunidos dentro do grupo e, ao mesmo tempo, reagrupados dentro das agências de governo[13]. Os diplomas das Faculdades de Direito e das Faculdades de Engenharia, por exemplo, forneceram a estes grupos familiares o núcleo hegemônico

---

11. Cf. Capítulo 1, *supra*.
12. Não se pode esquecer que este fechamento do espaço político não é substancial e está em constante tensão. Ver sobre o tema Michel Offerlé, "Movilización Electoral e Invención del Ciudadano. El Ejemplo del Medio Urbano Francés a Fines del Siglo xix", *Perímetros de lo Político: Contribuciones a Una Socio-Historia de la Política*, Buenos Aires, Antropofagia, 2011, p. 153.
13. Letícia Bicalho Canêdo, "Gestão Familiar da Escola e Aprendizagem das Habilidades para o Ofício da Política", em Ana Maria F. Almeida e Maria Alice Nogueira (org.), *A Escolarização das Elites*, Petrópolis, Vozes, 2002.

dos conhecimentos e habilidades necessárias ao Estado durante o período desenvolvimentista. Ao mesmo tempo, as escolas superiores eram os locais onde os parentes distantes se reconheciam e mantinham relações voltadas para a expansão do poder da parentela[14].

Sob este aspecto, os políticos mineiros conheceram uma homogeneidade notável dentro da sua diversidade, na qual a Escola de Direito em Minas Gerais, a Escola de Engenharia do Rio de Janeiro e os belos casamentos representaram papéis importante no processo de legitimação e de gestão dos compromissos passados entre as diferentes facções das elites. As relações sociais materializadas nessas escolas de prestígio garantiam o direito de entrada na carreira política pela via dos partidos políticos (Partido Liberal ou Conservador, no Império; UDN ou PSD no período 1945-1965 etc.) pelos quais todos eram regularmente eleitos aos mais altos cargos da Federação, e nos quais se mantiveram fiéis. Era o que lhes propiciava, cada qual em seu partido, um universo comum de referências, a partir do qual os grupos familiares orientavam e avaliavam suas práticas, assentadas na lógica das obrigações pessoais recíprocas nos termos de amizade, de fidelidade[15].

A partir dos anos 1970, o aumento das demandas de serviços e equipamentos sociais nas cidades médias e nas grandes capitais ampliou o raio de ação desses grupos familiares, mantendo-os no mercado político[16]. Isto porque os militares, no processo de consolidação da hegemonia financeira da União, fizeram proliferar as agências responsáveis pelas transferências de recursos para os programas especiais surgidos para municípios

---

14. Letícia Bicalho Canêdo, "Estratégias Familiares na Construção Social de uma Qualificação Política".
15. A pesquisa realizada por Amilcar Martins Filho sobre a distribuição de nomeações para cargos públicos na Primeira República mostra que nenhum dos governadores de Minas se notabilizou por favorecer sua região de origem. Esta equanimidade da elite no apadrinhamento como fator crucial para o sucesso do sistema político implantado em Minas pode ser observada também até os anos 1980. E todos os herdeiros entrevistados durante os meus anos de pesquisa sobre o poder político mineiros insistem muito neste aspecto de não incidência de nomeações maiores para a região de origem do governador (Amilcar Vianna Martins Filho, *O Segredo de Minas: A Origem do Estilo Mineiro de Fazer Política (1889-1930)*, Belo Horizonte, Crisálida, 2009).
16. Frances Hagopian, *Traditional Politics and Regime Change in Brazil*, Cambridge, Cambridge University Press, 1996.

demandantes[17]. Valendo-se dos tipos de bens e tecnologias que detinham para o funcionamento desses programas (projetos de planejamento urbano, saneamento básico, infraestrutura de rios, portos e canais etc.), os membros dessas grandes famílias foram cada vez mais encaminhados para o interior das agências estatais ao mesmo tempo que propiciavam aos municípios controlados por suas famílias a modernização necessária para lhes preservar as posições políticas. Como se sabe, o regime militar, em meio a toda sorte de casuísmo, se sustentou com base nas eleições proporcionais que não foram suspensas.

O senso prático das estratégias educativas dessas famílias[18], que permite a interiorização da capacidade de se adaptar a novos tempos, pode ser vista, ainda, na presença de alguns de seus membros em altos postos dos anos posteriores ao governo militar: os principais responsáveis pelos planos Cruzado e Real, Edmar Bacha e André Lara Resende, pertencem a essas grandes famílias mineiras[19].

Nessas condições, era pequena, ou quase nula, a chance efetiva dos descendentes de imigrantes, dos oriundos do baixo funcionalismo público, do comércio ou de ofícios, como alfaiate, assim como os membros de famílias decadentes da grande propriedade do café, conseguirem alcançar os altos postos político de Minas Gerais e, por meio deles, os postos elevados

---

17. Maria Helena Guimarães de Castro, *Equipamentos Sociais, Política Partidária e Governos Locais no Estado de São Paulo (1968-1982)*, Universidade Estadual de Campinas, Instituto de Filosofia e Ciências Sociais, 1987 (Dissertação de Mestrado).
18. Pierre Bourdieu, *Le Sens Pratique*, Paris, Seul, 1980.
19. Bacha, Lara Resende e também Francisco Lopes não eram herdeiros de um patrimônio eleitoral, mas de um estilo político mineiro inaugurado em Minas pelo bisavô de Lara, João Pinheiro, seguido por Juscelino Kubitschek e Israel Pinheiro, que atuaram mais como planejadores e executores de políticas econômico-financeiras de um Estado modernizador do que como parlamentares. O ponto de encontro dos político-técnicos de Minas Gerais foram as Secretarias do governo Benedito Valadares, na década de 1930, e a Companhia Vale do Rio Doce, nos anos 1940. As redes montadas por estes técnicos–políticos, tanto no Brasil como no exterior (anos 1940-1950), as práticas que adquiriram na participação nas Comissões Brasil Estados Unidos durante o governo Vargas podem ser vistas na atuação unida de seus descendentes na PUC/RJ e em Harvard. A criação do Departamento de Pós-Graduação em Economia da PUC esteve, em grande parte sob a responsabilidade de Francisco Lopes e Edmar Bacha. Pai e tio desse último já haviam tido participação na criação da Faculdade de Economia de Minas Gerais, em 1941. O respaldo dado a eles, e aos seus planos cruzado e real, pelos meios financeiros e acadêmicos internacionais, bem como à sua aplicação, se deve muito a redes estabelecidas anteriormente por eles e a credibilidade que, como herdeiros, tinham já interiorizado na explicação de seus trabalhos no circuito internacional (cf. Capítulo 4, *supra*).

do Governo Federal. Nessa camada média da sociedade belo-horizontina, onde a maioria fortemente católica convivia com poucos protestantes e judeus, situavam-se os militantes dos anos 1960 numa Minas Gerais afastada dos grandes centros culturais do país, São Paulo e Rio de Janeiro, mas, ao mesmo tempo, segundo colégio eleitoral e local em que sete presidentes da República se socializaram[20]. Apesar das "barreiras não visíveis" que tornavam altamente improvável o ingresso de sucesso na política de jovens originários de circuito exterior às "grandes famílias", é dessa camada social que saem os importantes atores da reestruturação do espaço político brasileiro dos anos posteriores ao regime militar.

A sociologia dos campos de Pierre Bourdieu evidenciou o papel desempenhado pelos atores dominados e suas capacidades para subverter as regras que não os beneficiam[21], trazendo novas reflexões sobre a problemática das condições de possibilidade da ação política e dos seus limites, em especial ao sublinhar que uma das propriedades dos campos é a relação de forças e como tal é um campo de luta para transformar essas relações de força[22]. A análise da entrada de novos pretendentes no campo político – com características sociais e intelectuais diversas dos grupos dirigentes tradicionais – foi feita a partir dessas reflexões. E exigiu conhecimento deles no que diz respeito ao enquadramento moral, objetivos iniciais atribuídos à suas ações militantes (culturais, religiosos, luta contra a ditadura etc.). O que assegurou a alguns, e não a outros, nos momentos posteriores ao regime militar (anos 1990), a força necessária para agir, com sucesso, nas modificações das regras de funcionamento do campo político e de suas relações de força? Como se passa de um engajamento militante que se inscreve na perspectiva da revolução social e do radicalismo (luta armada contra a ditadura) para ação dentro de organizações políticas legitimadas?

---

20. O Estado de Minas Gerais é conhecido como viveiro de político de envergadura nacional. Daí se originaram sete presidentes da República, numerosos ministros (entre as pastas mais importantes), dez vice-presidentes, fortes representações nas principais comissões financeiras e de justiça do Congresso Nacional e nas principais funções em todos os ministérios.
21. Pierre Bourdieu, "Effet de Champ et Effet de Corps", *Actes de la Recherche en Sciences Sociales*, n. 59, 1985.
22. Pierre Bourdieu, *Propos sur le Champ Politique*, Lyon, Presses Universitaires de Lyon, 2000, p. 61.

O ENQUADRAMENTO MORAL DE NOVOS QUADROS POLÍTICOS

> *Eu sou da América do Sul*
> *Eu sei, vocês não vão saber*
> *Mas agora eu sou* cowboy
> *Sou do ouro eu sou vocês*
> *Sou do mundo, sou Minas Gerais.*
>
> Lô Borges, Marcio Borges e Fernando Brant,
> *Para Lennon e McCartney.*

Diferentemente do ocorrido com os herdeiros políticos mineiros, a Escola e a Igreja foram mais decisivas no trabalho de socialização política dos militantes dos anos 1960 do que a família. É o que a liderança estudantil que viveu o golpe político em 1964 tem em comum com a que foi alvo do AI-5, em 1968: o enquadramento moral realizado dentro da instituição escolar e dos movimentos estudantis, seja marxista ou católico. Donde o meu interesse em seguir a lógica prática que guiou os esforços e os investimentos pessoais desses ex-militantes dentro de duas escolas de primeira linha de Belo Horizonte, quais sejam, o Colégio Estadual Central e a Faculdade de Ciências Econômicas da UMG.

Estas duas escolas – que serão representadas aqui como casos limite desta socialização política – se constituíam, na época em estudo, não só em viveiro de militantes como também num lugar de acumulação de fatores contraditórios derivados da superseleção escolar. Para nelas entrar, e nelas permanecer, havia que se submeter a exames muito rígidos, muito seletivos, que diferenciavam grupos (bolsistas × não bolsistas; pessoal do teatro e da crítica de cinema × grupo cristão; grupo cristão × grupo marxista etc.) e criavam animosidades.

Se o enquadramento moral foi comum para os estudantes dessas duas escolas, o período do engajamento e as razões que determinaram a ação militante correspondem a etapas diferentes do movimento contra a ditadura. Estes aspectos bem observados deixaram ver dois conjuntos geracionais distintos.

O Colégio Estadual Central[23]

Situado num prédio que "flutuava alegre e solto em um grande espaço sem muros"[24], o Colégio Central, nome pelo qual era conhecido, foi projetado por Oscar Niemeyer e inaugurado em 1958, visando à ampliação dos estudos de outras camadas sociais fora da elite social e política tradicional e a promoção da ideia de ascensão social pela meritocracia. A edificação, projetada a pedido de Juscelino Kubitschek, então governador do Estado, alude, de maneira inigualável, a objetos de uso comum na vida escolar: a caixa d'água lembra um giz, as salas de aula uma régua "т", a cantina tem o formato de uma borracha e o auditório, de um mata-borrão. Foi neste colégio que os integrantes do Clube da Esquina fizeram seu primeiro contato. Aí estudaram Fernando Brant, Mauro Borges, Lô Borges, Beto Guedes, sem deixar de mencionar também, entre outros célebres personagens, o Henfil, cartunista, e seu não menos famoso irmão Herbert de Souza, o Betinho. Foi neste colégio também que Frei Mateus fundou a JEC, dirigindo a Ação Católica brasileira para práticas sociais concretas e criando aí o núcleo dos militantes católicos que atuaram nos anos 1960-1970 contra o regime de exceção. Mas a escola congregava todos os credos, reunia protestantes, judeus etc. que em outro local não teriam espaço garantido. Dilma Rousseff (então presidente da República) declarou numa entrevista publicada em revista *IstoÉ* (14.12.5) que foi esta escola de BH que a tornou subversiva: "Nela eu percebi que o mundo não foi feito para debutantes". Por meio do grêmio, do jornal do colégio (*A Inúbia*), dos festivais de música, da ação de Frei Mateus e dos grupos de dissidência do Partido Comunista, uma fração destes secundaristas aprendeu a fazer política, terminando, mais tarde por contribuir para outra definição de "excelência" em política.

Até a década de 1970, o colégio possuía a estrutura de uma universidade, com reitores indicados pelo governador, e os professores como catedráticos. A escola era o núcleo das demais escolas estaduais da cidade, daí a denominação Central. Na década de 1970, as unidades se tornaram escolas independentes. O nome atual de "Escola Estadual Governador Milton Campos" é recente, de 1978, isto é após a reforma do ensino secundário (DL 5 692).

---

23. Em entrevista a Aleluia Heringer Lisboa Teixeira, um ex-aluno (filho de bancário) expressou o colégio no imaginário da Belo Horizonte dos anos 1950-1960: "Na minha casa existiam algumas verdades absolutas, uma delas era o Estadual, a outra era o Atlético, a outra era Getúlio e o Juscelino. Eram quatro verdades. O Estadual era um mito em casa, isso era inquestionável. [...] O Estadual era próximo, fazia parte do panteão dos deuses. Era impressionante" (*apud* Aleluia Heringer Lisboa Teixeira, *Uma Escola Sem Muros*, Belo Horizonte, Universidade Federal de Minas Gerais, Faculdade de Educação, 2011 (Tese de Doutorado), p. 42). Na tese de doutorado da professora Heringer Lisboa, são analisados os muros simbólicos lá existentes, entre eles a entrada pelo "mérito", já que os competidores não estavam em posições iguais no momento da largada.

24. Martha Vianna, *Uma Tempestade Como a Sua Memória: A História de Lia, Maria do Carmo Brito*, Rio de Janeiro, Record, 2003, p. 23.

Faculdade de Ciências Econômicas da UMG

A Faculdade de Ciências Econômicas e Administrativas de Minas Gerais – FACE – foi fundada em 1941 como entidade privada. Dela participaram tanto representantes do empresariado financeiro mineiro quanto das associações patronais (Federação das Indústrias e Comércio), tendo um corpo de professores de nomes conhecidos nacionalmente, como Lucas Lopes e José de Magalhães Pinto. Em 1948 foi incorporada à Universidade Federal de Minas Gerais. A Faculdade foi criada para assegurar a modernização do Estado de Minas Gerais face ao Rio de Janeiro e a São Paulo[25]. A intenção manifesta era formar a elite da burocracia pública, daí o peso dos cursos de Política, Administração e Economia, num equilíbrio curricular totalmente distinto do modelo dominante, centrado na Sociologia e voltado essencialmente para a formação de professores secundários[26].

Nos anos 1950 sofreu uma série de inovações importantes, entre elas a implantação do sistema de bolsas de estudos, que contemplava os melhores alunos, selecionados após provas consideradas muito difíceis, a adoção do regime de tempo integral para o corpo docente e discente, a criação de revistas que veiculavam temas importantes da realidade brasileira. O programa escolar, longe da realidade agrária da economia mineira, estava de acordo com os planos políticos de formação de um profissional que se tornava necessário no plano nacional numa época em que o país dava os primeiros passos para um planejamento da economia nacional. De fato, os cursos de Política, Administração e Economia ministrados na Faculdade de Ciências Econômicas de Minas Gerais propiciaram aos alunos alto grau de profissionalização acadêmica e convívio universitário, sendo que a referência ao sistema de bolsas e a consciência de constituírem uma "elite acadêmica" está sempre presente no depoimento dos ex-alunos.

O primeiro grupo dos militantes-objeto desse estudo saiu das turmas do curso de Sociologia e Política inserido na Faculdade de Ciências Econômicas – FACE –, no período entre 1959 e 1964. O golpe militar de 1964 o encontrou organizado em torno da Polop (Política Operária) – o braço anti-stalinista e trotskista do movimento estudantil – e da AP (Ação Popular) – com origem na JEC (Juventude Estudantil Católica) e JUC (Juventude Universitária Católica) da Ação Católica. Possuíam entre 22 e 24 anos quando foram perseguidos pelo governo militar e grande parte se exilou em países latino-americano, no Canadá e na Bélgica, com apoio da Igreja Católica. Uma

---

25. Maria Arminda do Nascimento Arruda, "A Modernidade Possível: Cientistas e Ciências Sociais em Minas Gerais", em Sergio Miceli (org.), *História das Ciências Sociais no Brasil*, São Paulo, Vértice/Editora Revista dos Tribunais/Idesp, 1989, vol. 1.
26. Maria Cecília Spina Forjaz, "A Emergência da Ciência Política Acadêmica no Brasil: Aspectos Institucionais", *Revista Brasileira de Ciências Sociais*, n. 12, vol. 35, out. 1997.

fração importante, entretanto, foi recrutada pela Fundação Ford para estudar ciência política e economia nos Estados Unidos.

O segundo conjunto viveu os anos mais duros da ditadura militar que a encontrou, em 1968, no Colégio Estadual Central e nos primeiros anos dos cursos de Economia da FACE e de Medicina da UMG, militando na JEC, na AP e na Polop. Eram mais jovens que os da primeira geração. Tinham entre dezessete e 22 anos quando foram presos, torturados e alguns, assassinados. Não tiveram tempo para terminar os estudos. Os que sobreviveram somente os terminaram nos anos 1980, após a anistia aos presos políticos. Dessa maneira, não se doutoraram nos Estados Unidos, como o grupo anterior. Os que foram exilados viveram na Argélia, em Cuba, em países de língua portuguesa na África.

Mas o que chama mais a atenção nos dois conjuntos geracionais é a maneira como todo um repertório político militante, frequentemente ideológico, foi requalificado nos anos 1990, durante a reestruturação das instituições políticas que esses mineiros, ex-alunos do Colégio Estadual Central e da FACE, ajudaram a arquitetar com a saída dos militares. Trata-se de uma reconversão bastante coerente com os percursos desenvolvidos. O doutoramento em Ciências Políticas em universidades americanas, por exemplo, propiciou aos estudantes considerados "brilhantes" na FACE a possibilidade de assessorar associações e organizações nacionais ou internacionais[27], onde são geradas influências normativas de grande importância, em especial no campo das políticas públicas. O percurso pelo exílio, com apoio da Igreja Católica, levou os ex-militantes cristãos à criação, no Brasil, das importantes ONGs apoiadas pela CNBB, e aos movimentos para criação de associações humanitárias, movimentos antiglobalização, sem falar na introdução, no Brasil, de categorias novas de mobilização (antiaids, contra fome etc.). O percurso da segunda geração pelo Sul levou a ações voltadas ao fortalecimento do sindicalismo do setor público, o qual se transformou na via de acesso de professores (escolas públicas) e bancários (bancos estatais) às organizações políticas. Donde veio o meu interesse em conhecer as propriedades sociais dessas duas gerações de líderes estudantis dentro da continuidade de percurso.

---

27. Letícia Bicalho Canêdo, "Les Boursiers de la Fondation Ford et la Recomposition des Sciences Sociales Brésiliennes. Le Cas de la Science Politique".

A PRIMEIRA GERAÇÃO DE MILITANTES: UMA ELITE COSMOPOLITA

> *Eu acho que é a consciência de que, se você está numa província economicamente frágil, se você intelectualmente se torna provinciano, aí você entra numa escala exponencial. Aí você eleva tudo à potência décima, não é? Então justamente a consciência de que era uma periferia econômica tornava indispensável a vocação cosmopolita.*
>
> BOLÍVAR LAMOUNIER[28].

Herbert de Souza, o Betinho, resumiu a época da sua geração como um tempo "que matava Getúlio, inaugurava Juscelino e prenunciava Jânio". Na verdade, foi o tempo em que o diagnóstico realizado pela comissão Mista Brasil/Estados Unidos, entre 1951-1953, foi posto em prática pelo governo desenvolvimentista Juscelino com intuito de remover os obstáculos que se interpunham na superação do atraso brasileiro em relação aos países desenvolvidos, conforme divulgado a partir das "etapas do desenvolvimento econômico", concepção desenvolvida por Walter Rostow[29] que fazia sucesso no meio governamental dos países ocidentais.

Nada surpreendente constatar, portanto, que, no cômputo geral das propriedades sociais da liderança estudantil que viveu este tempo, o que sobressai é a homogeneidade do grupo dada por um projeto familiar de ascensão social pela formação escolar. O tempo de Juscelino apontava o investimento intelectual como caminho para superação da diferença existente entre a oportunidade que os pais tiveram e a que muitos deles visualizavam para os filhos. Um projeto que se distinguia, portanto, daquele que orientava a formação dos "herdeiros", que estava mais voltado para a valorização do capital social (rede durável e vasta de relações de parentela) e simbólico (nome da família, ligações com a alta direção política etc.) do que para o investimento intelectual.

---

28. *Apud* Maria Arminda do Nascimento Arruda, "A Modernidade Possível: Cientistas e Ciências Sociais em Minas Gerais", p. 256.
29. Walter Rostow, *The Stages of Economic Growth: A Non-Communist Manifesto*, Cambridge, Cambridge University Press, 1960.

Esse projeto, entretanto, implicava em deslocamentos fortes, tendo em vista o fato de que, na sua maioria, estes estudantes constituíam a primeira geração com curso superior na família. O primeiro deslocamento foi, portanto, moral, com o abandono lento do mundo da família e de seus interesses. Inicialmente, isto ocorreu em função do isolamento exigido para os rituais das provas e exames necessários à entrada nas escolas de prestígio. Ele se aprofundou com as exigências ligadas às bolsas de estudos concedidas aos melhores estudantes da Faculdade de Ciências Econômicas, as discussões intelectuais incessantes com os professores que passaram a frequentar, o estímulo à escrita em jornais, as atividades políticas etc. Estas atividades eram, naturalmente, compreendidas com dificuldade pela geração de seus pais, e podiam até serem vistas como falha de motivação ou preguiça, conforme explica Simon Schwartzman, um dos fundadores da Polop:

> Meu pai sempre achava que eu desisti da engenharia porque eu era preguiçoso, não queria trabalhar, estudar para o concurso, estudar matemática. Ele não entendeu o que eu estava fazendo. Quer dizer, ninguém sabia o que era isso. Realmente, era uma aventura, porque... Era uma coisa que parecia interessante, mas... O que é que é isso? Que profissão é essa? Para que é que serve? Ninguém tinha ideia[30].

Os estudantes se distinguiam por meio dessas atividades. Havia "o curso regular e a elite do curso que eram os alunos bolsistas, mais os professores jovens de tempo integral", relatou o cientista político Otávio Cintra, um desses bolsistas, também demonstrando a progressiva inclusão dos bolsistas em círculos de sociabilidade ligada à uma militância cada vez mais exigente:

> Essa integração [com os professores] era sobretudo no sistema de horário integral. Depois que acabava a parte da manhã, que eram as aulas, aí havia toda essa parte da tarde de intenso estudo, intensa conversa, produção, porque tanto os professores, como também os alunos, escreviam em jornal. [...] fazíamos crítica de livros, escrevíamos críticas de assuntos culturais e havia outros grupos também que escreviam, mas um peso grande era da nossa turma de Ciências Econômicas. [...] Então, eram alunos assim, atípicos, porque a gente tinha muita atividade, além da

---

30. Simon Schwartzman, *Entrevista ao Projeto Cientistas Sociais de Países de Língua Portuguesa*, CPDOC/FGV, 2009.

participação política no movimento católico, movimentos marxistas, depois a UNE (União Nacional dos Estudantes)[31].

A grande tensão vivida pelos estudantes dentro desta escola, onde o superinvestimento intelectual parecia não ajudar a vislumbrar um futuro claro nesta sociedade de oligarcas, foi expresso por uma das grandes lideranças do grupo católico – Herbert José de Souza – como conflito entre duas visões de encaminhamento político existentes no interior do movimento estudantil, mas que assinala também a concorrência intelectual intensa que os levou a convergir para o marxismo:

> A tensão, que se manifestou na JUC, era a divergência com o grupo marxista. Ali, no mesmo edifício da Faculdade de Ciências Econômicas, onde estavam os fundadores da Ação Popular, estavam também os fundadores da Polop. Teotônio dos Santos Júnior, Simon Schwartzman etc. Era o conflito entre cristãos e marxistas, que, de alguma forma, levou o grupo cristão a estudar marxismo. Eu não li primeiro Marx, li sobre Marx através de um jesuíta. Mas Teotônio (dos Santos) e os outros já estavam lendo direto Marx. O nosso grupo nasceu e teve que debater com os novos marxistas, com o Partidão, com este grupo cultural [grupo da música e do cinema] que infernizava a nossa vida e com a Igreja tradicional[32].

Na verdade, como também demonstra o artigo de Nicolas Guilhot sobre os neoconservadores americanos[33], a tensão se situava no fato de eles serem representativos de uma seleção ao mesmo tempo escolar e política muito mais rigorosa do que aquela dos herdeiros das famílias tradicionais. Estes faziam carreira em virtude de sua inteligência e de sua capacidade, sem dúvida, mas também fazia parte do processo a disponibilidade e o desembaraço social que os levava a aparecer nos escritórios de parentes e velhos amigos da família a partir de uma simples chamada telefônica para emprego. Já os estudantes da Faculdade de Economia pertenciam a um grupo de estudantes que superaram os rigorosos exames de entrada nas escolas públicas seletivas, possuindo, pois, um capital intelectual fruto de um extraordinário

---

31. *Apud* Maria Arminda do Nascimento Arruda, "A Modernidade Possível: Cientistas e Ciências Sociais em Minas Gerais", p. 259.
32. Herbert de Souza, "Entrevista", *Teoria e Debate*, n. 16, out.-dez. 1991.
33. Nicolas Guilhot, "Les Néoconservateurs: Sociologie d'une Contre-Révolution", em Annie Collovald e Brigitte Gaïtti, *La Démocratie aux Extrêmes*, Paris, La Dispute, 2006, pp. 153-173.

investimento feito ao longo dos anos. Mas este capital adquirido se constituía numa parte dominada quando posto, simbolicamente, em relação ao dos herdeiros, pois tanto o Colégio Estadual Central quanto a Faculdade de Ciências Econômicas eram escolas, na época, afastadas do circuito social e político frequentado pelas grandes famílias mineiras. Esta diferença no tipo de capital escolar ajuda a compreender a prática política dos atores dominados no interior dessas escolas e suas capacidades de subverter as regras que não os beneficiavam.

A prática da liderança estudantil radical derivava, em parte, da organização da JEC dentro do Colégio Central, onde grande parte dessa liderança estudou. O dominicano Frei Mateus aí conclamava adolescentes masculinos e femininos, católicos de classe média, a fundar um novo tipo de cristianismo, no qual eles seriam os responsáveis pelo futuro[34]: "Jovem que não quer transformar o mundo é como um burguês que sonha em morrer velho e gordo, dentro de uma banheira de água morna"[35], dizia Frei Mateus, impressionando uma plateia de adolescentes católicos sensíveis. Competindo com colegas "marxistas" que criaram a Polop – compostos na sua maioria por judeus e protestantes –, o grupo de ação política católica também pregava a transformação da sociedade oligárquica que lhes turvava o horizonte.

A militância do grupo estudantil era em tempo integral. No dizer de Betinho, "o sujeito se engajava na luta com a alma, o corpo, com a vida, com a morte". A identificação muito grande com os pobres, com os dominados, com a desgraça, de matriz judaico-cristã, se juntava aí a uma missão tornada necessária pelas experiências pessoais de participação em acontecimentos

---

34. Betinho explica bem o que era o método da Ação Católica nessa escola. De acordo com ele, "era Ver-Julgar-Agir. Esse método na verdade era aplicado em cima de duas preocupações. Era toda uma discussão em torno do Evangelho. A Ação Católica não lia a Bíblia, lia o Evangelho. Era uma visão bastante revolucionária do que significava o Cristianismo. A outra vertente era a análise política. Essa constituía para todo mundo uma novidade, porque de repente chegava um cara e dizia que Cristo era homem, que o Evangelho revolucionava a vida, quando você tinha sido criado numa Igreja conservadora. A Ação Católica produziu um choque cultural e conseguiu atrair uma turma grande. Esse período se caracterizou por um amplo processo de recrutamento. Alguns anos terminavam com quinze caras decidindo largar tudo e entrar para o convento. E foi assim que a Ordem dos Dominicanos cresceu imensamente neste período" (Herbert de Souza, "Entrevista").
35. Pedro Ricardo Portugal Fraga, "Os Caminhos de Frei Mateus", em Ivo Poetto (org.), *Frei Mateus Rocha*, São Paulo, Loyola, 2003, p. 69.

específicos ao longo da vida escolar. O deslocamento da norma política oficial sintetizava, para eles, a busca de uma gramática política nova, que transformava a militância numa exigência: "Cultivávamos uma religiosidade muito politizada no sentido de uma sociedade justa, como uma visão anticapitalista e socialista, e a comunhão entendida como comunidade, enfim, muita coisa que não se comparava com a tradição predominante"[36].

Muitos proveitos foram tirados da passagem por essas escolas nos anos que antecederam o golpe de Estado de 1964. Sem dúvida, tais proveitos estiveram à altura dos sacrifícios consentidos. Uma parte conseguiu bolsa para a Flacso – Faculdade Latino-Americana de Ciências Sociais, que havia sido criada em 1957, no Chile, sob os auspícios da Unesco. Na volta, assumiram cargos de professores no próprio curso de Ciências Sociais onde haviam se formado. Outros, já na porta de saída da Faculdade encontraram empregos na burocracia federal, que foram avocados como lutas culturais e políticas herdadas da militância estudantil: atribuíram-se, desde cedo, a formulação e a coordenação ideológica de muitos programas do governo João Goulart. Entre eles, os do Ministério da Educação, na gestão de Paulo de Tarso, o qual teve Betinho como chefe de sua assessoria.

A repressão política desencadeada após golpe de 1964 os afetou de maneira diferente.

A grande maioria dos militantes da AP se exilou. O exílio lhes proporcionou a convivência com democracias representativas consolidadas do mundo ocidental desenvolvido, em especial a do Canadá. Voto distrital, contato estreito entre o parlamentar e sua comunidade, participação intensa da sociedade civil organizada etc. impressionaram muito o grupo católico que no Canadá atuou menos na universidade e muito mais na descoberta das organizações não governamentais e sua atuação por meio do Conselho Mundial de Igrejas. Ao acompanhar a chegada dos microcomputadores às universidades canadenses, puderam observar o crescimento das redes de informação e o potencial transformador da tecnologia. É o que explica o interesse que demonstraram, no retorno ao Brasil, pelo trabalho com o envolvimento da comunidade na discussão de políticas públicas, como faziam alguns institutos que conheceram no exílio, e o esforço empregado no lançamento do primeiro sistema de informações destinado às organizações da sociedade

---

36. Ricardo Gontijo, *Sem Vergonha da Utopia. Conversas com Betinho*, Petrópolis, Vozes, 1989, p. 57.

civil na América Latina, o AlterNex[37]. Para tal, evitaram os partidos políticos e o trabalho no governo. O caso típico de bandeira homologada fora das fronteiras do Brasil é a criação do Instituto Brasileiro de Análises Sociais e Econômicas, o Ibase, em 1981[38], gestado no Canadá junto à Latin America Research Unit e o Conselho Mundial de Igrejas[39]. A criação do Ibase foi o primeiro passo para a articulação da sociedade civil com empresas públicas que pudessem pensar a problemática da fome no Brasil, o que contribuiu para dar origem a uma série de ações governamentais na área social, que vem se desdobrando em programas de eliminação da miséria. Em suma, emprestaram sua experiência militante, com apoio da Igreja Católica, na organização da sociedade civil, na difusão da informação, pugnando pela democratização do acesso aos computadores e às suas redes de comunicação[40]. Não por coincidência, desde o final dos anos 1970, a CNBB vinha elaborando sua política em relação aos meios de comunicação, e propugnava para tal a colaboração entre a Igreja e os meios de comunicação leigos[41].

Os que vivenciaram o sistema de bolsas por mérito na Faculdade de Ciências Econômicas, com a consciência de constituírem "uma elite acadêmica", ampliaram uma internacionalização iniciada com bolsa de estudos na Flacso. Com as bolsas de estudos apoiadas pela Fundação Ford, se doutoraram em Ciência Política nas universidades americanas (Harvard, Michigan, Stanford, Cornell). No final dos anos 1970, investiram seu capital militante, inicialmente, no campo das ciências sociais brasileiras, buscando

37. Marcelo Sávio Revoredo Menezes de Carvalho, *A Trajetória da Internet no Brasil: Do Surgimento das Redes de Computadores à Instituição dos Mecanismos de Governança*, Universidade Federal do Rio de Janeiro, 2006, pp. 111-117 (Dissertação de Mestrado).
38. O objetivo declarado na criação do Ibase era contribuir para o desenvolvimento da democracia após o regime militar, seguindo os princípios de participação cidadã, diversidade e solidariedade. Desenvolve, desde então, projetos e/ou iniciativas nas seguintes linhas: Alternativas Democráticas à Globalização; Desenvolvimento e Direitos; Direito à Cidade; Economia Solidária; Processo Fórum Social Mundial; Juventude Democracia e Participação; Observatório da Cidadania: direitos e diversidade; Responsabilidade Social e Ética nas Organizações; Soberania e Segurança Alimentar e Nutricional. Produz publicações como o *Jornal da Cidadania* – distribuído em escolas públicas – e a *Revista Democracia Viva* – distribuída para formadores(as) de opinião –, como também mantém um portal na internet. A instituição também está inserida no debate e no fortalecimento do *software* livre e fez parte da história da internet brasileira, ao ter criado o Alternex, na década de 1990 (Herbert de Souza, "Entrevista").
39. Marcelo Sávio Revoredo Menezes de Carvalho, *A Trajetória da Internet no Brasil: Do Surgimento das Redes de Computadores à Instituição dos Mecanismos de Governança*.
40. Idem.
41. Ralph Della Cava e Paula Montero, *E o Verbo se Faz Imagem*, Petrópolis, Vozes, 1991, pp. 30-42.

o reconhecimento de sua competência e sua autoridade intelectual em matéria de análise dos fenômenos políticos. Introduziram, assim, a ciência política no interior do ensino superior, nos centros de pesquisas, nas instituições de Estado e nos mercados de expertises, dando origem a novos modelos de interpretação da realidade nacional.

Com o contínuo apoio da Fundação Ford, que financiava trabalhos de pesquisadores neomarxistas nos Estados Unidos e na América Latina[42], contribuíram para a criação dos programas pioneiros de pós-graduação em política no Iuperj, de onde se originou a *Dados – Revista de Ciências Sociais*. Contribuíram, ainda, para a criação da Anpocs, em 1977, onde trabalharam ativamente na criação de Grupos de Trabalho sobre partidos, comportamento eleitoral, problemas de institucionalização política, inovando os estudos sobre autoritarismo e desigualdade social, tema das teses que defenderam nos Estados Unidos. Como parte do grupo de intelectuais que assumiu o poder nos anos 1990, eles se transformaram nos principais assessores para as políticas de Estado promovidas no período. Das reformas de que participaram sobressaem as do sistema estatístico do IBGE, órgão que reúne os indicadores e as informações básicas para o governo e a população, responsável pela reorganização do impacto dos serviços sociais oferecidos pelo governo com a educação básica, a assistência à saúde e principalmente com os benefícios da previdência social[43]. Chama a atenção também a elaboração da chamada "rede de proteção social do governo", que pretendia, sob a coordenação de Vilmar Faria, combater a pobreza nas cidades usando o Índice de Desenvolvimento Humano (IDH) como medida. A rede deu início a profundas transformações nas políticas sociais brasileiras, parte dos Plano de Combate à Fome e a Miséria, do Conselho Nacional de Segurança Alimentar – Consea, e Lei nº 8.742, Lei Orgânica da Assistência Social – Loas.

Melhor dizendo, enquanto os ex-estudantes da Faculdade de Ciências Econômicas que receberam bolsa da Ford, no regresso ao Brasil, emprestaram sua experiência militante na área acadêmica e na de governo, os que se exilaram com apoio da Igreja Católica a emprestaram na área da organização da sociedade civil. Tendo em vista a revolução tecnológica acontecendo

---

42. Nicolas Guilhot, "Les Néoconservateurs: Sociologie d'une Contre-Révolution".
43. Simon Schwartzman, *Entrevista ao Projeto Cientistas Sociais de Países de Língua Portuguesa*.

no mundo, não é surpreendente o fato de os dois grupos terem pugnados pela difusão da informação, democratização do acesso aos computadores e às suas redes de comunicação.

Embora os destinos desses ex-militantes tenham sido diferentes, relacionados a identificações políticas e redes de relações diferentes (católicos, judeus, experiência acadêmica, em ONGs, nas reformas de Estado etc.), os distintos caminhos não impedem que sejam colocados num mesmo conjunto geracional, que o arguto Betinho explicou como funciona na prática à partir do seu grupo de formação católica:

> Queiramos ou não, nós somos de uma geração. Nós temos condição de pegar o telefone e chamar um ao outro, coisa que eu não tenho condições de fazer com outras pessoas. Apesar de todas as diferenças, isso cria um clima. Por exemplo, eu sou incapaz de ter raiva do Serra (foi líder da AP), eu tenho "pinimba" com ele, que é diferente, raiva eu não tenho[44].

A SEGUNDA GERAÇÃO DE MILITANTES

> *Eu não comecei a fazer política por razões teóricas. Foi por me sentir profundamente incomodada com a violência, com a fome. Só isso. Jamais tive a intenção de fazer história. Só ficava incomodadíssima com a miséria, como fico até hoje. A questão do sofrimento humano sanável. Mas a interferência direta para a mudança, isso eu acho que terminou para a maioria de nós.*
>
> MARIA DO CARMO BRITO[45].

Como a Maria do Carmo, os estudantes do segundo conjunto geracional tinham entre dezesseis e vinte anos quando o AI-5 de dezembro de 1968 cortou suas esperanças relativas à "interferência direta para a mudança" ou mesmo de chegar a obter um diploma. Entretanto, à diferença de Maria do Carmo, uma parte desse conjunto atua ainda na mudança, mas, desta vez, dentro do campo político, no governo Dilma Rousseff, engendrando

---

44. Herbert de Souza, Entrevista ao programa *Roda Viva*, TV Cultura, 1996.
45. *Apud* Martha Vianna, *Uma Tempestade Como a Sua Memória: A História de Lia, Maria do Carmo Brito*. Maria do Carmo foi aluna do Estadual Central e da Faculdade de Ciências Econômicas. Militou na JEC, na Polop, no Colina e fez parte da direção da VPR. Esteve exilada no Chile, no Panamá, em Angola e Portugal.

políticas públicas a partir do Palácio do Planalto, em nome de um partido político fundado no final do regime militar, o PT.

Uma série de diferenças distancia este grupo dos anteriores. Além da ausência de diplomas prestigiosos e da ausência de circulação pelas grandes potências democráticas como bolsistas ou exilados, há a presença de mulheres em cargos de direção como uma marca do grupo. Uma delas se encontra hoje atuando, como eleita, no mais alto cargo da República. Montou um governo com muitas mulheres em altos cargos. Entretanto, eleita com o *slogan* de "mãe do PAC", e conhecida na mídia como "afilhada de Lula", por não ter, até então, enfrentado uma única eleição, ela mantém a representação da mulher na política vinculada a uma definição familiar (mãe, afilhada), trazendo à tona novamente as manifestações do "espírito de família" que asseguraria, desta vez em termos mais abstratos, a unidade política dos membros da nação[46].

Diferenciando-se, ainda, da geração anterior, muitos pais desses militantes mineiros possuem curso superior (a maioria médicos, havia um advogado e um agrimensor, entre outros comerciantes bem-sucedidos), grande parte habitante de cidades do interior mineiro[47]. Assim, boa parte do grupo chegou a Belo Horizonte somente após o curso ginasial, realizado no mais das vezes em escolas confessionais do interior mineiro. Foi uma geração que vivenciou com sofreguidão em Belo Horizonte tudo o que sentiram não existir no local de origem:

> Cinema novo, gente! Nesta época havia sessão no CEC – Centro de Estudos Cinematográficos. Fazia sessão de domingo, dez horas da noite. Vinha Glauber

---

46. A influência da família no mundo da política é ainda pouco estudada. A tendência majoritária da historiografia, com base no modelo individualizado da cidadania, é a de negar qualificação política ao privado, ao doméstico, ao familiar ou ao feminino, com motivos apresentados como histórica e socialmente constituídos e, igualmente, portando efeitos automáticos: a dependência social acarreta o desapossamento político. Sobre o tema há importantes trabalhos de Anne Verjus, *Le Bon Mari. Une Histoire Politique des Hommes et des Femmes à l'Époque Révolutionnaire*, Paris, Fayard, 2010; *Le Cens de la Famille. Les Femmes et le Vote 1789-1848*, Paris, Belin, 2002; "Contribuição para o Estudo do Processo de Individualização das Mulheres na Primeira Metade do Século XIX", em Letícia Bicalho Canêdo (org.), *O Sufrágio Universal e a Invenção Democrática*, São Paulo, Estação Liberdade, 2005.
47. Maria José Carvalho Nahas, "Entrevista concedida a Isabel Cristina Leite para a Pesquisa Colina: Oposição Armada, Gênero e Memórias do Regime Militar (1967-1969)", Belo Horizonte, 2003 (Fitas cedidas do arquivo pessoal de Isabel Cristina).

Rocha discutir, vinha *Vidas Secas*, vinha o diretor discutir. Era um movimento. Era uma juventude toda em ebulição[48].

Em Belo Horizonte, na universidade, entraram em contato com o grupo da Polop e da JUC, já transformada em Ação Popular, e ajudaram a fundar o Colina (Comando de Libertação Nacional). Os anos duros da ditadura militar, marcados pelo fechamento do Parlamento e o crescimento da repressão não lhes proporcionou "esse negócio de ir em festa na casa do outro. O encontro sempre tinha que ter um motivo lógico, um motivo. A disciplina foi ficando cada vez mais rígida"[49]. Na prática não se constituíram numa geração como a anterior, pois até mesmo dentro da própria organização um desconhecia o outro[50], por atuarem, por motivo de segurança, em células separadas (comando da inteligência, comando armado etc.). Atuando em grupo fechado, não têm, hoje, "condição de pegar o telefone e chamar um ao outro", como expressou o Betinho para a sua geração. A não ser com aqueles que conviveram em células. A amplitude da rede de sociabilidade difere, pois, radicalmente entre o conjunto de 1964 e o de 1968.

A outra diferença diz respeito à prisão. Foram presos, ou mortos, antes de se diplomarem e a direção do Colina foi quase toda exilada em troca do embaixador alemão Ehrenfried von Holleben, sequestrado por dois dos grupos armados existentes no período, a VPR – Vanguarda Popular Revolucionária e a FLN – Frente de Libertação Nacional[51]. Poucos da liderança aqui ficaram e puderam terminar a graduação após a anistia. Na expressão de Maria do Carmo Brito, foi uma "geração que pelo menos conseguiu mostrar ao mundo inteiro o horror que este país era, e não deixou que a ditadura se implantasse de graça, sem que corresse um pouco de sangue"[52].

---

48. *Idem*. Maria José Carvalho Nahas, do comando armado do grupo Colina, filha de médico da Zona da Mata de Minas Gerais, exilada em Cuba durante dez anos e casada com um companheiro de luta, médico como ela. É funcionária pública e seu marido é secretário municipal de políticas sociais do governo Marcio Lacerda. Ele o foi também na gestão de Fernando Pimentel, todos os quatro ex-membros do Colina.
49. *Idem*, p. 14.
50. Isabel Cristina Leite, *Comandos de Libertação Nacional: Oposição Armada à Ditadura em Minas Gerais (1967-1969)*, Universidade Federal de Minas Gerais, 2009 (Tese de Doutorado).
51. Isabel Cristina Leite, "Radicalização Política Frente ao Regime Militar em Belo Horizonte – Grupo Colina (1967-1969)", *Revista História Hoje*, vol. 3, n. 8, 2005.
52. Martha Vianna, *Uma Tempestade Como a Sua Memória: A História de Lia, Maria do Carmo Brito*.

Após o exílio, ou prisão, a abertura política no Brasil os levou a mobilizar o que adquiriram em conhecimento e experiência através dos percursos militantes para áreas bem distantes das instituições acadêmicas e do trabalho das ONGs: encaminharam-se para sindicatos de profissionais liberais (economistas) e de funcionários públicos (professores), e para praticar a política no seio dos partidos de oposição possíveis, como o PDT do Brizola, culminando na fundação do PT, ao qual emprestaram seus talentos de organizadores. Desde 2004, passaram, pouco a pouco, a ocupar os principais postos nacionais de governo, encarregados de assegurar a formulação das políticas sociais. Assim, dão à sua presença nos circuitos do poder uma ideia de continuidade do projeto da militância, exibindo-a através da experiência vivida no engajamento da luta contra a fome e a miséria, tema central que desenvolvem em suas biografias, e que é bem exemplificado na declaração de Maria do Carmo Brito, em epígrafe e, ainda, na declaração do Dilma Rousseff à revista *Marie Claire* de abril de 2009:

[...] mudei para o Colégio Central, porque se continuasse no Sion, teria que fazer "normal", seria professora, e não queria isso. Meu primeiro dia de aula foi em 10 de março de 1964, um mês antes do golpe. O colégio era uma efervescência só. Era moderno, tinha representantes de vários grupos da esquerda. Com o golpe, alguns segmentos da classe média de que eu fazia parte se radicalizaram. Como alguém de dezesseis anos acha que pode existir democracia se um mês depois do início das aulas há um golpe de Estado? [...] foi nesse período que ganhei minha sensibilidade social, a noção de que era impossível o país viver com tanta miséria. A percepção crescente dos problemas sociais, políticos e econômicos etc.

Dilma Rousseff, que pertenceu ao Colina, ocupou Ministério e a Chefia da Casa Civil no governo Lula, foi presidente da República. Há quem foi prefeito de Belo Horizonte e ministro, casos de Patrus Ananias e Fernando Pimentel. Os ex-trotskistas aí se distinguem por uma ação política muito pragmática, haja vista a coligação eleitoral feita por Fernando Pimentel – atual Ministro do Desenvolvimento, Indústria e Comércio Exterior – com o herdeiro político mais emblemático de Minas, Aécio Neves, visando eleger prefeito de Belo Horizonte um ex-membro do Colina, Marcio Lacerda. Lacerda havia sido responsável pelo célebre "choque de gestão", a grande bandeira do governo Aécio Neves. Os que se originaram do movimento católico dos anos 1970 (posterior à AP), como Patrus Ananias (ex-ministro do

Desenvolvimento Social e Combate à Fome) e Luiz Dulci (ex-secretário-geral da Presidência da República), emprestam sua experiência militante na área da política social. Chama a atenção, também, no que se refere a círculos de decisão de políticas públicas, a permanência da divisão entre católicos e trotskistas que, hoje, gira em torno do tema "choque de gestão" na área da assistência social[53], em especial no que se refere às denominadas condicionalidades (exame pré-natal, acompanhamento nutricional e de saúde, a frequência à escola[54]). O governo Dilma Rousseff, entre outros exemplos, não atribuiu cargos, ainda, a católicos, como Patrus Ananias e Luiz Dulci, que sempre se manifestaram pela universalização dos benefícios, dentro do modelo católico contra as condicionalidades. Fernando Pimentel é o seu principal assessor no Palácio do Planalto.

A trajetória desses ex-militantes mineiros não deixa, portanto, de levantar certo número de interrogações ligadas à distância política que percorreram na continuidade do projeto iniciado na militância estudantil – preso na desconfiança *vis-à-vis* à política dos partidos – e a lógica que os guiou na atividade incessante de transferência das competências adquiridas na luta contra a ditadura para o conjunto das organizações políticas.

Vale a pena aprofundar o exame das carreiras políticas de Dilma Rousseff e de Fernando Pimentel, ex-membros do Colina, e as de Luiz Dulci, ex-militante do movimento católico ligado aos jesuítas, considerando-as três casos exemplares de politização que, com seus bloqueios, crises, reconversões, continuidades e acordos, permitem pensar o problema da formação e reprodução dos novos quadros dirigentes no Brasil.

TRÊS BIOGRAFIAS EXEMPLARES

Dilma Rousseff e Fernando Pimentel provêm de família de recurso econômico e intelectual. A mãe de Dilma, normalista, é filha de pecuarista de Uberaba (MG), e o pai, advogado, era imigrante búlgaro do Partido Comunista que fez fortuna no ramo imobiliário de Belo Horizonte[55], além

---

53. Cf. Pesquisa do Ipea, 2011; Sonia Rocha, "O Programa Bolsa Família. Evolução e Efeitos sobre a Pobreza", *Economia e Sociedade*, vol. 20, n. 1 (41), abr. 2011.
54. Cf. Art. 3º da Lei n. 10.836/2004.
55. Luiz Maklouf Carvalho, "As Armas e os Varões", *Piauí*, n. 31, p. 23, abr. 2009.

de ter sido também poeta e frequentado círculos literários de seu país nos anos 1920[56]. No dizer de sua filha famosa, "ele foi uma pessoa que teve forte vínculo com todos os movimentos de transformação europeus"[57]. No caso de Fernando, havia um avô que conheceu a decadência cafeeira, um pai proprietário de um comércio de couro em Belo Horizonte, uma mãe professora de música e uma importante origem protestante. Acredito que o fato de eles não pertencerem à tradicional família católica mineira explica o interesse dos dois pela militância junto à Polop, de onde se originou a organização Colina. A amizade dos dois vem dessa época e permanece forte.

Ambos terminaram seus estudos superiores após a anistia, nos anos 1980, pois estiveram na clandestinidade e foram presos durante a repressão desencadeada após o sequestro do embaixador alemão (1970-1973). Dilma terminou o curso de Economia na UFRGS e não chegou a completar uma pós-graduação, diferentemente de Fernando, que se diplomou em Economia na PUC-MG e tem mestrado em Ciência Política pela UFMG.

Após a prisão, a vida de Dilma foi reconstruída em Porto Alegre, em razão do seu segundo casamento com o advogado gaúcho Carlos Paixão Araújo, ex-militante da VAR-Palmares[58]. Com Araújo, atuou no Instituto de Estudos Políticos, Econômicos e Sociais, o Iepes[59], que abrigava, na época, muitos dos que, nos anos 1970, se sentiam sem espaço de atuação política[60]. Trabalhou como estagiária, em 1974, na Fundação de Economia e Estatística do Rio Grande do Sul, da qual foi demitida, junto a outros ex-militantes fichados pela polícia política. Retornou à Fundação após a anistia e presidiu-a de 1991 a 1993. Como muitos dos que se aglutinavam em torno da

---

56. "Who Is Who: Bulgarian Origins and Relatives of Brazil's Dilma Rousseff", *Sofia News Agency*, 5 out. 2011. A influência literária do pai foi grande. Colegas do Sion relatam espanto quando ela ganhou do pai a coleção completa de Jorge Amado (Solange Azevedo, "Os Tempos e Dilma no Sion", *Istoé*, n. 2119, 18 jun. 2010).
57. Fernando Rodrigues, "Dilma Rousseff: Ilusões Armadas", *Folha de S.Paulo*, 2 jun. 2010.
58. Seu primeiro casamento foi com um jornalista, na época da Polop, que hoje é assessor do prefeito de Belo Horizonte Marcio Lacerda. O segundo marido, Carlos Araújo, tinha trânsito nacional significativo entre os "grupos armados" de 1969, ocasião em que conheceu Dilma Rousseff. Quando filiado ao PCB, chegou a ser militante nas Ligas Camponesas criadas por Francisco Julião (Eliana Tavares Reis, *Contestação, Engajamento e Militantismo: Da "Luta contra a Ditadura" à Diversificação das Modalidades de Intervenção Política no Rio Grande do Sul*).
59. Idem.
60. O Iepes foi criado em 1972 por iniciativa de um conjunto de militantes proveniente dos meios universitários gaúchos e razão pela qual a ele foi atribuído um caráter de formulação e de formação política.

liderança de Carlos Araújo, ajudou na fundação do Partido Democrático Trabalhista (PDT) e, ainda, graças à rede de relações militantes e à experiência comum de prisão[61] foi convidada para Secretária Municipal da Fazenda (1985-1988) no primeiro governo municipal (PDT) eleito após a abertura. Rompeu com o PDT após ter sido indicada para a Secretaria Estadual de Minas e Energia (1999-2002) no governo do petista Olívio Dutra. Em 2002, participou, já como filiada ao PT, da equipe que formulou o plano de governo de Luiz Inácio Lula da Silva para a área energética e foi escolhida para ocupar o Ministério de Minas e Energia. Em 2010, após exercer o cargo de ministra-chefe da Casa Civil, foi eleita, por maioria de votos, presidente da República, sem nunca haver antes concorrido a cargos eletivos. Sua atuação foi sempre no Executivo de governos de esquerda.

A trajetória de Fernando Pimentel também o inclui nessa linhagem de gestores – característica da nova elite no poder – que só tardiamente acedeu a cargos políticos pelo voto popular[62]. Sua atuação nos cargos técnicos de governo também foi tardia, o que mais uma vez confirma a profunda diferença entre a "tradição política de Minas" e a nomeada "trabalhista" do Rio Grande do Sul[63]. Após a saída da prisão, diferentemente de Dilma, ele se dividiu entre a gestão da rede de lojas de sua família, a Belorizonte Couros, e as atividades acadêmico-docentes como professor assistente do Departamento de Economia e coordenador do Centro de Extensão da Faculdade de Ciências Econômicas da UFMG, nos anos 1970-1985. Participou da criação do PT em Belo Horizonte, mas até 1993, quando integrou o governo municipal de Belo Horizonte na gestão de Patrus Ananias (secretário da Fazenda), foi somente um integrante ativo das entidades de categorias profissionais: exerceu a vice-presidência da Associação de Professores Universitários de Belo Horizonte (1985-1987), diretor do

---

61. Eliana Tavares Reis, *Contestação, Engajamento e Militantismo: Da "Luta contra a Ditadura" à Diversificação das Modalidades de Intervenção Política no Rio Grande do Sul.*
62. Cf. capítulo 4, *supra*. O recrutamento dos herdeiros políticos mineiros aos postos eletivos se dá na faixa média dos trinta anos. O ingresso dos novos pretendentes se dá na faixa média dos cinquenta anos, a partir da acumulação de capital militante e escolar, e depois de uma situação profissional já estabelecida. Também, diferentemente dos herdeiros, os novos ingressantes não se elegem, inicialmente, para cargos locais. São eleitos diretamente para cargos de nível nacional, ou para prefeituras de capital de visibilidade nacional, como o caso de Belo Horizonte, apoiados nos recursos financeiros de grandes sindicatos, de grandes empresas etc.
63. Igor Grill, *Heranças Políticas no Rio Grande do Sul*, São Luís, Edufma, 2008.

Sindicato dos Economistas de MG (1986-1992) e presidente do Conselho Regional de Economia de Minas Gerais (1991-1992). Após ter sido secretário municipal de Governo, Planejamento e Coordenação Geral (no governo do socialista Célio de Castro, 1996-2000), prefeito substituto, foi eleito prefeito de Belo Horizonte, por maioria de votos no primeiro turno. Foi uma gestão marcada por grandes investimentos nas áreas urbana e social, entre os quais se destaca o Vila Viva, programa de urbanização de vilas e favelas, o programa Orçamento Participativo Digital, com votação eletrônica, por meio do qual qualquer cidadão pode opinar e votar nas obras de sua preferência via internet, inovando o que já havia sido feito pelo governo petista em Porto Alegre.

O caso de Luiz Dulci importa por ser representativo do grupo de origem católica e igualmente da quebra de uma tradição familiar que chega a ser recomposta. Iniciou sua militância no Colégio dos Jesuítas de Juiz de Fora, que era dirigido pelos padres ligados à Teologia da Libertação e ao Padre Vaz, o teórico da AP. É filho de professora primária e sobrinho-neto, do lado materno, de dois importantes políticos mineiros, Martim Soares e Milton Soares Campos, este último o grande líder udenista dos anos 1950, que se tornou célebre graças a seus escritos, talento de orador e amizade com literatos mineiros, como Carlos Drummond de Andrade, Afonso Arinos, entre outros. Mas, diferentemente de Aécio Neves, neto pelo lado materno de Tancredo Neves e do paterno de Tristão da Cunha (líder do PRM na Primeira República e signatário do *Manifesto dos Mineiros*), Dulci vem de um ramo da família com capital político e econômico em declínio. Destaca-se de outros herdeiros políticos no recurso diferencial para entrar na carreira.

Como grande parte dos novos políticos mineiros, ele foi ativo no movimento sindical dos professores secundários (liderou uma greve célebre em 1979). Diplomou-se em Letras na UFRJ, título de menor peso do que os possuídos pelos herdeiros políticos oriundos da Faculdade de Direito, mas que o fez ser considerado uma espécie de "intelectual" do governo Lula. Foi deputado na primeira bancada do PT na Câmara Federal (1982), eleito com votos dos professores e o apoio da Igreja católica, e secretário municipal da Cultura nas gestões de Patrus Ananias (líder da ala católica do PT) e do socialista Célio de Castro, mas não da gestão de Fernando Pimentel. Foi presidente do Instituto Perseu Abramo (1996-2003) de onde saiu para integrar o governo Lula. Atualmente atua no Instituto da Cidadania, criado pelo ex-presidente.

A partir de sua trajetória, pode-se dizer que ele é representativo das diferentes variantes de capital político que estão hierarquizadas no espaço político, em especial as que inscrevem as grandes famílias como participantes de uma mesma cultura que remonta aos séculos que precedem a construção do Estado moderno na Europa, como lembra Anne-Catherine Wagner ao se referir às elites da globalização[64]: o universalismo das letras, inscrito nas tradições do saber eclesiástico; a vontade de distinção das linhagens elitistas que marcam, dessa maneira, sua superioridade *vis-à-vis* à cultura das línguas vulgares das classes populares; o capital familiar. No caso de Dulci, esta variante se complementa com os recursos acumulados na militância. Não é surpreendente, portanto, constatar que tenha, como seu tio avô, se casado também com uma mulher da família Resende, ocupado alto cargo de comunicação no governo Lula e, no PT, seja considerado um homem que tem por missão redigir os documentos do partido e o discurso de seus líderes.

Enfim, nos altos cargos da burocracia do Estado, enquanto tantos outros militantes foram deles eliminados durante o processo político, o conjunto de políticos oriundos de Minas Gerais no poder demonstra que a concorrência política é marcada por barreiras de entrada tão discretas quanto eficazes. Para aceder com sucesso no espaço político é preciso dispor de competências e recursos materiais e simbólicos capazes de lhes permitir o confronto com os dirigentes tradicionais. Sob este aspecto, esta nova elite de Estado composta de antigos militantes estudantis da segunda geração, com atuação em sindicatos distantes do sindicalismo operário, na competição política, faz uso da tradição política mineira. Mas, diferentemente dos "herdeiros", eles encontram dificuldade profunda no trabalho parlamentar, prática longínqua em sua socialização política[65]. Quando eleitos deputa-

---

64. Anne-Catherine Wagner, *Les Classes Sociales dans la Mondialisation*, Paris, La Découverte, 2007, p. 10.
65. Esta observação foi feita lembrando que a formação política desse grupo de segunda geração se deu no período em que o AI-5 estava em vigor. E este foi um instrumento que deu poderes quase absolutos ao regime militar, tendo como primeira consequência o fechamento do Congresso Nacional. Além do mais, as ações praticadas de acordo com o AI-5 e seus atos complementares não eram submetidas a qualquer apreciação judicial, subordinando o Judiciário também ao Executivo. O grupo em estudo, portanto, se socializou sem conhecer o funcionamento dessas

dos, permanecem muito pouco tempo no Parlamento, onde, geralmente, são desqualificados pelos já estabelecidos no universo fechado da política. E nos cargos executivos e da administração dos negócios do Estado revelam a predominância de certos princípios de ação política coerentes com valores adotados no início da militância. Seja como prefeito de Belo Horizonte eleito, seja como ministro do Desenvolvimento Social, ou ainda como presidente da República, continuam depositários da crença nas mobilizações sociais como instrumento necessário para garantir a legitimidade de suas ações, da importância em conceber os interesses do povo como antagônicos aos das elites tradicionais, da importância da ideologia e de ter um passado militante radical.

REFERÊNCIAS BIBLIOGRÁFICAS

ABREU, Alzira Alves & BELOCH, Israel (coord.). *Dicionário Histórico-Biográfico Brasileiro – 1930-1983*. Rio de Janeiro, FGV, 2001.

ARRUDA, Maria Arminda do Nascimento. "A Modernidade Possível: Cientistas e Ciências Sociais em Minas Gerais". *In*: MICELI, Sergio (org.). *História das Ciências Sociais no Brasil*. São Paulo, Vértice/Revista dos Tribunais/Idesp, 1989, vol. 1.

AZEVEDO, Solange. "Os Tempos e Dilma no Sion". *IstoÉ*, n. 2119, 18 jun. 2010.

BENSA, Alban & BOURDIEU, Pierre. "Quand les Canaques Prennent la Parole". *Actes de la Recherche en Sciences Sociales*, n. 15, mars 1985.

BOURDIEU, Pierre. "Effet de Champ et Effet de Corps". *Actes de la Recherche en Sciences Sociales*, n. 59, 1985.

____. *Le Sens Pratique*. Paris, Seul, 1980.

____. *Propos sur le Champ Politique*. Lyon, Presses Universitaires de Lyon, 2000.

CANÊDO, Letícia Bicalho. "As Metáforas da Família na Transmissão do Poder Político: Questões de Método". *Cadernos Cedes*, vol. 18, pp. 29-52, 1997.

____. "Estratégias Familiares na Construção Social de uma Qualificação Política". *Educação e Sociedade*, vol. 7, ago. 1991.

---

instituições e tampouco a imprensa livre. A situação vivida por esta segunda geração difere, portanto, não só da dos herdeiros, que, historicamente, se sentiam participantes da construção das instituições políticas desde o Império, como do grupo que denominei de primeira geração, isto é, o grupo que se formou na segunda metade dos anos 1950, período em que a vida parlamentar foi muito ativa e a imprensa atuava com total liberdade.

_____. "Gestão Familiar da Escola e Aprendizagem das Habilidades para o Ofício da Política'". *In*: ALMEIDA, Ana Maria F. & NOGUEIRA, Maria Alice (org.). *A Escolarização das Elites*. Petrópolis, Vozes, 2002.

_____. "Herança na Política, ou Como Adquirir as Disposições e Competências Necessárias às Funções de Representação Política, 1945-1964". *Pró-Posições*, vol. 13, n. 3, set./dez. 2002.

_____. "Heranças e Aprendizagens na Transmissão da Ordem Política Brasileira (1945-2000)". *Cadernos CERU*, série 2, n. 15, 2004.

_____. "La Production Généalogique et les Modes de Transmission d'un Capital Politique Familiale dans le Minas Gerais Brésilien". *Genèses*, vol. 2, n. 31, pp. 4-28, juin 1998.

_____. "Les Boursiers de la Fondation Ford et la Recomposition des Sciences Sociales Brésiliennes. Le Cas de la Science Politique". *Cahiers de la Recherche sur l'Éducation et les Savoirs*, HORS série, n. 2, juin 2009.

_____; TOMIZAKI, Kimi & GARCIA, Afrânio. *Estratégias Educativas das Elites Brasileiras na Era da Globalização*. São Paulo, Hucitec, 2013.

CARVALHO, Luiz Maklouf. "As Armas e os Varões". *Piauí*, n. 31, abr. 2009.

CARVALHO, Marcelo Sávio Revoredo Menezes de. *A Trajetória da Internet no Brasil: Do Surgimento das Redes de Computadores à Instituição dos Mecanismos de Governança*. Universidade Federal do Rio de Janeiro, 2006 (Dissertação de Mestrado).

CASTRO, Maria Helena Guimarães de. *Equipamentos Sociais, Política Partidária e Governos Locais no Estado de São Paulo (1968-1982)*. Universidade Estadual de Campinas, Instituto de Filosofia e Ciências Sociais, 1987 (Dissertação de Mestrado).

COMPANHIA Energética de Minas Gerais. *Carlos Eloy, Depoimento de História Oral a Bernardo Novaes da Mata Machado*. Belo Horizonte, 2004 (Memória da Cemig, 10).

DELLA CAVA, Ralph. "A Política Atual do Vaticano na Europa Central e do Leste e o 'Paradigma Brasileiro'". *Lua Nova*, n. 27, dez. 1992.

_____. & MONTERO, Paula. *E o Verbo se Faz Imagem*. Petrópolis, Vozes, 1991.

DELOYE, Yves & VOUTAT, Bernard (org.). *Faire de la Science Politique*. Paris, Belin, 2002.

FAGUER, Jean-Pierre. "Révolutionnaires Sans Révolution: Déclassement et Reconversion d'une Elite Intellectuelle". *In*: GHEORGHIU, Mihaï Dinu (éd.). *Littératures et Pouvoir Politique*, déc. 2005, pp. 31-51 (Bucarest, Éditions Paralela).

FERREIRA, Daniela Maria. *Filósofos à Brasileira: Catolicismo e Autonomia dos Debates Intelectuais*. Campinas, Arte Escrita Editora, 2010.

FORJAZ, Maria Cecília Spina. "A Emergência da Ciência Política Acadêmica no Brasil: Aspectos Institucionais". *Revista Brasileira de Ciências Sociais*, n. 12, vol. 35, out. 1997.

FRAGA, Pedro Ricardo Portugal. "Os Caminhos de Frei Mateus". *In*: POETTO, Ivo (org.). *Frei Mateus Rocha*. São Paulo, Loyola, 2003.

GONTIJO, Ricardo. *Sem Vergonha da Utopia. Conversas com Betinho*. Petrópolis, Vozes, 1989.

GRILL, Igor. *Heranças Políticas no Rio Grande do Sul*. São Luís, Edufma, 2008.

GUILHOT, Nicolas. "Les Néoconservateurs: Sociologie d'une Contre-Révolution". *In*: COLLOVALD, Annie & GAÏTTI, Brigitte. *La Démocratie aux Extrêmes*. Paris, La Dispute, 2006.

HAGOPIAN, Frances. *Traditional Politics and Regime Change in Brazil*. Cambridge, Cambridge University Press, 1996.

LAGROYE, Jacques (org.). "Les Processus de Politisation". *La Politisation*. Paris, Belin, 2003.

____. & OFFERLÉ, Michel (dir.). *Sociologie de l'Institution*. Paris, Belin, 2010.

LEITE, Isabel Cristina. *Comandos de Libertação Nacional: Oposição Armada à Ditadura em Minas Gerais (1967-1969)*. Universidade Federal de Minas Gerais, 2009 (Tese de Doutorado).

____. "Radicalização Política Frente ao Regime Militar em Belo Horizonte – Grupo Colina (1967-1969)". *Revista História Hoje*, vol. 3, n. 8, 2005.

LEFEBVRE, Remi. "Se Conformer à son Rôle – Les Ressorts de L'Intériorisation Institutionnelle". *In*: LAGROYE, Jacques & OFFERLÉ, Michel (dir.). *Sociologie de l'Institution*. Paris, Belin, 2010.

MANNHEIM, Karl. *Le Problème des Générations*. Paris, Nathan, 1990.

MARTINS Filho, Amilcar Vianna. *O Segredo de Minas: A Origem do Estilo Mineiro de Fazer Política (1889-1930)*. Belo Horizonte, Crisálida, 2009.

MONTEIRO, Norma de Góes (coord.). *Dicionário Biográfico de Minas Gerais*. Belo Horizonte, Assembleia Legislativa do Estado de Minas Gerais, 1994. 2 vols.

NAHAS, Maria José Carvalho. "Entrevista concedida a Isabel Cristina Leite para a *Pesquisa Colina: Oposição Armada, Gênero e Memórias do Regime Militar (1967-1969)*". Belo Horizonte, 2003 (Fitas cedidas do arquivo pessoal de Isabel Cristina).

OFFERLÉ, Michel. "Capacités Politiques et Politisations". *Genèses*, n. 67-68, 2007.

____. (org.). *La Profession Politique, XIXe-XXe Siècles*. Paris, Belin, 1999.

____. "Movilización Electoral e Invención del Ciudadano. El Ejemplo del Medio Urbano Francés a Fines del Siglo XIX". *Perímetros de lo Político: Contribuciones a Una Socio-Historia de la Política*. Buenos Aires, Antropofagia, 2011.

Pezzuti, Carmela. "Entrevista concedida a Isabel Cristina Leite para a *Pesquisa Colina: Oposição Armada, Gênero e Memórias do Regime Militar (1967-1969)*". Belo Horizonte, 2005 (Fitas cedidas do arquivo pessoal de Isabel Cristina).

Reis, Eliana Tavares. *Contestação, Engajamento e Militantismo: Da "Luta contra a Ditadura" à Diversificação das Modalidades de Intervenção Política no Rio Grande do Sul*. Universidade Federal do Rio Grande do Sul, 2007 (Tese de Doutorado).

Rocha, Sonia. "Impacto sobre a Pobreza dos Novos Programas Federais de Transferência de Renda". *Encontro Anpec*, 2004 (www.anpec.org.br/encontro2004/artigos/A04A137.pdf).

____. "O Programa Bolsa Família. Evolução e Efeitos sobre a Pobreza". *Economia e Sociedade*, vol. 20, n. 1 (41), abr. 2011.

Rodrigues, Fernando. "Dilma Rousseff: Ilusões Armadas". *Folha de S.Paulo*, 2 jun. 2010.

Rostow, Walter. *The Stages of Economic Growth: A Non-Communist Manifesto*. Cambridge, Cambridge University Press, 1960.

Schwartzman, Simon. *Entrevista ao Projeto Cientistas Sociais de Países de Língua Portuguesa*. cpdoc/fgv, 2009 (http://cpdoc.fgv.br/cientistassociais).

Souza, Herbert de. "Entrevista". *Teoria e Debate*, n. 16, out.-dez. 1991.

Teixeira, Aleluia Heringer Lisboa. *Uma Escola Sem Muros*. Belo Horizonte, Universidade Federal de Minas Gerais, Faculdade de Educação, 2011 (Tese de Doutorado).

Vaz, Alisson Mascarenhas. *Israel, uma Vida para a História*. Rio de Janeiro, Vale do Rio Doce, 1996.

Verjus, Anne. "Contribuição para o Estudo do Processo de Individualização das Mulheres na Primeira Metade do Século xix". *In*: Canêdo, Letícia Bicalho (org.). *O Sufrágio Universal e a Invenção Democrática*. São Paulo, Estação Liberdade, 2005.

____. *Le Bon Mari. Une Histoire Politique des Hommes et des Femmes à l'Époque Révolutionnaire*. Paris, Fayard, 2010.

____. *Le Cens de la Famille. Les Femmes et le Vote 1789-1848*. Paris, Belin, 2002.

Vianna, Martha. *Uma Tempestade Como a Sua Memória: A História de Lia, Maria do Carmo Brito*. Rio de Janeiro, Record, 2003.

Wagner, Anne-Catherine. *Les Classes Sociales dans la Mondialisation*. Paris, La Découverte, 2007.

"Who Is Who: Bulgarian Origins and Relatives of Brazil's Dilma Rousseff". *Sofia News Agency*, 5 out. 2011.

6

A Fundação Ford e a Institucionalização da Ciência Política no Brasil[1]

Como disciplina especializada na análise do espaço público, a denominação "ciência política" foi adotada no Brasil em 1965 com a criação do Departamento de Ciência Política (DCP) na Faculdade de Administração e Ciências Econômicas (FACE) da Universidade Federal de Minas Gerais (UFMG). Anteriormente, os estudos políticos no país faziam parte de cursos nas faculdades de Direito e Filosofia. No caso da UFMG, em contrapartida, desde o início dos anos 1953 os estudos em sociologia política já se localizavam na FACE, contando com o apoio de empresários, banqueiros e lideranças políticas que visavam dotar o estado de Minas Gerais de profissionais capacitados para enfrentar os desafios postos pela expansão do Estado Nacional e o crescimento do poder econômico do estado de São Paulo.

A fim de reivindicar a prioridade, ou mesmo a exclusividade, para analisar a política no campo das ciências sociais brasileiras, os professores do novo Departamento contaram com o respaldo financeiro da Fundação Ford, cujo programa, em resposta aos enfrentamentos da guerra fria, compreendia a difusão de uma cultura empírica em ciências sociais aplicada a formas de governo e aos comportamentos políticos num quadro internacional[2]. Além da dotação para a criação do Departamento de Ciência Política, a Fundação também forneceu bolsa de estudos para professores da UFMG se doutorarem nessa disciplina em universidades de ponta dos

---

1. Originalmente publicado em Johan Heilbron, Gustavo Sorá, Thibaud Boncourt, *The Social and Human Sciences in Global Power Relations*, London, Palgrave Macmillan, 2018.
2. Horace Rowan Gaither Jr., *Report of the Study for the Ford Foundation on Policy and Program*, Detroit, Ford Foundation, 1949.

Estados Unidos e promoveu a vinda de professores norte-americanos ao Brasil. A Fundação Ford inscreveu, pois, a sua ação em certa continuidade com os esforços iniciados pela Faculdade de Ciências Econômicas sob o patrocínio das elites políticas e econômicas de MG.

No retorno ao Brasil, após terminarem o curso de pós-graduação nos Estados Unidos, munidos das ferramentas adquiridas para o tratamento sistemático de dados empíricos e análise estatística de grande conjunto de dados, os representantes da nova disciplina se notabilizaram pelos debates que engendraram com diferentes facções do setor tradicional dos estudos políticos. Negando qualificação em ciência política aos demais concorrentes, atuaram na criação do primeiro programa de doutorado em ciência política do país – no Instituto Universitário de Pesquisa do Rio de Janeiro (Iuperj), em 1969; batalharam, com êxito, para transformar a *Dados: Revista de Ciências Sociais* na principal revista brasileira neste domínio; e agiram para a criação da Anpocs – Associação Nacional de Pós-Graduação e Pesquisa em Ciências Sociais, fundada em 1977. No seio dessa associação, trabalharam ativamente para a formação de Grupos de Trabalho sobre partidos políticos, comportamento eleitoral e problemas da institucionalização política. Desde então, passaram a ter assento nas principais comissões científicas brasileiras, a figurar ao lado das instituições de Estado e dos mercados de consultoria, a serem observados nas conferências e colóquios nacionais e internacionais e manter uma presença constante nos meios de comunicação[3].

Munidos desses atributos e de teorias específicas das ciências sociais apreendidas nos centros universitários norte-americanos, os cientistas políticos de MG produziram novos modelos de interpretação da realidade nacional[4] afastados daqueles ancorados no direito ou na sociologia legada pelos discípulos da missão francesa em São Paulo[5], criando forte tensão

3. Letícia Bicalho Canêdo, "Les Boursiers de la Fondation Ford et la Recomposition des Sciences Sociales Brésiliennes. Le Cas de la Science Politique", *Cahiers de la Recherche sur l'Éducation et les Savoirs*, Hors Série, n. 2, juin 2009; Maria Cecília Spina Forjaz, "A Emergência da Ciência Política Acadêmica no Brasil: Aspectos Institucionais", *Revista Brasileira de Ciências Sociais*, n. 12, vol. 35, out. 1997; Fábio Cardoso Keinert e Dimitri Pinheiro Silva, "A Gênese da Ciência Política Brasileira", *Tempo Social*, vol. 22, n. 1, pp. 79-98, 2010.

4. Ver, entre outros, Simon Schwartzman, *São Paulo e o Estado Nacional*, São Paulo, Difel, 1975; José Murilo de Carvalho, *A Construção da Ordem: A Elite Política Imperial*, Rio de Janeiro, Campus, 1980.

5. Havia no Brasil, nos anos 1960, quatro formações distintas em estudos políticos: a da FACE, em Minas Geras; a da Faculdade de Filosofia da Universidade de São Paulo, derivada de uma

para a reprodução da hierarquia dos conhecimentos. Embora, no ambiente politizado dos anos 1960, o embate entre os modelos fosse percebido como confronto entre herdeiros de famílias tradicionais mineiras e "uma intelectualidade nova e verdadeira"[6], pertencente a camadas sociais distantes do poder político, o fato é que os paradigmas da ciência política importados por eles trouxeram uma nova perspectiva para o tratamento dos problemas sociais e das políticas públicas, o que transformou boa parte dos intelectuais apoiados pela Ford em atores relevantes da reestruturação do espaço político brasileiro anos mais tarde, na década de 1990.

O lugar ocupado pela Fundação Ford na área das ciências sociais é conhecido e reconhecido pelos que se dedicaram a analisar a atuação competitiva das fundações filantrópicas americanas nos mercados universitários nacionais nos anos da Guerra Fria[7], em especial como peça decisiva na promoção das disciplinas que tentavam transgredir as fronteiras disciplinares, como o caso da antropologia[8] e da política[9].

    missão francesa, em 1934, que modelou as primeiras gerações universitárias; a da Escola Livre de Sociologia e Política, criada em 1933 pela elite empresarial de São Paulo e que contou, nos anos 1940, com a direção de Donald Pearson na introdução à pesquisa empírica com método científico; a do Iseb – Instituto Superior de Estudos Brasileiro, criado em 1955 no Rio de Janeiro, vinculado ao Ministério de Educação e Cultura, que atuava como centro formulador da ideologia desenvolvimentista. Foi extinto pelo governo militar, em 1964 (Sergio Miceli (org.), *História das Ciências Sociais no Brasil*, São Paulo, Idesp/Vértice/Finep, 1989; F. P. Massi, "Franceses e Norte-Americanos nas Ciências Sociais Brasileiras (1930-1960)", em Sergio Miceli (org.), *História das Ciências Sociais no Brasil*, pp. 410-460).

6. Claudio de Moura Castro, *A Mágica do Dr. Yvon*, Belo Horizonte, Benvinda, 2016, p. 53.
7. Giuliana Gemelli, *Fernand Braudel*, Paris, Odile Jacob, 1995; Giuliana Gemelli e Roy MacLeod (ed.), *American Foundations in Europe*, Brussels, P. I. E. Peter Lang, 2003; Emily Hauptmann, "The Ford Foundation and the Rise of Behavioralism in Political Science", *Journal of History of the Behavioral Sciences*, vol. 48, n. 2, pp. 154-173, 2012; Jacquelin Marie Holmes, *From Modernization and Development to Neoliberal Democracy: A History of the Ford Foundation in Latin America 1959-2000*, Lewinston, Bates College, 2013 (Honors Theses, 75); Inderjeet Parmar, *Foundations of the American Century: The Ford, Carnegie and Rockefeller Foundations in the Rise of American Power*, New York, Columbia University Press, 2012; Thibaud Boncourt, "La Science Internationale comme Ressource", *RFS*, vol. 57, n. 3, pp. 529-561, 2016; Thibaud Boncourt, "The Transnational Circulation of Scientific Ideas: Importing Behavioralism in European Political Science (1950-1970)", *Journal of History of the Behavioral Sciences*, vol. 51, n. 2, pp. 195-215, 2015.
8. Afrânio Garcia, "Les Disciplines de la 'Mission Française' et la Reception de l'Anthropologie Structural au Brésil", *Cahiers de la Recherche sur l'Éducation et les Savoirs*, Hors-série, n. 2, pp. 56-92, 2009.
9. cf. Capítulo 5 *supra*; Sergio Miceli (org.), "A Aposta numa Comunidade Científica Emergente. A Fundação Ford e os Cientistas Sociais no Brasil", *A Fundação Ford no Brasil*, São Paulo/Sumaré, Fapesp, 1993.

Uma vertente desses trabalhos analisa, de maneira comparativa, como a Ford, ao atuar nos campos nacionais do conhecimento, estimulou a competição científica na área das ciências sociais, visando a reestruturação dos campos nacionais do poder do Estado e a construção paralela de um espaço de governança internacional[10]. Essa dimensão internacional das práticas nacionais vem sendo esclarecida nos resultados de pesquisas recentes – voltadas para interações e negociações entre direções acadêmicas rivais e agentes da Fundação Ford[11] –, que desvelam as dinâmicas sociais, institucionais, profissionais e intelectuais que contribuíram para que beneficiários da Fundação, em posições institucionais significativas nos espaços nacionais, adotassem os modos de fazer ciência elaborados em grandes centros de pesquisa norte-americanos. E ajudam a compreender a complexidade do espaço de concorrência acadêmica com e contra o qual a Fundação teve que se haver para influenciar a concepção e organização do novo campo intelectual que substituiria a teoria política tradicional pelos estudos comparativos relativos às formas de governo e aos comportamentos políticos em âmbito internacional.

Este capítulo se situa nesta vertente, com foco maior na sociologia dos agentes[12]. Procura compreender a estratégia da Fundação Ford e seus funcionários no recrutamento de grupos sociais específicos em países onde pretendiam intervir. Ele explora o encontro do grupo de jovens intelectuais de Minas Gerais com dois *program officers* da Fundação Ford num momento de restruturação do espaço político brasileiro, após o golpe civil-militar no Brasil de 1964. Por meio desse encontro, investiga as práticas que presidiram o recrutamento tanto dos agentes da Fundação quanto o dos bolsistas que eles selecionaram. A análise relaciona organizações familiares, educação escolar, cursos superiores e bolsas de estudo com as carreiras e os investimentos profissionais feitos. Finalmente, situa esses cientistas políticos na competição pela hegemonia nacional entre as elites políticas dos diferentes Estados da Federação.

Este trabalho deriva de dois projetos temáticos dirigidos por mim com pesquisadores de universidades brasileiras, francesas e argentinas entre

---

10. Yves Dezalay, "Les Courtiers de l'International", ARSS, n. 151-152, pp. 4-35, 2004.
11. Afrânio Garcia, "Les Disciplines de la 'Mission Française' et la Reception de l'Anthropologie Structural au Brésil"; Thibaud Boncourt, "The Transnational Circulation of Scientific Ideas: Importing Behavioralism in European Political Science (1950-1970)", *Journal of the History of the Behavioral Sciences*, vol. 51, n. 2, Feb. 2015.
12. Pierre Bourdieu, "Les Conditions Sociales de la Circulation Internationale des Idées", ARSS, vol. 145, n. 1, pp. 3-8, 2002.

2001 e 2012. Tais projetos estudaram a circulação transnacional dos bolsistas brasileiros e seu posterior papel na inovação institucional, cultural e científica do país. O capítulo também resulta de minhas pesquisas pessoais sobre a elite política mineira. Além da bibliografia concernente à ação da Fundação Ford no campo das ciências sociais, o capítulo utilizou também documentos selecionados do arquivo desta fundação, arquivos do Departamento de Estado dos EUA, arquivos da United States Agency for International Development (Usaid), e de entrevistas de beneficiários publicadas em revistas científicas (*Pesquisa Fapesp, Estudos Cebrap, Teoria e Sociedade, Estudos Históricos*); de depoimentos de cientistas sociais brasileiros existentes no acervo do Programa de História Oral do Centro de Pesquisa e Documentação de História Contemporânea do Brasil (CPDOC). Utilizou também duas entrevistas realizadas pela própria autora com Shepard Forman[13] e outras realizadas com cientistas políticos e ex-alunos da Faculdade de Ciências Econômicas, Lucia Avelar[14] e Renato Boschi[15].

O ENVOLVIMENTO DA FUNDAÇÃO FORD NA FORMAÇÃO DE UM PARADIGMA INTERNACIONAL DAS CIÊNCIAS SOCIAIS

> *Simultaneamente ao meu ingresso na Fundação, em setembro de 1964, e no início do regime autoritário, começamos a financiar pesquisa e cursos de pós-graduação em ciências sociais. Fizemos isso porque acreditávamos, assim como nossos colegas brasileiros, que os cientistas sociais poderiam ajudar a explorar e clarificar as dimensões política e social do desenvolvimento.*
>
> PETER BELL[16].

A declaração acima, expressa pelo primeiro *program officer* da Fundação Ford a trabalhar na área das ciências sociais brasileiras, ajuda a entender a decisão de apoio ao projeto em favor da ciência política junto aos professores da Faculdade de Economia da UFMG – FACE. Uma decisão que foi

---

13. Em 28 abr. 2015 e 3 maio 2015.
14. Em 13 abr. 2005.
15. Em 28 out. 2009.
16. *Apud* L. Werneck e H. A. Sturm, "Para os EUA, Brasil era Campo de Batalha na Guerra Fria", *O Estado de S. Paulo*, 16 set. 2012.

tomada a despeito de uma recomendação diferente de David Trubek, conselheiro-geral da Usaid na Embaixada no Brasil. Trubeck almejava apoio para estimular a criação de um Centro de Estudos e Pesquisas no Ensino do Direito (Ceped) na Fundação Getúlio Vargas (FGV) e desenvolver, neste Centro de Estudos, um curso de pós-graduação piloto em direito econômico de acordo com o projeto Law and Development que estava sendo posto em prática pela Usaid[17]. O projeto parecia promissor à luz do "caliber of the Brazilian leadership of Ceped and by the intelligence, interest and energy of the young law graduates whom they identified for study abroad"[18][19]. No entanto, na opinião de Bell, o programa previsto por Trubek pretendia impor modelos de direito e maneiras de trabalhar distantes e desvinculadas das regras jurídicas locais. Como explicita abaixo, a maioria dos juristas nacionais dificilmente seria convencida dos méritos de um novo modelo de conhecimento que os capacitassem a acompanhar o mundo cambiante dos negócios e das empresas. Solidamente constituídos em torno de um saber de Estado mais próximo da matriz ibérica, os juristas sentir-se-iam ameaçados no campo do poder nacional[20].

Tal como acontece nas edificações, pode ser mais fácil construir desde os alicerces que reestruturar uma prédio pré-existente, mas antiquado. Reformar o ensino jurídico significava mudar práticas e culturas institucionais bem arraigadas – tarefa nada fácil, como a Fundação e o Ceped descobririam. [...] Eu tinha alguma noção de como poderia ser difícil para um pequeno centro – fora de qualquer Faculdade de Direito e sem forte apoio universitário – realizar a reforma de longo alcance do ensino jurídico; mas, em retrospecto, falhamos em avaliar que restruturação lenta, mas difícil, seria a melhor das hipóteses[21].

---

17. David M. Trubek, "Law and Development: Then and Now", *Proceedings of the Annual Meeting (American Society of International Law)*, vol. 90, pp. 223-226, 1996.
18. Peter Bell, "Entrevista com Lacerda, G. e Rangel, T.", em *História Oral do Ceped*, Rio de Janeiro, FGV, 2010, p. 11.
19. "Calibre da liderança brasileira do Ceped e pela inteligência, interesse e energia dos jovens bacharéis em direito identificados pela instituição para estudar no exterior".
20. Fabiano Engelmann, "O Espaço Jurídico Brasileiro e as Condições de Uso do Capital Internacional", em Letícia Bicalho Canêdo, Kimi Tomizaki e Afrânio Garcia (org.), *Estratégias Educativas das Elites Nacionais no Mundo Globalizado*, São Paulo, Hucitec, 2013; Carlos Guilherme Mota, "Para uma Visão de Conjunto: A História do Brasil pós-1930 e Seus Juristas", em Carlos Guilherme Mota e Gabriela Nunes Ferreira (org.), *Os Juristas na Formação do Estado-Nação Brasileiro*, São Paulo, Quartier Latin, 2006, pp. 23-146.
21. Peter Bell, "Entrevista com Lacerda, G. e Rangel, T.", p. 13.

Bell chegou a fazer uma doação ao Ceped em 1966, em razão do interesse da direção da Fundação Ford em apoiar projetos para aproximar a lei e o desenvolvimento. Mas prevaleceu a decisão de apoiar um programa de pós-graduação plurianual em ciência política a ser desenvolvido em Minas Gerais, atraindo estudantes de todo o país. O fato é que os *program officers* "Viam o desenvolvimento menos em termos de aumentos na renda per capita em si e mais em termos de aumentos em alguma medida de controle – ou pelo menos de participação – em decisões importantes que afetam a vida das pessoas, seja no nível do indivíduo, da família, da comunidade ou da nação"[22].

O apoio a um programa em ciência política, *build from scratch*, capaz de concorrer nas esferas acadêmica e governamental com os conhecimentos jurídicos, promover novas elites por meio da canalização das doações para pesquisa e cursos de pós-graduação, a fim de "ajudar a explorar e clarificar as dimensões política e social do desenvolvimento", não foi decisão imediata. Foi sendo definido aos poucos, a partir da abertura do escritório da Fundação no Rio de Janeiro, em 1962, num período de grande instabilidade política[23].

O escritório brasileiro foi instalado no mesmo ano que outros semelhantes na América Latina (Chile e México) e na África (Nairóbi). Marcou o deslocamento da filantropia internacional da Fundação para regiões limítrofes de governos comunistas, o que já havia sido anunciado com a inauguração do escritório de Istambul em 1960. A repercussão da revolução cubana em vários países do continente latino-americano direcionou a contribuição da Fundação, inicialmente, para apoio institucional a programas de ensino voltados a difusão das ideias de modernização, desenvolvimento e democracia lançadas pelo plano de ajuda americana para América Latina – a Aliança para o Progresso do governo Kennedy[24].

As tentativas pioneiras para cobrir também a área do desenvolvimento social e político surgem no escritório da Fundação, no Rio de Janeiro, a partir de 1964. O procedimento para tal foi o mesmo do adotado no Harvard University International Summer Seminar, liderado por Henry Kissinger

---

22. *Idem*, p. 5.
23. A instabilidade política gerada pela renúncia do presidente eleito Jânio Quadros e a subida ao poder do vice-presidente João Goulart – apoiado pelos sindicatos dos trabalhadores e pelos movimentos da reforma agrária –, foi intensificada com o golpe-civil e militar de 31 de março de 1964 que depôs o presidente João Goulart, dando início a 22 anos de governo militar.
24. John F. Kennedy, "Preliminary Formulations of the Alliance for Progress", *The Department of State Bulletin*, vol. 44, n. 1136, pp. 471-474, 1961.

nos anos 1950, e fortemente financiado pela Fundação Ford de 1954 a 1971: expandir internacionalmente os "valores americanos" por meio da promoção de contatos com potenciais líderes usando os problemas sociais como desafios para conceitos normativos. Primeiramente, por meio do recrutamento de estudiosos em ciências sociais e da integração deles às estratégias promovidas pelo mecenas, na esperança de que, mais tarde, desenvolvessem programas de ensino e pesquisa no país de origem sem mais intervenção direta da Fundação. Em seguida, dando assistência ao grupo de cientistas apoiados para que eles pudessem criar e desenvolver em seu país uma agência científica central, a fim de coordenar a pesquisa científica nacional[25]. Em suma, alcançar a uniformização conceitual e técnica nas ciências sociais na tentativa de apagar as diferenças nacionais na produção das ciências sociais.

No caso brasileiro, possibilitar o aparecimento de uma comunidade de cientistas sociais que não fosse territorialmente circunscrita e que dialogasse com a sociologia empirista norte-americana – o modelo das relações entre pesquisa social e agentes econômicos e políticos elaborado por Paul F. Lazarsfeld na Universidade de Columbia[26] – trouxe uma enorme alteração nas hierarquias estabelecidas no campo das ciências sociais nacionais. Significou sustentar trabalhos empíricos desenvolvidos por professores situados à margem no campo acadêmico e, como resultado, o enfraquecimento da herança intelectual da missão francesa[27].

O primeiro agente da Fundação responsável por implementar esse projeto de promoção da Ciência Política no Brasil foi Peter Bell, que permaneceu no Brasil até 1969. A parte final do projeto, que tratou da coordenação da pesquisa científica, foi completada por Shepard Forman dentro da mais influente sociedade científica na área, a Anpocs, criada em 1976.

---

25. Inderjeet Parmar, *Foundations of the American Century: The Ford, Carnegie and Rockefeller Foundations in the Rise of American Power*, pp. 103-110; Kenneth Rose, "American Foundations in Modern Turkey: The Rockefeller and Ford Foundation", em Giuliana Gemelli e Roy MacLeod (ed.), *American Foundations in Europe*, pp. 72-94; Jacquelyn Marie Holmes, *From Modernization and Development to Neoliberal Democracy: A History of the Ford Foundation in Latin America 1959-2000*; Alison R. Bernstein, *Funding the Future: Philanthropy's Influence on American Higher Education*, New York, R & L Education, 2013, pp. 85-86.
26. Paul F. Lazarsfeld, "An Episode in the History of Social Research: A Memoir", Donald Fleming e Bernard Bailyn (ed.), *The Intellectual Migration: Europe and America, 1930-1960*, Cambridge, Harvard University Press, 1969, pp. 309-337; Michael Pollack, "Paul F. Lazarsfeld, Fondateur d'une Multinationale Scientifique", ARSS, vol. 25, n. 1, 1979, pp. 56-58.
27. Afrânio Garcia, "Les Disciplines de la 'Mission Française' et la Reception de l'Anthropologie Structural au Brésil".

PETER BELL NA IMPLEMENTAÇÃO DO PROGRAMA DA FUNDAÇÃO FORD

Peter Bell chegou ao Brasil seis meses após o golpe de Estado de 31 de março de 1964. Ele tinha 22 anos e sua escolha para implementar o programa da Fundação atendeu às recomendações do Relatório Gaither sobre os principais critérios de escolha dos agentes que garantissem o sucesso do programa filantrópico da Fundação Ford: uma maior ênfase nas habilidades interpessoais, na imaginação e na experiência em interesses gerais do que na idade, especialização ou reputação. O relatório recomendava também experiência em viagens e "flexibilidade para lidar com todos os tipos de pessoas e uma profunda convicção em relação aos objetivos fundamentais do programa". Qualidades que seriam "necessárias para alterar o conteúdo do programa de tempos em tempos a fim de adequá-lo às novas conjunturas"[28].

Quando foi contratado pela Fundação, Bell havia acabado de receber seu diploma da Woodrow Wilson School of International Affairs em Princeton, mas, desde cedo, por meio de bolsas de estudo para o exterior, foi sensibilizado para "oportunidades para resolver conflitos, promover a paz, proporcionar a justiça, proteger os vulneráveis e amparar os pobres e desfavorecidos", conforme suas próprias palavras[29]. Esteve entre os estudantes secundaristas a visitar Nagasaki após da Segunda Guerra Mundial e, quando em Yale, ele se engajou no movimento pelos direitos civis e fez parte da Operation Crossroads Africa, trabalhando na Costa do Marfim. Posteriormente, adquiriu familiaridade em área sensível da política externa do governo norte-americano ao trabalhar como estagiário em assuntos de segurança internacional no Departamento de Defesa, aprendendo o suficiente "sobre o envolvimento americano no Vietnã para preocupar-se profundamente com a questão". Um ano depois, aceitou o convite para entrar na Divisão Internacional da Fundação Ford.

Entre os vários programas institucionais que Bell apoiou no Brasil, além do DCP em Minas Gerais em 1965 – que incluiu bolsas nas principais

---

28. Horace Rowan Gaither Jr., *Report of the Study for the Ford Foundation on Policy and Program*, pp. 133-136.
29. Al Chambers, "A Conversation with Peter Bell", *Yale News*, 2004.

universidades americanas (Harvard, MIT, Stanford) –, consta o primeiro doutorado em ciência política. Estava localizado no Instituto Universitário de Pesquisas do Rio de Janeiro – Iuperj –, instituição privada, acolhida pelas Faculdades Cândido Mendes[30]. Em São Paulo, investiu num *think tank*, também privado – o Centro Brasileiro de Análise e Planejamento (Cebrap) – encabeçado pelo sociólogo Fernando Henrique Cardoso (presidente do Brasil de 1995 a 2002), que, afastado por razões políticas da Universidade de São Paulo – USP –, estava interessado em implementar novos métodos de trabalho científico, promover mudanças e influir na realidade brasileira. Nos três casos citados, a maior parte dos intelectuais apoiados por Bell era composta de cientistas sociais oriundos de várias especialidades, possuíam diplomas em universidades estrangeiras (principalmente americanas), não pertenciam ao *establishement* do Brasil e haviam sido expurgados de seus cargos universitários pelo regime militar.

Os programas-alvo definidos por Bell para implantação da disciplina ciência política no Brasil mostram o valor do seu currículo para atuar no cenário brasileiro da época, cenário que foi descrito por Sergio Miceli, com muita propriedade, como mais assemelhado a uma trama de filme policial do que do exercício profissional do mecenato[31]. Durante os cinco anos de permanência no Brasil, Bell atuou em meio a bombas de intimidação, ameaças e provocações o que, no final, acabou "contribuindo para a modelagem de rotas próprias e arriscadas para a atuação da Fundação no Brasil"[32].

O ENCONTRO DOS CIENTISTAS SOCIAIS DE MINAS GERAIS COM PETER BELL E A RECOMPOSIÇÃO DAS CIÊNCIAS SOCIAIS

Dois universitários brasileiros tiveram papel importante nos encontros iniciais de Peter Bell com os professores do curso de sociologia política da Faculdade de Ciências Econômicas: Antônio Octávio Cintra e Leônidas Xausa. Cintra era ex-aluno da Faculdade e ex-bolsista da Faculdade

---

30. Bolívar Lamounier, *Entrevista com H. M. Bomeny*, Rio de Janeiro, CPDOC/FGV, 2013, pp. 19-22.
31. Sergio Miceli, "A Aposta numa Comunidade Científica Emergente. A Fundação Ford e os Cientistas Sociais no Brasil", p. 47.
32. *Idem, ibidem*.

Latino-Americana de Ciências Sociais (Flacso), localizada no Chile, onde se situavam um bom número de escritórios especializados da Unesco[33]. Xausa, professor de direito na Universidade Federal do Rio Grande do Sul, foi um dos primeiros brasileiros a estudar Ciência Política nos Estados Unidos, na Universidade de Columbia, onde não só trabalhava Paul Lazarsfeld, no Bureau of Applied Social Research, como também um grupo interessado por estudos no Brasil – Albert Hirschman, Charles Wagley e Marvin Harris –, o mesmo que contribuiu para o surgimento da primeira onda de brasilianistas.

Xausa tinha planos de criar um departamento de ciência política na UFRGS[34]. O contato com Xausa com brasilianistas permitiu a Bell compreender a geografia da academia brasileira. Este conhecimento contribuiu para que ele definisse a ainda pouco reconhecida escola mineira, a FACE, como o principal interesse da Ford logo após seu encontro com o Cintra em seu escritório no Rio de Janeiro. Cintra o convenceu das possibilidades latentes na FACE para a criação de uma nova forma de pensar a esfera pública, na linha da ciência política produzida nos Estados Unidos[35].

A Faculdade de Ciências Econômicas foi criada em 1941 como uma modesta escola privada de comércio. Dois anos depois veio a se tornar Faculdade de Ciências Econômicas e Administrativas, almejando alcançar o "padrão dos institutos de tipo americano", conforme declaração do presidente da Federação das Indústrias de Minas Gerais, em 1945[36]. Em 1948 a Faculdade foi incorporada à Universidade de Minas Gerais e dirigida durante quarenta anos por Ivon Leite de Magalhães Pinto, que pertencia à rede social das famílias governamentais de Minas Gerais[37]. Um curso de

33. Gustavo Sorá e Alejandro Blanco, "Unity and Fragmentation in the Social Sciences in Latin America", em Johan Heilbron, Gustavo Sorá e Thibaud Boncourt (ed.), *The Social and Human Sciences in Global Power Relations*.
34. Peter Bell, "Entrevista com Lacerda, G. e Rangel, T.", p. 6.
35. Fábio Wanderley Reis, "Minas e as Ciências Sociais: Evocações e Alguma Polêmica", *Teoria e Sociedade*, número especial "Imagens de Minas – Homenagem a Fernando Correia Dias", pp. 14-31, 2004.
36. João Antônio de Paula, "O Ensino e a Pesquisa em Economia na Universidade Federal de Minas Gerais", *Análise*, vol. 17, n. 2, 2006, p. 330.
37. Ivon de Magalhães Pinto era descendente de deputados da Assembleia Geral do Império (filiados ao Partido Liberal) e de deputados da República, primo e sobrinho assinantes do *Manifesto dos Mineiros* de 1943, pela democracia, contra o Estado Novo. Foi um dos fundadores da UDN (União Democrática Nacional). Um dos seus tios participou da criação da Faculdade Livre de Direito, no final do século XIX, em Ouro Preto.

sociologia e política foi a ela anexado em 1953, poucos meses após a criação de um curso similar na Escola Brasileira de Administração Pública da Fundação Getúlio Vargas (Ebap/FGV). A criação deste curso fazia parte do Acordo Básico de Cooperação Técnica entre Estados Unidos e América Latina, vinculado ao Ponto IV do programa de governo do presidente Harry Truman (1949). Mas, ao contrário do curso da Ebap/FGV, que estava orientado para qualificar pessoal para a administração pública, a Faculdade de Ciências Econômicas tinha um programa mais voltado para pensar Estado e Sociedade, numa abordagem mais próxima da sociologia política.

Implementar um curso de sociologia política acoplado ao de administração pública numa Faculdade de Economia era uma grande inovação. Mas a faculdade não atendia ao "padrão dos institutos de tipo americano". Era composta de figuras importantes da vida econômica, política e cultural de Minas Gerais, mas não possuía professores especializados em sociologia política[38]. Além disso, os alunos não dispunham de recursos suficientes para se comprometerem plenamente com seus estudos. Um ambiente institucional para o ensino e a pesquisa só foi possível após a concessão de um programa de bolsas de estudo proposto por Elwyn A. Mauck, um professor da Universidade de Pittsburgh, enviado pelo Institute of Inter-American Affairs (EUA), com fundos da Usaid, para estabelecer um plano para formação em administração pública no Brasil[39]. O programa, incluído num projeto assinado, em 1953, entre o diretor da cooperação técnica Brasil–EUA no Brasil e Ivon de Magalhães Pinto, diretor da Faculdade de Ciências Econômicas, foi apoiado pelos banqueiros e empresários mineiros[40]. O apoio financeiro permitiu bases materiais – espaço físico, biblioteca –, reunião de alunos e professores dedicados ao ensino e à pesquisa em tempo integral e um ambiente interdisciplinar[41].

---

38. João Antônio de Paula, "O Ensino e a Pesquisa em Economia na Universidade Federal de Minas Gerais"; Bolívar Lamounier, *Entrevista com H. M. Bomeny*, pp. 8-9.
39. Elwyn A. Mauck, *Establishment of a Public Administration Training Program in the School of Economic Sciences, U.M.G, U.S. Operations Mission to Brazil, Under a Project Agreement Between the Institute of Inter-American Affairs and the University of Minas Gerais*, Belo Horizonte, Departamento de Imprensa Nacional, 1954; Amon Narciso de Barros, *Uma Narrativa sobre os Cursos de Administração da FACE/UFMG*, Belo Horizonte, Universidade Federal de Minas Gerais, 2013 (Dissertação de Mestrado), pp. 112-118.
40. Amon Narciso de Barros, *Uma Narrativa sobre os Cursos de Administração da FACE/UFMG*, pp. 112-118.
41. Cláudio de Moura Castro, *A Mágica do Dr. Yvon*, pp. 28-36.

Foi o primeiro programa do gênero implantado no Brasil, baseado no mérito, dispondo de infraestrutura extraordinária em relação aos demais cursos similares no Brasil.

As condições fornecidas pelo programa de bolsas contribuíram não só para a consolidação de um conceito de vida acadêmica profissional como também para a capacitação na esfera governamental. De fato, dos duzentos e poucos bolsistas do período 1954-1970, quatro se tornaram ministros de Estado, alguns outros atuaram como secretários estaduais ou serviram na equipe do Banco de Desenvolvimento de Minas Gerais (BMDG), ou estavam entre os muitos que nutriram a ciência política no Brasil[42].

O curso sofreu uma grande inflexão quando três bolsistas da Faculdade de Ciências Econômicas – Simon Schwartzman, Fábio Wanderley Reis e Antônio Octávio Cintra – foram selecionados para um curso de especialização na Flacso, num programa criado no Chile pela Unesco. O curso era ministrado por professores que vinham de diferentes países[43]. Schwartzman alega que começou a ler os autores americanos nessa oportunidade, "na linha da tradição de Columbia, então a tradição de Lazarsfeld"[44].

De volta ao Brasil, foram admitidos como parte do quadro docente da FACE, entre 1962 e 1963. Deram um novo impulso às reflexões sobre política no Brasil, divulgando temas novos no meio acadêmico como a natureza dos sistemas de partido, comportamento eleitoral, elites políticas. José Murilo de Carvalho, hoje membro da Academia Brasileira de Letras, autor de livros que contribuíram para a revisão da história republicana brasileira, e que foi aluno desses três professores, faz uma declaração esclarecedora do impacto do curso na mudança no pensamento acadêmico:

> E aí sim, entrou um outro estilo de pensamento, uma outra orientação: entrou a ciência política americana, via Flacso. Não foi realmente minha ida para os Estados Unidos que me introduziu a esse campo; comecei a ler os autores na bibliografia do Antônio Octávio, do Simon Schwartzman, do Fábio Wanderley[45].

---

42. *Idem*, pp. 67-76.
43. Gustavo Sorá e Alejandro Blanco, "Unity and Fragmentation in the Social Sciences in Latin America".
44. Simon Schwartzman, *Entrevista com H. M. Bomeny*, Rio de Janeiro, CPDOC/FGV, 2009, pp. 6-7.
45. José Murilo de Carvalho em Marieta de Moraes Ferreira, Celso Castro e Lúcia Maria Lippi Oliveira, "Entrevista com José Murilo de Carvalho", *Estudos Históricos*, vol. 12, n. 22, 1998, p. 362.

A partir de então, as pesquisas realizadas na Faculdade de Ciências Econômicas foram sistematicamente publicadas na *Revista Brasileira de Estudos Políticos*, considerada pioneira no Brasil na publicação de trabalhos em pesquisas eleitorais e sobre partidos políticos. Criada na Faculdade de Direito, em 1956, e representando uma ponte entre duas gerações, a revista veio para combinar a tradição filosófica e jurídica da outrora prevalecente tradição francesa de ciência política com a tendência norte-americana dos jovens sociólogos formados pela Faculdade de Ciências Econômicas. Foi a revista de ciências sociais mais internacional publicada no Brasil e a primeira a introduzir estudos empíricos metodologicamente por *surveys*.

Assim, Bell encontrou na Faculdade de Ciências Econômicas um grupo de sociólogos disciplinados que selava a aliança entre política e pesquisa social, a começar com o empirismo das sondagens. Era uma área de estudos pouco conhecida no Brasil, e sem reputação social, especialmente pouco valorizada por famílias que não usufruíram de uma formação universitária e temiam pelo futuro profissional dos seus filhos. Simon Schwartzman relembrou:

> Meu pai sempre achava que eu desisti da engenharia porque eu era preguiçoso, não queria trabalhar, estudar para o concurso, estudar matemática. Ele não entendeu o que eu estava fazendo. Quer dizer, ninguém sabia o que era isso. Realmente, era uma aventura, porque... Era uma coisa que parecia interessante, mas... O que é que é isso? Que profissão é essa? Para que é que serve? Ninguém tinha ideia[46].

Junto à desconfiança das famílias quanto ao envolvimento de seus filhos com a ciência política, havia um outro tipo de insegurança a perturbar os sociólogos da Faculdade de Ciências Econômicas: nos anos 1960, era pequena, ou quase nula, a chance de um impulso profissionalizante para descendentes de imigrantes, oriundos do baixo funcionalismo público, do comércio ou de ofícios, como alfaiate e marceneiros e membros de famílias de pequenos proprietários rurais, grupos sociais aos quais pertenciam os recrutados por Peter Bell para estudar ciência política em universidades norte-americanas.

---

46. Simon Schwartzman, *Entrevista com H. M. Bomeny*, p. 6.

Dos onze primeiros bolsistas recrutados, sete deles foram selecionados da Faculdade de Ciências Econômicas por Frank Bonilla e Robert Packeman, pertencentes ao Center for Advanced Studies in the Behavioral Sciences criado pela Ford Foundation na Universidade de Stanford. Eles possuíam um capital social relativamente modesto e, sobretudo, ausência de laço de parentesco com a rede das grandes famílias de Minas Gerais, que costumava formar seus filhos nas faculdades de Direito com vistas a uma carreira nos organismos de Governo[47].

A conquista de bolsas de estudos por mérito em importantes instituições nacionais e internacionais, entretanto, não conseguia apagar o fato de a sociologia não ser considerada, ainda, um curso de prestígio para o mercado local. É assim que José Murilo de Carvalho, numa entrevista, explica de maneira anedótica a hierarquia universitária:

> Eu não tinha perspectiva profissional. [...] Nos bailes dos estudantes, a distância entre moças e rapazes era definida a partir da resposta que se dava a uma pergunta inevitável que elas faziam logo que de início: "que curso você está fazendo?" Se a resposta fosse Sociologia Política, ou outro curso de pequeno prestígio, a distância entre os pares aumentava e daí a pouco elas se escusavam e voltavam às cadeiras à espera de melhor sorte. Quem quisesse se dar bem tinha que responder Engenharia, Medicina, Direito ou Economia[48].

Nesta situação, de relativa marginalidade social e política, muitos deles filiaram-se a grupos de esquerda no início dos anos 1960, e foram profundamente afetados pela repressão política após o golpe de Estado de 1964.

Neste momento político especial, Peter Bell encontrou entre os sociólogos da Faculdade de Ciências Econômicas um terreno favorável a seus objetivos: não só o de constituir uma ciência rigorosa da sociedade, como o de também cultivar virtudes cívicas indispensáveis à construção de um mercado internacional de competência do Estado. Além das bolsas de estudos para as universidades norte-americanas, procurou dar condições para o regresso dos bolsistas ao Brasil, o que não foi nada fácil, como ele próprio explicitou:

---

47. Letícia Bicalho Canêdo, "Les Boursiers de la Fondation Ford et la Recomposition des Sciences Sociales Brésiliennes. Le Cas de la Science Politique", p. 42.
48. José Murilo de Carvalho em Angela Randolpho Paiva, "Entrevista com José Murilo de Carvalho", *Desigualdade & Diversidade*, vol. 7, 2010, p. 228.

O governo militar confundiu cientistas sociais com socialistas e limitou sua liberdade de questionamento, expressão e associação. A Fundação percebeu que era insuficiente presumir que nós éramos "apolíticos" ou "tecnocráticos". Como organização transnacional, nós tínhamos a obrigação de explicitar os valores que regiam nossa concessão de subsídios e que eram essenciais para o progresso das ciências sociais e naturais. Ao mesmo tempo, não poderíamos ser partidários[49].

A FUNDAÇÃO FORD E A JUNÇÃO DE CIENTISTAS SOCIAIS DISTINTOS DE MINAS GERAIS, DO RIO DE JANEIRO E DE SÃO PAULO

O governo militar impediu que os bolsistas da Ford retornassem aos seus postos universitários. Assim, em 1969, Peter Bell apoiou um plano para projetar e implementar um programa de pós-graduação em Ciência Política em uma instituição privada no Rio de Janeiro. Uma razão para fazer isso foi que o programa no DCP que ele havia inicialmente apoiado na UFMG havia sido transferido pelo governo militar da Faculdade de Ciências Econômicas para a Faculdade de Filosofia, que se recusou a readmitir os bolsistas que retornavam de seus estudos nos Estados Unidos. Assim sendo, a ideia inicial de Bell de apoiar a pós-graduação em Ciência Política dentro de uma grande universidade foi substituída pela de um pequeno instituto localizado nas Faculdades Cândido Mendes – o Instituto de Pesquisa Universitária do Rio de Janeiro (Iuperj), uma instituição privada tradicional e pouco reconhecida pelo meio acadêmico. O Iuperj estava sendo dirigido, desde 1968, por Bolívar Lamounier, um ex-bolsista da Faculdade de Ciências Econômicas que, como os demais, estava impedido de retornar ao DCP, que havia ajudado a criar. Assim, Lamounier convidou seus colegas a se juntarem a ele no Iuperj. Com o apoio da Fundação Ford e uma nova missão para desenvolver a pesquisa de pós-graduação em Ciências Sociais, o Iuperj acolheu os ex-bolsistas de Minas Gerais que puderam continuar os estudos iniciados nos Estados Unidos com o objetivo de transformar a sociedade civil brasileira.

---

49. Peter Bell *apud* Felipe Werneck e Heloisa Aruth Sturm, "Para os EUA, Brasil era Campo de Batalha na Guerra Fria".

Tais estudos continham indagações novas sobre as antigas questões ligadas à tradição autoritária brasileira[50], entre elas como fazer a transição de uma estrutura pesada e autoritária para uma estrutura mais ágil, moderna, dando condições para o desenvolvimento de um sistema representativo mais diversificado. Essas indagações encontraram eco entre jovens militantes das ciências sociais do Rio de Janeiro, que estavam sem engajamento intelectual após o fechamento do Iseb pelo governo militar. Os jovens isebianos se interessaram pelo programa de bolsas da Fundação Ford, em especial pela possibilidade que viam de articular a ciência política norte-americana aos ensaios de interpretação sobre a história política do Brasil desenvolvidos no extinto Iseb[51].

A problemática comum dos aspectos político-institucionais da vida social brasileira, prolongada nos métodos e técnicas de pesquisas veiculados em universidades norte-americanas, contribuiu para dar uma formação homogênea ao núcleo básico de professores do programa de pós-doutorado do Iuperj. Esta formação inicial foi tão decisiva para a consolidação da implantação da ciência política no Brasil quanto o guarda-chuva institucional proporcionado por Cândido Mendes de Almeida[52] para garantir um espaço de liberdade de reflexão menos exposto à repressão da era militar.

As relações do Iuperj com a Faculdade Cândido Mendes, entretanto, nunca foram formalizadas: "Não havia contrato de trabalho, eu não podia assinar um documento", disse Lamounier. Mas "os negociadores eram pessoas magníficas, do lado da Fundação Ford, gente muito capacitada, com muita experiência desse tipo de situação, de pegar uma instituição frágil, no começo, e fazer ela se desenvolver, com apoio"[53].

50. Os títulos das teses de doutorado desenvolvidas pelos bolsistas da Ford são bem sugestivos da problemática: Fábio Wanderley Reis, *Political Development and Social Class: Brazilian Authorianism in Perspective*; Simon Schwartzman, *Regional Cleavages and Political Patrimonialism in Brazil*; José Murilo de Carvalho, *Elite and State-Building in Imperial Brazil*; Vilmar Faria, *Occupational Marginality, Employment and Poverty in Urban Brazil*; Elisa Reis, *The Agrarian Roots of Conservative Modernization, Brazil: 1880-1930*.
51. Fábio Cardoso Keinert e Dimitri Pinheiro Silva, "A Gênese da Ciência Política Brasileira", pp. 78-99.
52. Cândido Mendes de Almeida, o proprietário da Faculdade Cândido Mendes, foi membro fundador do Iseb e secretário-geral da Comissão Justiça e Paz no Brasil (1972-1997), um dos responsáveis pela denúncia de casos de tortura no Brasil durante o regime militar. Foi professor visitante em Harvard, Princeton, Stanford e Columbia (1965-1981) e presidente da IPSA, International Political Science Association (1979-1982), entre outros cargos.
53. Bolívar Lamounier, *Entrevista com H. M. Bomeny*, pp. 20-21.

Esta fragilidade institucional contribuiu para fortalecer o elo da Fundação Ford com os cientistas políticos brasileiros. Com uma dotação para comprar uma sede para o Iuperj e equipá-la com uma infraestrutura necessária, o programa de pós-graduação em Ciência Política do Iuperj se inseriu no formato norte-americano de cursos regulares, com créditos acoplados a um modelo de pesquisa metódica e sistemática, frequentemente quantitativo, que se transformou em rotina nas ciências sociais brasileira. A revista criada neste programa, *Dados: Revista de Ciências Sociais*, cujo nome eloquente enfatizava o empirismo, tornou-se um canal importante para promover as pesquisas desenvolvidas no Instituto e foi a primeira revista brasileira a adotar padrões internacionais. Até hoje, é uma das mais importantes em sua área.

Em 1969, Lamounier teve seus direitos políticos suspensos pelo governo militar. Como consequência, ele se dirigiu para São Paulo e intermediou a negociação entre Peter Bell (de quem tinha "ficado muito amigo") e seis cientistas sociais dessa cidade também expurgados da universidade durante os anos mais difíceis do governo militar. Sob a liderança de Fernando Henrique Cardoso, eles elaboraram um projeto solicitando verba para a criação do que se tornou o Centro Brasileiro de Análise e Planejamento (Cebrap) e que produziu uma revista, *Estudos Cebrap*.

O Cebrap foi "uma das verbas mais importantes e gratificantes concedidas durante minha atuação na Fundação", disse Bell[54]. O centro tornou-se referência para a pesquisa e análise social no Brasil e em toda a América Latina, possibilitando o reagrupamento de pesquisadores formados na tradição francesa de filosofia (trazida para a Universidade de São Paulo em 1930) com os pesquisadores formados em métodos de pesquisa norte-americanos.

Assim, o Iuperj e o Cebrap emergiram nos anos 1970 como dois polos competitivos em pesquisa em ciência política, no Rio e em São Paulo, respectivamente. Integraram dois universos distintos de cientistas políticos brasileiros nos debates promovidos pelos centros científicos norte-americanos. Ambos possuíam revistas de qualidade acadêmica reconhecidas e os trabalhos de seus pesquisadores eram publicados em revistas internacionais em espanhol e em inglês[55].

---

54. Peter Bell *apud* Felipe Werneck e Heloisa Aruth Sturm, "Para os EUA, Brasil era Campo de Batalha na Guerra Fria".
55. Cf. Plataforma Lattes, CNPq. Para o Cebrap, ver tabelas estatísticas em Bernardo Sorj, *A Construção Intelectual do Brasil Contemporâneo*, Rio de Janeiro, Zahar, 2001, pp. 52-54.

Os exemplos de Fernando Henrique Cardoso, Bolívar Lamounier, Vilmar Faria e Simon Schwartzman mostram alguns dos resultados da aposta de Peter Bell em medidas pioneiras para lidar com o desenvolvimento social e político do país através do apoio às ciências políticas. Em 1985, Lamounier foi chamado para integrar a Comissão Afonso Arinos, que elaborou o anteprojeto de Constituição para o Brasil. Eleito presidente da República, Fernando Henrique Cardoso, durante seu governo (1995-2002), associou Schwartzman na reforma do sistema estatístico do Instituto Brasileiro de Geografia e Estatística – IBGE, órgão que reúne os indicadores e as informações básicas para o governo e a população[56], o que possibilitou o impacto dos programas sociais públicos de redistribuição da renda implantados no período e liderados por Vilmar Faria. Faria foi o primeiro cientista político brasileiro a colocar o estudo sistemático das políticas sociais na agenda da pesquisa acadêmica do país. Junto à carreira de professor na Unicamp, foi presidente do Cebrap e assessor do governo federal, onde fazia a ponte necessária entre o Executivo e os órgãos técnicos, nacionais (como o Ipea e o IBGE) e internacionais (como o BID e o Banco Mundial).

SHEPARD FORMAN E A ORGANIZAÇÃO DA COMUNIDADE CIENTÍFICA EM CIÊNCIAS SOCIAIS NO BRASIL

Peter Bell deixou o Brasil no final de 1969. Nessa época, os centros de pesquisa privados que ele apoiou (Iuperj e Cebrap) já estavam organizados em equipes que lidavam com o planejamento público, além de oferecer serviços privados. Estes centros trabalhavam isolados um do outro e de outras instituições no resto do país.

Havia uma necessidade urgente de reunir pesquisadores em ciências sociais, incluindo o novo campo da ciência política, em uma associação nacional com uma estrutura institucional independente dos centros tradicionais de tomada de decisão e não suscetível às correntes políticas em constante mudança dentro das universidades. A primeira discussão sobre o assunto surgiu durante um Seminário sobre Indicadores Sociais do

---

56. Simon Schwartzman, *Entrevista com H. M. Bomeny*.

Desenvolvimento Nacional na América Latina, organizado no Iuperj (Rio de Janeiro), em maio de 1972. A minuta da futura associação foi redigida por Mario Brockmann Machado, um ex-bolsista da Fundação, e distribuída no 1º Encontro Nacional de Coordenadores de Programas de Pós-Graduação em Ciências Sociais, realizado no ano seguinte, no Ceará[57]. Cinco anos depois, a Associação Nacional de Pós-Graduação e Pesquisa em Ciências Sociais (Anpocs) foi fundada como uma associação científica composta por parceiros institucionais e não por pesquisadores individuais.

As primeiras diretorias da Associação foram constituídas com ex-bolsistas da Fundação, que tinham por meta promover as virtudes da prática do trabalho em equipe e as técnicas requeridas para um projeto de pesquisa, relativas à literatura sobre um tema de pesquisa, hipóteses orientadoras, objetivos explicitados, natureza dos dados a serem coletados.

Para alcançar esta meta, que poderia fornecer ao campo acadêmicos cientistas capazes de trabalhar de forma independente e garantir um treinamento de pós-graduação de qualidade, a Anpocs contou com um Comitê Assessor em Ciências Sociais criado pela Fundação Ford. Tal Comitê era encarregado de julgar os projetos de auxílio à pesquisa que seriam financiados pela Fundação nas áreas de Sociologia, Ciência Política e Antropologia. O concurso Ford/Anpocs foi pensado e dirigido pelo substituto de Peter Bell no programa da Ford, o brasilianista Shepard Forman.

Forman, diferentemente de Peter Bell, não era um recém-chegado. Ele viveu vários anos no país como bolsista Fulbright, de 1961 a 1963, e recebeu seu Ph.D. na Columbia University por suas pesquisas versadas na economia da pesca de jangada no estado de Alagoas. Interessou-se pelo estudo da língua portuguesa durante seus estudos de pós-graduação na New York University, visando tornar-se beneficiário das bolsas de estudo dada sob o Título VI da Lei de Educação em Defesa Nacional (NDEA) de 1958, que fornecia financiamento para estudos africanos e latino-americanos e "instrução em línguas estrangeiras modernas". Escolher o estudo dessa língua lhe proporcionaria uma bolsa completa, "inclusive com manutenção. Foi uma decisão fácil"[58]. Mais tarde, durante o período de sua bolsa Fulbright

---

57. Mario Brockmann Machado, "A Fundação Ford, a Finep e as Ciências Sociais", em Sergio Miceli (org.), *A Fundação Ford no Brasil*, p. 103.
58. Shepard L. Forman, *Entrevista com L. L. Oliveira e H. M. Aragão*, Rio de Janeiro, CPDOC/FGV, 2011, p. 2.

para pesquisa no Brasil, ele conheceu o antropólogo Charles Wagley, que o apresentou ao seu grupo de pesquisa e à vida acadêmica em regiões difíceis do Nordeste brasileiro. Forman publicou posteriormente dois livros[59] sobre um tema que, como ele próprio declarou, o interessava desde criança: "como um povo marginalizado entra na vida política, econômica, cultural, nacional"[60]. Quando foi contratado pela Fundação para trabalhar no Brasil, ele havia acabado de chegar do Timor Leste, onde teve "o primeiro encontro com a ideia de colonialismo, com a ideia de pessoas indígenas, com as ideias de direitos humanos, desenvolvimento"[61]. Com esta formação pôde, tal como Peter Bell, manter diálogo com os cientistas sociais brasileiros perseguidos pelo regime militar.

Baseado no princípio de que "as decisões devem ser tomadas pelos próprios brasileiros"[62], Forman sugeriu um concurso para bolsas de pesquisa no qual os membros do Comitê Assessor deveriam ser escolhidos "sob os olhos dos pesquisadores" que regularmente se reuniam, discutiam e formavam opiniões nos grupos de trabalho, seminários e reuniões anuais da Anpocs. O objetivo era valorizar o mérito e o método na pesquisa em ciências sociais, que deveriam se basear em normas acordadas publicamente[63]. Esta foi outra inovação importante para a profissionalização da área, já que na época não havia experiência no desenvolvimento de projetos de pesquisa técnica em universidades brasileiras.

A Fundação entregou a inteira administração do concurso para a Anpocs em 1983[64]. A partir de então, a Financiadora de Estudos e Projetos (Finep), vinculada ao Ministério do Planejamento, por meio do Fundo Nacional de Desenvolvimento Científico e Tecnológico (Decreto-lei n. 719, de 31 jul. 1969) se encarregou da continuidade do processo de construção institucional dessas ciências, processo este completado pela Coordenação

---

59. Shepard L. Forman, *The Brazilian Peasantry*, Columbia University Press, 1975; *The Raft Fisherman: Tradition and Change in the Brazilian Peasant Economy*, Indiana University Press, 1970.
60. Shepard L. Forman, *Entrevista com L. L. Oliveira e H. M. Aragão*, pp. 5-6.
61. *Idem*, p. 5.
62. *Idem*, pp. 5-6.
63. Juarez Rubens Brandão Lopes, "Trinta Anos da Fundação Ford no Brasil", em Sergio Miceli (org.), *A Fundação Ford no Brasil*.
64. O *Informe Anpocs* de 1983 traz a lista completa das 38 dotações aprovadas pela Fundação para projeto de pesquisa, com nome dos aprovados e grande diversidade nos títulos de projetos, com concentração de pesquisadores na UFRJ, PUC-Rio, USP e UFRGS.

de Aperfeiçoamento de Pessoal de Nível Superior (Capes) – vinculada ao Ministério da Educação – que, em 1974, concentrou em suas mãos a tarefa de formular o Plano Nacional de Pós-Graduação[65].

CONCLUSÃO

Este estudo de caso visa mostrar como surgiu no Brasil um quadro de reconhecidos produtores de ciência política. Aspira a propor novas hipóteses capazes de contribuir para uma reflexão mais afiada sobre a questão da exportação e importação de conhecimento, fenômeno difícil de medir, pois está inscrito em estratégias de duplo jogo.

Nesta linha, dois aspectos me parecem importantes de serem ressaltados, não só pelos resultados obtidos em meio a episódios mais ou menos longos de afrontamentos controversos com o governo militar e com o governo dos Estados Unidos, mas pelo que revelam durante o processo de constituição do DCP, do Iuperj, do Cebrap e da Anpocs.

Em primeiro lugar, é revelador o fato de que, tanto em Minas Gerais, quanto no Rio de Janeiro e São Paulo, os investimentos da Fundação no Brasil, com resultados decisivos para as ciências sociais, optaram por ignorar, ou mesmo lutar contra a dupla hierarquia, social e política que controlava a reprodução dos grupos acadêmicos no Brasil. De fato, os intelectuais que foram mantidos produtivamente engajados no Brasil pela Fundação possuíam um capital escolar fruto de um extraordinário investimento feito ao longo dos anos. Entretanto, tal capital educacional havia sido constituído como parte subalterna quando confrontado, simbolicamente, ao dos juristas, por exemplo, que dominavam os espaços das posições sociais de prestígio, o das posições políticas e o das posições acadêmicas. Esta diferença no tipo de capital educacional e simbólico é chave para compreender a boa rentabilidade dos investimentos alcançados pela Fundação: intelectuais competentes, com estudos de pós-graduação nos Estados Unidos, expulsos por razões políticas de universidades tradicionais legítimas, sem lastro

---

65. Cf. o número especial de *Cahiers de la Recherche sur l'Éducation et les Savoirs*, Hors-série, n. 2, organizado por Afrânio Garcia e Marie-Claude Muñoz.

social, formados numa disciplina de pouco prestígio no mercado local, mas com grande capacidade de subverter as regras que não os beneficiavam.

Menos do que as dotações aprovadas, a estratégia de exportação de conhecimentos em ciência política da Fundação Ford situa-se na percepção de seus *program officers* em cada momento histórico, de qual deveria ser a prioridade dos investimentos (doações para universidades ou centros particulares, disciplina do direito ou ciência política, universidades tradicionais ou novos centros de pesquisa desembaraçados dos constrangimentos impostos por corporações profissionais ou herança da missão francesa). Para atingir seus objetivos, funcionários da Fundação Ford exploraram ao máximo a capacidade operacional existente, adaptando-a de forma a garantir uma certa continuidade com os esforços anteriores das elites tradicionais mineiras, que apoiaram a Faculdade de Ciências Econômicas e financiaram o programa de bolsas de estudos meritocráticas para estudantes de política social. O recurso utilizado foram as motivações da meritocracia para indivíduos escolarizados na dependência dessas mesmas elites.

Nesse sentido, a sociologia dos *program officers* tanto quanto a dos beneficiários é um requisito fundamental para se entender a transferência de questões, métodos, referências e modos de validação de resultados, assegurando a hegemonia americana em ciência política em escala mundial.

REFERÊNCIAS BIBLIOGRÁFICAS

Barros, Amon Narciso de. *Uma Narrativa sobre os Cursos de Administração da Faculdade de Ciências Econômicas/UFMG*. Belo Horizonte, Universidade Federal de Minas Gerais, 2013 (Dissertação de Mestrado).

Bell, Peter. "Entrevista com Lacerda, G. e Rangel, T". *História Oral do Ceped*. Rio de Janeiro, FGV, 2010.

Bernstein, Alison R. *Funding the Future: Philanthropy's Influence on American Higher Education*. New York, R & L Education, 2013.

Boncourt, Thibaud. "La Science Internationale comme Ressource". RFS, vol. 57, n. 3, pp. 529-561, 2016.

____. "The Transnational Circulation of Scientific Ideas: Importing Behavioralism in European Political Science (1950-1970)". *Journal of History of the Behavioral Sciences*, vol. 51, n. 2, pp. 195-215, 2015.

BOURDIEU, Pierre. "Les Conditions Sociales de la Circulation Internationale des Idées". *ARSS*, vol. 145, n. 1, pp. 3-8, 2002.

CANÊDO, Letícia Bicalho. "Herdeiros, Militantes, Cientistas Políticos: Socialização e Politização dos Grupos Dirigentes no Brasil". *In*: CANÊDO, Letícia Bicalho; TOMIZAKI, Kimi & GARCIA, Afrânio (org.). *Estratégias Educativas das Elites Nacionais no Mundo Globalizado*. São Paulo, Hucitec, 2013.

____. "Les Boursiers de la Fondation Ford et la Recomposition des Sciences Sociales Brésiliennes. Le Cas de la Science Politique". *Cahiers de la Recherche sur l'Éducation et les Savoirs*, Hors-série, n. 2, juin 2009.

CARVALHO, José Murilo de. *A Construção da Ordem: A Elite Política Imperial*. Rio de Janeiro, Campus, 1980.

CASTRO, Claudio de Moura. *A Mágica do Dr. Yvon*. Belo Horizonte, Benvinda, 2016.

CHAMBERS, Al. "A Conversation with Peter Bell". *Yale News*, 2004 (http://alumni-net.yale.edu/classes/yc1962/pbell0804.html).

DEZALAY, Yves. "Les Courtiers de l'International". *ARSS*, n. 151-152, pp. 4-35, 2004.

ENGELMANN, Fabiano. "O Espaço Jurídico Brasileiro e as Condições de Uso do Capital Internacional". *In*: CANÊDO, Letícia Bicalho; TOMIZAKI, Kimi & GARCIA, Afrânio (org.). *Estratégias Educativas das Elites Nacionais no Mundo Globalizado*. São Paulo, Hucitec, 2013.

FORJAZ, Maria Cecília Spina. "A Emergência da Ciência Política Acadêmica no Brasil: Aspectos Institucionais". *Revista Brasileira de Ciências Sociais*, n. 12, vol. 35, out. 1997.

FORMAN, Shepard L. *Entrevista com L. L. Oliveira e H. M. Aragão*. Rio de Janeiro, CPDOC/FGV, 2011.

GAITHER Jr., Horace Rowan. *Report of the Study for the Ford Foundation on Policy and Program*. Detroit, Ford Foundation, 1949.

GARCIA, Afrânio. "Les Disciplines de la 'Mission Française' et la Reception de l'Anthropologie Structural au Brésil". *Cahiers de la Recherche sur l'Éducation et les Savoirs*, Hors-série, n. 2, pp. 56-92, 2009.

GEMELLI, Giuliana. *Fernand Braudel*. Paris, Odile Jacob, 1995.

____. & MACLEOD, Roy. (ed.). *American Foundations in Europe*. Brussels, P. I. E. Peter Lang, 2003.

HAUPTMANN, Emily. "The Ford Foundation and the Rise of Behavioralism in Political Science". *Journal of History of the Behavioral Sciences*, vol. 48, n. 2, pp. 154-173, 2012.

HOLMES, Jacquelyn Marie. *From Modernization and Development to Neoliberal Democracy: A History of the Ford Foundation in Latin America 1959-2000*. Lewinston, Bates College, 2013 (Honors Theses, 75).

KEINERT, Fábio Cardoso. & SILVA, Dimitri Pinheiro. "A Gênese da Ciência Política Brasileira". *Tempo Social*, vol. 22, n. 1, pp. 79-98, 2010.

KENNEDY, John F. "Preliminary Formulations of the Alliance for Progress". *The Department of State Bulletin*, vol. 44, n. 1136, pp. 471-474, 1961.

LAMOUNIER, Bolívar. *Entrevista com H. M. Bomeny*. Rio de Janeiro, CPDOC/FGV, 2013.

LAZARSFELD, Paul. F. "An Episode in the History of Social Research: A Memoir". *In*: FLEMING, Donald. & BAILYN, Bernard. (ed.). *The Intellectual Migration: Europe and America, 1930-1960*. Cambridge, Harvard University Press, 1969, pp. 270-337.

LOPES, Juarez Rubens Brandão. "Trinta Anos da Fundação Ford no Brasil". *In*: MICELI, Sergio (org.). *A Fundação Ford no Brasil*. São Paulo, Sumaré/Fapesp, 1993, pp. 155-163.

LOUREIRO, M. R. & BASTOS, E. R. "Elisa Reis". *Conversas com Sociólogos Brasileiros*. São Paulo, FGV/EAESP, 2008, pp. 159-178.

MACHADO, Mario Brockmann. "A Fundação Ford, a Finep e as Ciências Sociais". *In*: MICELI, Sergio (org.). *A Fundação Ford no Brasil*. São Paulo, Sumaré/Fapesp, 1993, pp. 99-105.

MASSI, F. P. "Franceses e Norte-Americanos nas Ciências Sociais Brasileiras (1930--1960)". *In*: MICELI, Sergio (org.). *História das Ciências Sociais no Brasil*. São Paulo, Idesp/Vértice/Finep, 1989, pp. 410-460.

MAUCK, Elwin A. *Establishment of a Public Administration Training Program in the School of Economic Sciences, U.M.G, U.S. Operations Mission to Brazil, Under a Project Agreement Between the Institute of Inter-American Affairs and the University of Minas Gerais*. Belo Horizonte, Departamento de Imprensa Nacional, 1954.

MICELI, Sergio (org.). "A Aposta numa Comunidade Científica Emergente. A Fundação Ford e os Cientistas Sociais no Brasil". *A Fundação Ford no Brasil*. São Paulo, Sumaré/Fapesp, 1993.

_____. (org.). *História das Ciências Sociais no Brasil*. São Paulo, Idesp/Vértice/Finep, 1989.

MOTA, Carlos Guilherme. "Para uma Visão de Conjunto: A História do Brasil pós-1930 e Seus Juristas". *In*: MOTA, Carlos Guilherme & FERREIRA, Gabriela Nunes (org.). *Os Juristas na Formação do Estado-Nação Brasileiro*. São Paulo, Quartier Latin, 2006, pp. 23-146.

Ferreira, Marieta de Moraes; Castro, Celso & Oliveira, Lúcia Maria Lippi. "Entrevista com José Murilo de Carvalho". *Estudos Históricos*, vol. 12, n. 22, pp. 357-378, 1998.

Paiva, Angela Randolpho. "Entrevista com José Murilo de Carvalho". *Desigualdade & Diversidade*, vol. 7, pp. 227-252, 2010.

Parmar, Inderjeet. *Foundations of the American Century: The Ford, Carnegie and Rockefeller Foundations in the Rise of American Power*. New York, Columbia University Press, 2012.

Paula, João Antônio de. "O Ensino e a Pesquisa em Economia na Universidade Federal de Minas Gerais". *Análise*, vol. 17, n. 2, pp. 329-344, 2006.

Pollack, Michael. "Paul F. Lazarsfeld, Fondateur d'une Multinationale Scientifique". *ARSS*, vol. 25, n. 1, pp. 45-59, 1979.

Reis, Fábio Wanderley. "Minas e as Ciências Sociais: Evocações e Alguma Polêmica". *Teoria e Sociedade*, número especial "Imagens de Minas – Homenagem a Fernando Correia Dias", pp. 14-31, 2004.

Rose, Kenneth. "American Foundations in Modern Turkey: The Rockefeller and Ford Foundation". *In*: Gemelli, Giuliana. & MacLeod, Roy. (ed.). *American Foundations in Europe*. Brussels, p. i. e. Peter Lang, 2003, pp. 73-94.

Schwartzman, Simon. *Entrevista com H. M. Bomeny*. Rio de Janeiro, cpdoc/fgv, 2009.

____. *São Paulo e o Estado Nacional*. São Paulo, Difel, 1975.

Sorá, Gustavo & Blanco, Alejandro. "Unity and Fragmentation in the Social Sciences in Latin America". *In*: Heilbron, Johan; Sorá, Gustavo. & Boncourt, Thibaud. (ed.). *The Social and Human Sciences in Global Power Relations*. London, Palgrave MacMillan, 2018.

Sorj, Bernardo. *A Construção Intelectual do Brasil Contemporâneo*. Rio de Janeiro, Zahar, 2001.

Trubek, David M. "Law and Development: Then and Now". *Proceedings of the Annual Meeting (American Society of International Law)*, vol. 90, pp. 223-226, 1996.

Werneck, Felipe & Sturm, Heloisa Aruth. "Para os eua, Brasil era Campo de Batalha na Guerra Fria". *O Estado de S. Paulo*, 16 set. 2012.

APÊNDICES

1. Políticos Mineiros em Atividade – 1945-1964 (Seleção)

Data de Nascimento	Nome	Lugar de Nascimento	Origem Familiar	Ensino Secundário	Ensino Superior	Pós-Graduação e Formação Complementar	Partidos Políticos
1891	Bias Fortes	Barbacena	Pai: presidente de estado de Minas Gerais (1894-1898) Família de grandes proprietários de terras	Colégio Gonçalves – Barbacena (privado)	Escola Livre de Direito de Belo Horizonte – 1912 (Direito)	–	PSD
1892	Benedito Valadares	Pará de Minas	Família de políticos do Partido Conservador do Império e líderes do PRM mineiro	Dom Viçoso – Belo Horizonte (privado)	Escola Livre de Odontologia e Farmácia de Minas Gerais (Farmácia) Faculdade de Direito – Rio de Janeiro – 1920 (Direito)	–	PSD
1894	Carlos Luz	Três Corações	Família de juristas Laço familiar, por casamento, com Milton Campos	Colégio Americano – Lavras (privado)	Escola Livre de Direito de Belo Horizonte – 1915 (Direito)	–	PSD
1896	Israel Pinheiro	Caeté	Pai: presidente de estado de Minas Gerais (1906-1910) Família de industriais do setor de cerâmica e de republicanos históricos	Colégio Anchieta – Belo Horizonte (privado)	Escola de Minas de Ouro Preto – 1919 (Engenharia)	Especialização em siderurgia (Alemanha e Inglaterra)	PSD
1898	Ovídio de Abreu	Pará de Minas	Família de proprietários de terras	Instituto Lafayette – Rio de Janeiro	Universidade Federal de Minas Gerais – 1961 (Economia)	–	PSD
1900	Milton Campos	Ponte Nova	Sobrinho e sobrinho-neto de deputados federais Sobrinho do chefe de polícia do Governo Valadares	Colégio Arnaldo – Belo Horizonte (privado)	Escola Livre de Direito de Belo Horizonte – 1924 (Direito)	–	UDN
1900	Gustavo Capanema	Pitangui	Família de políticos do Império (Partido Liberal) Neto do Barão de Capanema	Colégio Arnaldo – Belo Horizonte (privado)	Escola Livre de Direito de Belo Horizonte – 1924 (Direito)	–	PSD
1901	Gabriel Passos	Itapecerica	Família tradicional de proprietários de terras (Resende e Passos) Laço familiar, por casamento, com JK e outros políticos	Colégio Arnaldo – Belo Horizonte (privado)	Escola Livre de Direito de Belo Horizonte – 1924 (Direito)	–	UDN
1901	José Maria Alkmin	Bocaiúva	Descendente de imigrantes de origem árabe Pai: proprietário de terras em decadência Casado com uma prima de JK	Seminário de Diamantina (privado)	Escola Livre de Direito de Belo Horizonte – 1929 (Direito)	–	PSD
1902	Juscelino Kubitschek	Diamantina	Tio-avô: senador por Minas Gerais e vice-presidente do estado durante o governo Bias Fortes (1894-1898)	Seminário de Diamantina (privado)	Faculdade de Medicina de Belo Horizonte – 1929 (Medicina)	Hospital Cochin Paris (estágio)	PSD
1910	Tancredo Neves	São João Del Rei	Tradição na política local Tio-avô: deputado da Assembleia Geral do Império pelo Partido Conservador	Santo Antônio – São João del Rei (privado)	Escola Livre de Direito de Belo Horizonte – 1932 (Direito)	–	PSD

2. Políticos Paulistas em Atividade – 1945-1964 (Seleção)

Data de Nascimento	Nome	Lugar de Nascimento	Origem Familiar	Ensino Secundário	Ensino Superior	Pós-Graduação e Formação Complementar	Partidos Políticos
1900	Horácio Lafer	São Paulo	Família de imigrantes judeus – grandes proprietários industriais (papel e celulose)	São Bento – São Paulo (privado)	Faculdade de Direito – São Paulo – 1920 (Direito)	Universidade de Berlim (Economia e Finanças; Filosofia)	PSD
1901	Ademar de Barros	Piracicaba	Família de grandes proprietários de terras	Ginásio Anglo-Brasileiro – São Paulo (privado)	Faculdade de Medicina do Rio de Janeiro – 1923 (Medicina)	Universidade Popular de Berlim (Medicina)	PSP
1908	Pedroso Horta	São Paulo	Sem dados	São Bento – São Paulo (privado)	Faculdade de Direito – São Paulo – 1929 (Direito)	–	PSP – PTN
1910	Hugo Borghi	Campinas	Família de imigrantes italianos, grandes comerciantes e representantes de produtos importados	Salesiano – Campinas (privado)	Instituto Bocconi – Milão (Economia)	Instituto Bocconi – Milão (Economia Política)	PTB – PTN
1910	João Batista Ramos	Queluz	Família de comerciantes Irmão: proprietário da Rádio Excelsior	Rio Branco – São Paulo (privado)	Faculdade de Direito – São Paulo – 1935 (Direito)	–	PTB
1910	Carvalho Pinto	São Paulo	Tio-avô: presidente da República (1902-1906) Avô: senador por São Paulo Pai: deputado estadual de São Paulo	Ginásio do Estado – São Paulo (público)	Faculdade de Direito – São Paulo – 1931 (Direito)	–	PTN
1911	Herbert Levy	São Paulo	Família de imigrantes de Malta Pai: vice-cônsul inglês em São Paulo	Escola Normal Caetano de Campos – São Paulo (público)	Faculdade de Direito – São Paulo – 1932 (Direito)	–	PD – UDN
1915	Auro de Moura Andrade	Barretos	Grandes proprietários de terras e indústrias	Escola Normal Caetano de Campos – São Paulo (público)	Faculdade de Direito – São Paulo – 1938 (Direito)	–	UDN – PDC – PSD – PTB – PTN
1916	Franco Montoro	São Paulo	Família de imigrantes italianos e espanhóis Pai: proprietário de uma gráfica	Escola Normal Caetano de Campos – São Paulo (público)	Faculdade de Direito – São Paulo – 1938 (Direito)	–	PDC
1916	Ulysses Guimarães	Rio Claro	Família de funcionários públicos Pai: coletor federal	Escola Normal – Rio Claro (público)	Faculdade de Direito – São Paulo – 1940 (Direito)	–	PSD
1917	Jânio Quadros	Campo Grande (MS)	Pai: médico e deputado estadual do Paraná	Colégio Arquidiocesano – São Paulo (privado)	Faculdade de Direito – São Paulo – 1939 (Direito)	–	PDC – PTN – UDN e outros

3. Políticos Mineiros – Cargos Ocupados

Nome	Iniciação na Política	Carreira no Legislativo				Carreira no Executivo				Ministro de Estado	Presidente
		Vereador	Deputado Estadual	Deputado Federal	Senador	Prefeito	Secretário de Estado	Governador			
Bias Fortes	Participou da Revolução de 1932 do lado governista. Vereador de Barbacena	1915-1914	1914-1925	1925 1935-1937 1945-1950			1926	1956-1961	1950	
Benedito Valadares	Participou da Revolução de 1932 do lado governista. Vereador de Pará de Minas	1922-1930	1933 (constituinte)	1946 (constituinte) 1946-1954	1955-1970			1933-1945 (Interventor)		
Carlos Luz	Funcionário da Secretaria do Interior – Jornalista interior	1923		1935-1937 1945-1960			1932 1934		1945 1947-1950	1955
Israel Pinheiro	Participação no Congresso das Municipalidades Mineiras (1923). Presidente do Conselho Consultivo de Minas Gerais (1930)	1922-1924		1946 (constituinte) 1946-1956		1960-1961 (DF)	1934-1945	1966-1971		
Ovídio de Abreu	Chefe de gabinete de Valadares			1946 (constituinte) 1947-1950 1950-1964					1948	
Milton Campos	Jornalista, diretor da sucursal d'O Jornal. Advogado geral do Estado		1934 (constituinte)	1945 (constituinte)	1959-1964 1966-1972			1947-1950	1964	
Gustavo Capanema		1927		1945 (constituinte) 1946-50 1950-1970	1970			1933 (Interventor)	1934-1945	
Gabriel Passos	Redator d'O Estado de Minas. Chefe de gabinete da Secretaria da Justiça		1934 (constituinte)	1946 (constituinte) 1954			1930 1935-1936		1961-1962	
José Maria Alkmin	Repórter do Minas Gerais. Escritório de advocacia com Milton Campos. Fiscal do Banco de Crédito do Estado		1934 (constituinte)1945 (constituinte)	1935 1955 1953-1964 1975			1936 1951-1955 1967-1970		1956	1964 (Vice)
Juscelino Kubitschek	Chefe de gabinete de Valadares (1934)			1934 (constituinte) 1935-1937 1945 (constituinte) 1946-1950		1940-1945		1950-1955	1961-1964	1955-1960
Tancredo Neves	Vereador de São João del Rey. Orador oficial de congresso em apoio a Valadares, em Belo Horizonte	1935	1947-1950	1950-1954 1963-1978	1978-1982		1958	1983-1984	1953	1964 (Primeiro-Ministro) 1985 (Presidente eleito)

4. Políticos Paulistas – Cargos Ocupados

Nome	Iniciação na Política	Carreira no Legislativo				Carreira no Executivo				Presidente
		Vereador	Deputado Estadual	Deputado Federal	Senador	Prefeito	Secretário de Estado	Governador	Ministro de Estado	
Ademar de Barros	Revolução de 1932		1935-1937					1932-1941 (Interventor) 1947-1951 1963-1965		
Pedroso Horta	Jornalista e proprietário de um escritório de advocacia (1932-1957), participou da Revolução de 1932		1967-1971				1958		1961	
Hugo Borghi	Revolução de 1932 Proprietário de rádios Movimento "queremista"		1946 (constituinte) 1947-1950	1958-1964			1948			
João Batista Ramos	Agência de publicidade Rádio		1947-50						1960	
Carvalho Pinto	Advogado da prefeitura da cidade de São Paulo Participação no movimento integralista				1967-1975		1953	1959-1963	1963	
Herbert Levy	Jornalista Revolução de 1932		1934 (constituinte)	1947-1987						
Auro de Moura Andrade	Revolução de 1932 Advocacia		1947 (constituinte) 1947-50	1950-1954	1955-1977 Sete vezes presidente do Senado					1962 (Primeiro-Ministro)
Franco Montoro	Movimento estudantil católico (fundador da JUC no Brasil) Funcionário da Secretaria de Serviço Social	1950-1952	1954 (presidente da Assembleia)	1959-1961 1962-1971 1955-1999	1971-1983			1983-1987	1961-1962	
Ulysses Guimarães	Movimento estudantil Diretor do Santos Futebol Clube e da Federação Paulista de Futebol		1946 (constituinte) 1947-1950	1950-1992 Presidente da Assembleia Constituinte de 1988						Presidente interino dezenove vezes
Jânio Quadros	Escola secundária Movimento estudantil	1958-1950	1950-1953			1954-1958				1960
Horácio Lafer	Sindicato patronal – indústria		1934 (constituinte)	1935-1937 1946 (constituinte) -1951 1954-1959 1961-1963					1951-1953 1950-1961	

5. Políticos Mineiros em Atividade no Período 1984-2001: Família e Escola

Dados Pessoais					Carreira Escolar		
Nome do parlamentar	Nascimento		Região de base eleitoral	Família	Ensino Secundário	Ensino Superior	Pós-Graduação e Formação Complementar
	Ano	Cidade					
Aécio Neves	1960	Belo Horizonte	São João del-Rei (Campo das Vertentes)	3ª geração de político: Bisavô, avô, tio-avô, pai, primo.	Colégio São Vicente – Rio de Janeiro	PUC-MG (Economia)	–
José Bonifácio	1930	Barbacena	Barbacena (Campo das Vertentes)	5ª geração de políticos: Tataravô, bisavô, tio-avô, pai, primos e filhos.	Colégio São Vicente - Petrópolis	UFMG e PUC-MG (Direito)	UFMG (Pós-Graduação)
Eduardo Azeredo	1948	Belo Horizonte	Sete Lagoas (Centro)	3ª geração de políticos: Pai deputado em várias legislaturas e chefe de gabinete de JK; avô senador.	Colégio Estadual Central – Belo Horizonte	PUC-MG (Engenharia)	–
Roberto Brant	1942	Belo Horizonte	Diamantina (Jequitinhonha)	Uma das famílias mais tradicionais de MG. Felisberto Caldeira Brant negociou a dívida com a Inglaterra no momento da Independência do Brasil	Colégio Arnaldo – Belo Horizonte	UFMG (Direito)	–
Pimenta da Veiga	1947	Belo Horizonte	Lavras Nepomuceno	5ª geração de políticos: Pai deputado federal, foi chefe de gabinete do Bias Fortes; casado com filha de W. Frade (colunista social).	Colégio estadual Central – (?)	UFRJ (Direito)	–
Itamar Franco	1931	Juiz de Fora	Juiz de Fora (Mata)	1ª geração de políticos; Esposa filha de proprietários de empresa de curtume	Instituto Grambery - Juiz de Fora	UFJF (Engenharia); FGV (Administração de empresas)	–
Hélio Garcia	1931	Santo Antônio do Amparo	Santo Antônio (Sul)	Família de grandes proprietários de terra. Avô: fundador do Banco de MG e signatário do Manifesto dos Mineiros	Colégio Santo Agostinho – Belo Horizonte	UFMG (Direito)	–
Luiz Dulci	1956	Santos Dumont	Belo Horizonte	Primo de Milton Campos, sobrinho de Luís Martins Soares; 1º Casamento na família Resende	Colégio dos Jesuítas - Juiz de Fora	UFRJ (Letras Português-Literatura)	–

6. Políticos Paulistas em Atividade no Período 1984-2001: Família e Escola

Dados Pessoais					Carreira Escolar		
Nome do parlamentar	Nascimento		Região de base eleitoral	Família	Ensino Secundário	Ensino Superior	Pós-Graduação e Formação Complementar
	Ano	Cidade					
Delfim Netto	1928	São Paulo	São Paulo	Imigrantes italianos; pequenos comerciantes	Escola Técnica de Comércio Carlos de Carvalho – São Paulo.	USP (Economia)	USP (Doutorado em Economia)
Eduardo Suplicy	1941	São Paulo	São Paulo	Imigrantes Italianos; grandes empresários da indústria.	Colégio São Luís – São Paulo	FGV-SP (Administração)	Michigan State University (Doutorado em Economia)
Luiz Inácio Lula da Silva	1945	Garanhuns – PE	São Paulo	Migrante nordestino	–	–	–
Fernando Henrique Cardoso	1931	Rio Janeiro	São Paulo	4ª geração de políticos: bisavô deputado do Partido Conservador do Império; tio-avô ministro de Getúlio; pai deputado; avô e primos políticos etc.	Colégio São Paulo – São Paulo	USP (Sociologia)	USP (Doutorado em Sociologia) Universidade de Paris (Pós-Doutorado)
José Serra	1942	São Paulo	São Paulo	Imigrantes italianos; pequenos comerciantes	Colégio Dom Bosco; Colégio São Judas – São Paulo	USP (Engenharia, 1960-1964)	Cornell University (Doutorado em Economia, 1974-1976)
Paulo Salim Maluf	1931	São Paulo	São Paulo	Imigrantes libaneses; grandes empresários	Colégio São Luís – São Paulo	USP (Engenharia, 1950-1954)	–
Mário Covas	1930	Santos – SP	São Paulo	Imigrantes espanhóis; empresários do comércio do café	Escola Técnica Bandeirantes – São Paulo	USP (Engenharia, 1951-1955)	–
José Dirceu	1946	Passa Quatro – MG	São Paulo			PUC-SP (Direito)	PUC-SP (Pós-Graduação em Economia)

7. Políticos Mineiros em Atividade no Período 1984-2001: Carreira Partidária e no Legislativo

Nome do parlamentar	Carreira Partidária			Carreira no Legislativo			
	Iniciação na política	Partidos	Cargos mais altos	Vereador	Deputado Estadual	Deputado Federal	Senador
Aécio Neves	Oficial de gabinete no MJ / Secretário de Tancredo Neves / Presidente da ala jovem do PMDB	PMDB, PSDB	Presidente da Câmara Federal			4 mandatos 1987-2003	
José Bonifácio	Presidente da UEE-MG / Presidente do departamento estudantil da UDN / Acompanhou o pai Zezinho Bonifácio nos gabinetes da Câmara Estadual e Federal	UDN, ARENA, PDS, PPR, PTB, PPB	Líder da ARENA-MG / Presidente da ARENA-MG	1954	1959-1978	7 legislaturas 1979-2000 +	
Eduardo Azeredo	Pai: secretário de Juscelino Kubitschek	PMDB, PSDB	Membro do diretório nacional PSDB				2002
Roberto Brant	Membro do Movimento Estudantil Católico	PP, PMDB, PTB, PL, PFL, PRN, PSDB	Líder do PL			4 mandatos 1987-2003 +	
Pimenta da Veiga	Pai: chefe de gabinete de Bias Fortes	PMDB, PSDB	Líder do PMDB na Câmara / Líder do PSDB na Câmara / Presidente nacional do PSDB			3 legislaturas 1979-1988 1999-2003 +	
Itamar Franco	Presidente de diretório acadêmico	MDB, PMDB, PL, PRN, PTB	Líder do PL no Senado	1954			1974-1989 +
Hélio Garcia	Secretária da Federação da Agricultura de MG	UDN, ARENA, PMDB, PRS, PTB	Líder do governo M. Pinto na Assembleia de MG / Presidente do PRS		1962	1967-1971 1979-1983	
Luiz Dulci	Militante do movimento sindical dos professores	PT	Vice-presidente nacional do PT / Secretário-geral do PT			1982-1986	

8. Políticos Paulistas em Atividade no Período 1984-2001: Carreira Partidária e no Legislativo

Nome do parlamentar	Carreira Partidária				Carreira no Legislativo			
	Iniciação na política	Partidos	Cargos mais altos		Vereador	Deputado estadual	Deputado Federal	Senador
Delfim Netto	Presidente de centro acadêmico	PDS, PPR, PPB	Presidente nacional do PDS				4 legislaturas 1987-2003 +	
Eduardo Suplicy	Presidente de centro acadêmico Jornalismo	mdb, pmdb, pt			1987	1978		2 legislaturas, 1991-2001
Luiz Inácio Lula da Silva	Dirigente sindical	PT	Presidente nacional do PT				1987-1991 +	
Fernando Henrique Cardoso	Acompanhou o pai deputado na campanha "O petróleo é nosso".	PMDB, PSDB	Presidente nacional do PMDB Líder do PMDB no Senado Líder do PSDB no Senado					2 legislaturas, 1983-1992
José Serra	Presidente da UNE	PMDB, PSDB	Líder do PSDB na Câmara				1987-1995 +	1996
Paulo Salim Maluf	Vice-presidente da Associação Comercial de São Paulo	ARENA, PDS, PPR, PPB	Presidente nacional do PPB				1983-1987	
Mário Covas	Militante do Partido Social Trabalhista, ligado a Jânio Quadros	PST, MDB, PMDB, PSDB	Líder do PST na Câmara Líder do MDB na Câmara Presidente de diretório do MDB				1963-1969 1983	1987-1994
José Dirceu	Militante do PCB Presidente de centro acadêmico Presidente da UEE Líder estudantil nacional em 1968	PT	Secretário-geral do PT Presidente nacional do PT – 1995			1986	1991-1995 1999-2002 2003-	

9. Políticos Mineiros em Atividade no Período 1984-2001: Carreira no Executivo e outras atividades

Nome do parlamentar	Carreira No Executivo					Outras Atividades Públicas			Experiência internacional
	Prefeito	Secretário de Estado	Governador	Ministro	Presidente da República	Altos cargos no funcionalismo (anterior ao cargo eletivo)	Associações	
Aécio Neves			2002-			Diretor da Loteria da Caixa Econômica Federal		Congresso Internacional da Juventude Congresso Internacional de Loterias
José Bonifácio		1991-1995 1965-1966 1975-1978					Presidente da Fundação Milton Campos	Dirigiu seminários na Sorbonne e em Bonn
Eduardo Azeredo	1990-1992		1995-1998			Presidente da Companhia de Processamento de Dados de MG Presidente da SERPRO Presidente do Governo Federal	Presidente da Associação Brasileira de Empresas de Processamento de Dados	Secretário de Relações Internacionais do PSDB Parentesco com a família Flexa de Lima (embaixadores)
Roberto Brant		1991-1995		2001 Previdência		Diretor da Caixa Econômica Federal Diretor do Crédito Real Presidente da Minas Caixa Presidente do BDMG	Presidente da Associação de Bancos dos Estados de MG e RJ	
Pimenta da Veiga	1989-1990			1999 Comunicações				
Itamar Franco	1967-1971 1973-1975		1999-2002		1992-1995		Presidente do Clube de Engenharia de Juiz de Fora	Embaixador em Portugal Embaixador da OEA
Hélio Garcia	1983	1964-1966	1984-1987 1991-1995			Presidente da Caixa Econômica Estadual	Secretário-geral da Federação da Agricultura	
Luiz Dulci		1993-1995 1997-1999		2002- Secretaria-Geral da Presidência			Criador e presidente da União dos Trabalhadores do Ensino Presidente da Fundação Perseu Abramo Participou da criação da CUT	

10. Políticos Paulistas em Atividade no Período 1984-2001: Carreira no Executivo e outras atividades

Nome do parlamentar	Carreira No Executivo					Outras Atividades Públicas		
	Prefeito	Secretário de Estado	Governador	Ministro	Presidente da República	Altos cargos no funcionalismo (anterior ao cargo eletivo)	Associações	Experiência internacional
Delfim Netto		1966		1979-1985 1967-1974		Consplan – Conselho Consultivo de Planejamento (1965) (Governo Federal)		Embaixador na França Implementador da Alca
Eduardo Suplicy								
Luiz Inácio Lula da Silva					2003			
Fernando Henrique Cardoso				1993-1994 1992-1993	1995			Inúmeras
José Serra		1983		1995-1996 1998-2001				Inúmeras
Paulo Salim Maluf	1969-1971 1993-1996		1979-1982			Presidente da Caixa Econômica Federal	Presidente de Associação Comercial	
Mário Covas	1983-1985	1983	1995-2001			Secretário municipal		
José Dirceu				2002-				Estudou em Cuba, durante seis anos, como exilado

11. Técnicos Políticos que Participaram dos Planos Cruzado e Real (Seleção)

Nome	Nascimento	Laços familiares	Escolas cursadas	Cargos públicos	Universidades onde trabalhou	Cargos no exterior	Partidos políticos
Edmar Bacha	Lambari, MG 1942	Avô materno: deputado federal e inspetor federal do ensino (1938-1945) Tio materno: deputado estadual e diretor do Banco Hipotecário e Agrícola do Estado de MG	UFMG (Ciências Econômicas, 1963) Yale (Mestrado, 1965; Doutorado, 1968) Grupo Escolar João Bráulio Jr., Lambari, MG Colégio Santo Antônio, Belo Horizonte, MG	Ipea (1979) Membro da comissão nacional para reformulação da educação superior brasileira (1985) Presidente do IBGE (1986) Presidente do BNDES (1995) Assessor do Ministério da Fazenda Equipe do Plano Cruzado Equipe do Plano Real	FGV-Rio (1970-1971) UnB (1973-1975) PUC-Rio (1981), onde organizou com Francisco Lopes o famoso curso de pós-graduação em Economia UFRJ (1993)	Consultor do Grupo dos 24 para assuntos monetários internacionais: Washington (1979-1992) Codiretor do Seminário Interamericano de Economia Consultor da Câmara do Comércio Americana Consultor do World Institute for Development Economics Research Conselheiro do BBA Creditanstalt	PSDB: membro do diretório nacional (1989-1992)
Francisco Lopes	Belo Horizonte 1942	Primo: Simão Lopes, diretor do DASP (1938-1945), com a importante missão de formular o orçamento federal. Foi também um dos criadores e primeiro presidente da FGV. Pai: Lucas Lopes, participou da construção da Cia. Vale do Rio Doce e da sessão mineira da Comissão de Mobilização Econômica do gov. Vargas. Foi duas vezes ministro da Viação (1954-1956); ministro da Fazenda (1958-1959); presidente do BNDES (1956-59) durante o Governo JK; coordenador do Programa de Estabilização Monetária deste mesmo Governo, presidente do Conselho Nacional de Desenvolvimento, Presidente das Centrais Elétricas de Minas Gerais S.A. – CEMIG. Irmão: Secretário Ind. Com. Laços com a família Kubitschek	UFRJ (Economia, 1967) Harvard (Mestrado, 1970) Harvard (Doutorado, 1972)	Ipea (1979) Secretário do Planejamento da Presidência da República (1986) Assessor do Ministério da Fazenda (1987) Diretor do BC (1995-98) Presidente do Banco Central (1999) Equipe do Plano Cruzado Equipe do Plano Real	UnB (1973-1974) FGV-RJ (1974-1977) PUC-RJ (1977-1987), onde organizou com Bacha o famoso curso de pós-graduação em Economia		
André Lara Resende	Rio de Janeiro 1951	Pai: escritor conhecido e diretor da Rede Globo de TV Avô: Israel Pinheiro (ver Quadro 1) Bisavô: João Pinheiro, empresário, republicano histórico e presidente do estado de Minas. Criou o primeiro serviço de estatística do Estado (decreto n. 33 de 29.3.1890). É conhecido pelas modificações na cobrança de impostos de exportação, além da reorganização da diretoria da Fazenda, e pela montagem da rede de escolas públicas primárias e técnico-profissionais Tios: Demerval Pimenta, presidente da Cia. Vale do Rio Doce (1946-1951)	PUC-Rio (Economia) MIT (Doutorado, 1979)	Negociador da dívida externa Assessor do Presidente da República (FHC, 1995) Presidente do BNDES Equipe do Plano Cruzado Equipe do Plano Real	PUC-Rio		
Pérsio Farah Arida	São Paulo 1952	Família de imigrantes libaneses, romenos e italianos Pai: negociante na rua 25 de março, em São Paulo Tio: advogado criminalista	USP (Economia) MIT (Doutorado, 1979) Colégio de Aplicação da USP	Secretário da Coordenação Social da Presidência da República 1985-1989 Diretor do Banco Central (1990) Presidente do BNDES (1992-1994) Presidente do BC (1995-1996) Equipe do Plano Cruzado Equipe do Plano Real	USP PUC-Rio (1980-1984)	Fez parte do conselhos consultivos da Blavatnik School of Government (Universidade de Oxford) e do Development Committee da MTT Corporation. Pesquisador do Institute for Advanced Studies, em Princeton, New Jersey; do Centre for Brazilian Studies (Universidade de Oxford) e da Smithsonian Institution, em Washington, D.C.	Militante da VAR-Palmares (1970); PSDB

12. Idade do Primeiro Cargo Eletivo. Políticos em Atividade 1984-2001

Nome do Parlamentar	Idade	Cargo	Nível
		Minas Gerais	
Aécio Neves	27	Deputado federal	Nacional
José Bonifácio	24	Vereador – Barbacena	Local
Eduardo Azeredo	40	Vice-prefeito – Belo Horizonte	Local
Roberto Brant	45	Deputado federal	Nacional
Pimenta da Veiga	31	Deputado estadual	Estadual
Itamar Franco	23	Vereador – Juiz de Fora	Local
Hélio Garcia	31	Deputado estadual	Estadual
Luiz Dulci	26	Deputado federal	Nacional
		São Paulo	
Delfim Netto	59	Deputado federal	Nacional
Eduardo Suplicy	46	Vereador – São Paulo	Local
Luiz Inácio Lula da Silva	42	Deputado federal	Nacional
Fernando Henrique Cardoso	52	Senador	Nacional
José Serra	45	Deputado federal	Nacional
Paulo Salim Maluf	52	Deputado federal	Nacional
Mário Covas	33	Deputado estadual	Estadual
José Dirceu	40	Deputado estadual	Estadual

Agradecimentos

Tenho muito a agradecer à Joana Canêdo e ao Afrânio Garcia pela leitura rigorosa e suporte inestimável no preparo do livro. Devo-lhes muito mais do que seria possível enunciar.

A Jean-Pierre Faguer, Michel Offerlé, Yves Dezalay e Monique de Saint-Martin reitero meu reconhecimento pela disponibilidade, amizade e socorro prestado nas várias etapas da pesquisa e redação dos textos presentes no livro.

A Agueda Bernardete Bittencourt, José Carlos Durand e Graziela Perosa, colegas e amigos, minha gratidão pela torcida e conversas que me incentivaram.

Quero registrar o auxílio concedido pelo CNPq na feitura inicial da pesquisa sobre a produção genealógica e transmissão de um capital político (1998-2003) e expressar minha dívida à Fapesp pelo amparo financeiro que me proporcionou por meio de bolsas de pesquisa durante minha formação, completadas no auxílio ao projeto temático "Circulação Internacional, Formação e Recomposição dos Grupos Dirigentes no Brasil".

Aos meus netos, Thomas e Eliza, agradeço pela felicidade que vertem à minha vida.

Índice Onomástico

A

ABÉLÈS, Marc 107n, 135n
ABRAMO, Lélia 61, 189, 190n
ABREU, Alzira Alves 138n, 156n, 159n, 173n, 194n
ABREU, Ovídio de 103, 139n, 149, 197, 254, 256
ABRUCIO, Fernando Luiz 170n
ALBUQUERQUE, Manoel Maurício de 33
ALEIXO, Pedro 150
ALKMIN, José Maria 139, 146, 254, 256
ALMEIDA, Ana Maria F. 64n, 198n
ALMEIDA, Cândido Mendes de 243
ALVES, Franscisco de Paula Rodrigues 54, 144
ALVES, Moreira 138n
AMADO, Janaína 107n
AMORINA, Henos 190n
ANANIAS, Patrus 216, 217, 219, 220
ANDERSON, Benedict 126n
ANDRADA, Antônio Carlos Ribeiro de 17n, 94
ANDRADA, Bonifácio José Tamm de 17
ANDRADA, José Bonifácio Lafayette de (Zezinho) 17, 103, 104n, 147, 148, 183, 197, 258, 260, 262, 265
ANDRADA E SILVA, José Bonifácio de 17, 148n
ANDRADE, Auro de Moura 151, 156, 162, 255, 257
ANDRADE, Carlos Drummond de 150, 220
ARANTES, Altino 57
ARAÚJO, Carlos Paixão 218
D'ARAÚJO, Maria Celina 79n, 138n, 149n, 158n
ARIDA, Pérsio Farah 187, 264
ARINOS, Afonso 220, 245
ARRAES, Miguel 34, 53, 54, 69n
ARRUDA, Maria Arminda do Nascimento 53n, 86n, 113n, 163, 164n, 165n, 184, 185n, 204n, 206n, 208n
AUGÉ, Marc 129
AVELAR, João Antônio de 17
AVELAR, Lucia 231
AZEREDO, Eduardo 17, 112n, 258, 260, 262, 265
AZEREDO, Renato 17

B

BACHA, Edmar 175, 176, 186, 187, 200, 264
BAILYN, Bernard 234n
BARBOSA, Assis 84n
BARBOSA, Rui 145
BARROS, Ademar de 139, 147, 157, 158, 255, 257
BARROS, Amon Narciso de 238n
BASTOS, Aureliano Tavares 86

BASTOS, Uacury Ribeiro de Assis 35
BEETHOVEN, Ludwig van 29
BEHRENS, Odilon 149
BELL, Peter 231-237, 240-242, 244-247, 249
BELOCH, Israel 138N, 156N, 159N, 173N, 194N
BENEVIDES, Wagner 190N
BENJAMIN, Walter 129
BERGSON, Henri 26, 29
BERNARDES, Artur 23
BERNSTEIN, Alison R. 234N
BITTAR, Jacó 190N
BITTENCOURT, Agueda Bernadete 64N, 71, 267
BITTENCOURT, Dirce 70N
BLASENHEIM, Peter Louis 86N, 95N
BLOCH, Marc 32, 35
BONCOURT, Thibaud 227N, 229N, 230N, 237N
BONILLA, Frank 241
BORGES, Lô 202, 203
BORGES, Marcio 202
BORGHI, Hugo 137N, 138N, 139, 156, 157, 159, 255, 257
BOSCHI, Renato 231
BOURDIEU, Pierre 13, 16, 22N, 25N, 38, 39, 42N, 47, 50, 67, 69N, 71N, 117N, 118N, 176, 200N, 201, 230N
BOUVIN, François 7
BRANT, Felisberto Caldeira 258
BRANT, Fernando 202, 203
BRANT, Moacir Pimenta 177
BRANT, Roberto 177, 258, 260, 262, 265
BRAUDEL, Fernand 27
BRAZ, João 121
BRIOSCHI, Lucila 48, 90
BRIQUET, Jean-Louis 20N, 52, 107N, 141N
BRITO, Maria do Carmo 213, 215, 216
BRIZOLA, Leonel 216
BRUM, Silveira 43
BURGUIÈRE, André 49

C

CABRAL, Carlos Castilho 158N
CABRAL, Pedro Álvares 121, 128
CAMARGO, Aspásia 79N, 138N, 149N, 158N
CAMPOS, Déia 103, 147, 197
CAMPOS, Francisco 153N, 197N
CAMPOS, Milton 103, 104N, 139N, 147, 150, 161, 197, 203, 254, 256, 258, 262
CAMPOS, Paulo 196
CANÊDO, Afonso 116-118, 124
CANÊDO, Agenor 94, 101
CANÊDO, Alice 101
CANÊDO, Antônio Augusto da Silva 47, 87-88, 109, 119-120, 122, 123N, 124-125, 129, 145-146, 178N
CANÊDO, Christiano 120-121, 124N, 125N, 128, 146N
CANÊDO, Consolação Freitas 125N
CANÊDO, Joana 7, 169N, 267
CANÊDO, José 111
CANÊDO, Manoel da Silva 82, 86
CANÊDO, Oneyda 47
CANÊDO, PIO SOARES 47, 57, 103-104, 110-112, 120, 145, 153, 155, 178N, 197N
CANÊDO, Ronaldo 145
CANÊDO, Yayá 47, 99
CANETTI, Elias 17
CAPANEMA, Gustavo 26-27, 103, 139N, 144, 146, 148, 150, 153, 197N, 254, 256
CARDOSO, Augusto Inácio do Espírito Santo 179
CARDOSO, Fernando Henrique 137, 169, 176, 179, 236, 244, 245, 259, 261, 263, 265
CARVALHO, Apolônio de 61, 190N
CARVALHO, José Murilo de 41N, 51N, 94N, 109N, 228N, 239, 241, 243N
CARVALHO, Luiz Maklouf 217N
CARVALHO, Marcelo Sávio Revoredo Menezes de 211N
CASASANTA, Mário 150
CASTELLO BRANCO, Humberto 44, 137N
CASTRO, Cândido Monteiro de 57
CASTRO, Célio de 220
CASTRO, Celso 239N
CASTRO, Cláudio de Moura 229N, 238N
CASTRO, Maria Helena Guimarães de 200N
CASTRO NETO, Antônio José Monteiro de 120
CHAMBERS, Al 235N

CHARLE, Christophe 58, 60
CICOTE, José 190N
CINTRA, Antônio Octávio 207, 236-237, 239
COLLOVALD, Annie 208N
CONCEIÇÃO, Manoel da 61, 190N
CORBIN, Alain 109N, 130N
COSTA, Artur de Souza 159N
COSTA, Emília Viotti da 86N
COSTA, Fernando 151
COSTA NETO, Benedito 159
COVAS, Bruno 69N
COVAS, Mário 69N, 259, 261, 263, 265
COVAS, Tomás 69N
CUNHA, Aécio 17N
CUNHA, Mário Wagner Viera da 41N
CUNHA, Paulo Carneiro da 88N
CUNHA, Tristão Ferreira da 17N, 220

D

DAMATTA, Roberto 46
DELFIM NETTO, Antônio 169, 180, 259, 261, 263, 265
DELGADO, Lucília de Almeida Neves 79N, 112N, 138N, 145N
DELLA CAVA, Ralph 195N, 211N
DELOYE, Yves 20N, 195N
DEWEY, John 40N
DEZALAY, Yves 16N, 66N, 171N, 193N, 230N, 267
DINIZ, Hidemburgo Pereira 153, 154N
DIRCEU, José 259, 261, 263, 265
DOGAN, Mattei 151, 182
DORIA, João 69N
DORNELES, Ernesto 95, 103, 147, 154, 197
DULCI, Luiz 217, 220, 221, 258, 260, 262, 265
DULCI, Otávio Soares 53N, 111N
DUMAS, Alexandre 25
DURAND, José Carlos 193N, 267
DUTRA, Eugênio Klein 21, 24, 26, 78
DUTRA, Olívio 190N, 219

E

ELIAS, Norbert 123N
ENGELMANN, Fabiano 232N
ERNESTINA 48, 99

F

FAGUER, Jean-Pierre 47, 48N, 59, 61, 133N, 267
FALCON, Francisco 36
FAORO, Raymundo 33, 41N
FARIA, Vilmar 212, 243N, 245
FERREIRA, Bibi 27
FERREIRA, Daniela Maria 195N
FERREIRA, Gabriela Nunes 232N
FERREIRA, Marieta de Moraes 239N
FLAKSMAN, Dora Rocha 79N, 138N, 149N, 158N
FLEMING, Donald 234N
FONSECA, Cláudia 100N
FONSECA, Deodoro da 23N
FONSECA, Hermes da 23, 179
FORJAZ, Maria Cecília Spina 204N, 228N
FORMAN, Shepard 231, 234, 245-247
FORTES, José Francisco Bias 43, 103, 144, 145, 147, 197, 254, 256, 258, 260
FRAGA, Pedro Ricardo Portugal 209N
FRANCO, Itamar 52N, 258, 260, 262, 265
FRANÇA, Eduardo de Oliveira 34
FREIRE, Madalena 45
FREIRE, Paulo 45
FREITAS, Antônio de Pádua Chagas 27
FREITAS, Mauro 48

G

GADOTTI, Moacir 61, 190N
GAITHER JR., Horace Rowan 227N, 235
GAÏTTI, Brigitte 208N
GALDINO, Dr. 98
GAMA, Camilo Nogueira da 57
GARCIA, Afrânio 7, 60, 62-65, 169N, 188N, 190N, 193N, 229N, 230N, 232N, 234N, 248N, 267
GARCIA, Hélio 258, 260, 262, 265
GARTH, Bryant 14, 16N, 66N, 171N
GAXIE, Daniel 58-59, 118N, 136N, 142N, 173
GEDDES, Barbara 175N
GEMELLI, Giuliana 229N, 234N
GINZBURG, Carlo 37
GOLDMAN, Alberto 54

Gomes, Eduardo 159
Gontijo, Ricardo 210n
Goulart, João 44, 137, 210, 233n
Gouvea, Gilda Portugal 175n
Grill, Igor Gastal 20n, 193n, 219n
Guedes, Beto 203
Guilhot, Nicolas 208, 212n
Guimarães, Carlos Eloy Carvalho 197n
Guimarães, João Alphonsus 150
Guimarães, Ulysses 139, 160-161, 188, 255, 257
Guimarães, Virgílio 197n

H

Hagopian, Frances 78-79, 104n, 112n, 141n, 165, 179, 184, 199n
Halbwachs, Maurice 117n
Harnecker, Marta 33
Harris, Marvin 237
Hauptmann, Emily 229n
Heilbron, Johan 227n, 237n
Hélia, Dona 23
Heliodora, Barbara 27
Henfil 203
Henry, Louis 48
Hippolito, Lucia 79n, 138n, 149n, 152n, 158n
Hirschman, Albert 237
Holanda, Sérgio Buarque de 61, 85n, 87n, 134n, 189, 190n
Holleben, Ehrenfried von 215
Holmes, Jacquelyn Marie 229n, 234n
Horta, Cid Rebelo 26, 77, 79, 98n, 108n, 112n, 141n, 153n, 164n, 176n, 177, 184n
Horta, Oscar Pedroso 151, 161, 255, 257

I

Iglésias, Francisco 93
Ihl, Olivier 107n, 127

J

Julião, Francisco 34, 54, 218n

K

Keinert, Fábio Cardoso 228n, 243n

Kennedy, John F. 233
Khair, Édson 190n
Kissinger, Henry 233
Kubitschek, Dasdores 146
Kubitschek, João Nepomuceno 25n
Kubitschek, Juscelino 17, 25, 57, 104n, 139, 146, 147, 149, 184, 186, 197, 200n, 203, 254, 256, 260, 264
Kubitschek, Sarah 25
Kuznesof, Elizabeth 84n, 85n, 89n

L

Lacerda, Marcio 215n, 216, 218n
Lacerda, Maurício de 145
Lafer, Horácio 139, 156, 162, 255, 257
Lagroye, Jacques 67n, 195n, 196n
Lamounier, Bolívar 15, 165, 185, 206, 236n, 238n, 242-245
Lapassade, Georges 41
Lazarsfeld, Paul F. 234, 237, 239
Leão, Balbina Honória Severina Augusta Carneiro 80-91, 97-100, 103
Leão, Brás Carneiro 84
Leão, Honório Hermeto Carneiro ver Paraná, Marquês de
Lefebvre, Remi 196n
Le Goff, Jacques 31
Leite, Isabel Cristina 194n, 214n, 215n
Lenclud, Gérard 107n
Lévi-Strauss, Claude 63
Levy, Herbert 156, 161, 255, 257
Lewin, Linda 51n
Lima, Alceu Amoroso 40, 160
Lima, Francisco Negrão de 150
Lima, Luiz Costa 32
Lima Sobrinho, Barbosa 145
Limongi, Fernando de Magalhães Papaterra 185n
Linhares, Maria Yedda 32, 33, 84n
Linz, Juan 35
Lobo, Cristiana 52n, 113n
Lopes, Francisco 175, 176, 186, 187, 200n, 264
Lopes, Juarez Rubens Brandão 247n
Lopes, Lucas 164, 185, 204, 264

Lourau, René 41
Loureiro, Maria Rita 164n, 170n, 180n, 185n, 187n
Love, Joseph 53n, 141n
Luz, Carlos 57, 103, 104n, 139n, 147, 197, 254, 256

M

Machado, Cristiano 57
Machado, Irineu 145
Machado, Mario Brockmann 246
Machado, Renato 27
Maciel, Olegário 103, 144, 146, 256
MacLeod, Roy 229n, 234n
Magalhães, Gilberto Canêdo de 123
Magalhães, Thomaz de 123n
Magnani, Sergio 29
Maia, Francisco Prestes 144, 158
Maia, José Agripino 27
Malan, Pedro 170
Maldonado, Odete de 23n
Maluf, Paulo Salim 180, 259, 261, 263, 265
Mannheim, Karl 194n
Martin, Denis-Constant 109n
Martins, Roberto 86n
Martins Filho, Amilcar Vianna 53n, 92, 94n, 141n, 199n
Marx, Karl 183, 208
Massena, Nestor 80n, 84n
Mattos, Carlos de Meira 32
Mauck, Elwyn A. 238
Mello e Souza, Antonio Candido de 53n, 61, 111n, 189
Melo, Carlos Vaz de 23n
Melo, Clélia Vaz de 23n
Melo, Tereza Bandeira de 42
Mendes, Otávio 147
Messias, José 57
Miceli, Sergio 58, 164n, 185n, 204n, 229n, 236, 246n, 247n,
Mills, Charles Wright 36
Miranda, Maria Rosaria Eudoxia Canêdo 125n
Monte Alto, Barão do 115

Monteiro, Norma de Góes 53n, 112n, 138n, 173n, 194n
Montero, Paula 211n
Montoro, Franco 139, 160-161, 182, 188, 255, 257
Mota, Carlos Guilherme 232n
Müller, Filinto 147
Muñoz, Marie-Claude 248n

N

Nahas, Maria José Carvalho 214n, 215n
Nava, Pedro 18, 84n, 100n, 112n, 149, 150
Neves, Aécio 17, 178n, 216, 220, 258, 260, 262, 265
Neves, Diogo Gualhardo 84n
Neves, Tancredo 17, 43-44, 103, 104n, 112n, 139, 144, 147, 154, 178n, 197, 220, 254, 256, 260
Niemeyer, Oscar 27, 203
Nogueira, Maria Alice 198n
Noiriel, Gérard 20n, 21n, 67n
Novaes, Isabel 98, 99, 102
Novaes, Maria Isabel 91
Nunes, Benedito 111n

O

Offerlé, Michel 19, 20n, 21n, 55n, 58n, 67n, 78, 126n, 127, 140n, 151n, 182n, 193n, 195n, 196n, 198n, 267
Oliveira, Armando de Salles 147
Oliveira, Guilhermino de 27
Oliveira, Balbina Augusta de 91
Oliveira, Joaquim Bento de 91
Oliveira, Lúcia Maria Lippi 239n

P

Packeman, Robert 241
Paicheler, Geneviève 173n
Paiva, Angela Randolpho 241n
Palmeira, Moacir 20n
Palmeira, Rui 27
Paraná, Marquês de (Honório Hermeto Carneiro Leão) 81, 85, 87, 88, 91, 98, 102, 110, 115

Parmar, Inderjeet 229n, 234n
Parodi, Jean-Luc 143n
Passeron, Jean-Claude 42n, 47n
Passos, Gabriel 103, 104n, 139n, 144, 147, 150, 161, 197, 254, 256
Passos, Theresinha Ilva Canêdo 125
Patriat, Claude 143n
Paula, João Antônio de 237n, 238n
Pearson, Donald 229n
Pedrosa, Mário 61, 189, 190n
Peixoto, Ernani do Amaral 148-149, 158n
Peixoto, Floriano 179
Pena, Afonso 23-24, 94, 99, 102, 150
Pena, Eunice 100n
Pena, João Fernandes de Oliveira 102
Pena, Maria Guilhermina de Oliveira 23n, 102
Pena Júnior, Afonso 101n
Pequeno, Augusto Alves 115
Pequeno, Pio Alves 47
Pequeno, Waldemar Alves 46, 78-82, 90, 98, 100, 101n
Peregalli, Enrique 85n
Pereira, Chico 94-95
Pereira, Lafayette Rodrigues 17n
Pereira, Merval 27
Perosa, Graziela 267
Pessoa, Fernando 46
Pessoa, Reinaldo Xavier 34-35
Philippe, Garraud 143n
Pimentel, Fernando 215-217, 219, 220
Pinheiro, Israel 25, 26, 104, 139n, 144, 145, 148, 149n, 154n, 179, 184, 186, 200n, 254, 256, 264
Pinheiro, João 25n, 110n, 143, 179, 184, 186, 197, 200n, 264
Pinheiro, Ruth 148n
Pinheiro Neto, João 150
Pinksy, Carla 55n, 70n
Pinksy, Jaime 55n
Pinto, Carlos Alberto Alves de Carvalho 54, 139n, 140, 144, 148, 150, 162, 255, 257
Pinto, Ivon Leite de Magalhães 164, 186, 237, 238
Pinto, José de Magalhães 43, 164, 185, 196, 204
Poetto, Ivo 209n
Pollack, Michael 234n
Pombal, Marquês de 36
Pompéu, Joaquina do 153n
Pourcher, Yves 90n, 107, 108n

Q

Quadros, Jânio 44, 137, 140, 144, 151, 156-160, 206, 233n, 255, 257, 261
Queirós Filho, Antônio de 144, 150
Quércia, Orestes 53, 54

R

Ramos, João Batista 139n, 255, 257
Ramos, José Nabantino 160
Reis, Daniel Aarão 27
Reis, Eliana Tavares 194n, 218n, 219n
Reis, Fábio Wanderley 237n, 239, 243n
Reis, Fernando 165, 186
Renault, Abgar 150
Resende, André Lara 25, 175, 176, 179, 186, 187, 200, 264
Resende, Maria Efigênia Lage de 92n
Resende, Otto Lara 38, 53n
Ribas, Dulce Pena 99n
Rocha, Glauber 214-215
Rocha, Mateus 203, 209
Rodrigues, Fernando 218n
Rodrigues, Leôncio Martins 35, 37, 170n, 180
Rosa, João Guimarães 51
Rose, Kenneth 234n
Rossi, Clóvis 137n
Rostow, Walter 206
Rousseff, Dilma 203, 213, 216-219

S

Saint-Martin, Monique 42n, 50, 58
Sales, Manoel Ferraz de Campos 93
Sales, Pedro 149
Salgado, Clovis 57
Santillo, Henrique 190n
Santos, Hélio Teófilo dos 120
Santos, Lourin Martinho dos 190n

Santos Júnior, Teotônio dos 208
Sardenberg, Carlos Alberto 187n
Sawicki, Frédéric 140n
Schmitter, Philippe 35
Schwartzman, Simon 41n, 53n, 85, 137n, 146n, 150n, 207, 208, 212n, 228n, 239, 240, 243n, 245
Scott, Walter 25
Seidl, Ernesto 193n
Seignobos, Charles 30, 35
Serra, José 169, 188, 213, 259, 261, 263, 265
Silva, Arnóbio Vieira da 190n
Silva, Dimitri Pinheiro 228n, 243n
Silva, José Luiz Werneck da 29, 34
Silva, Luiz Inácio Lula da 60, 189-190, 214, 216, 219-221, 259, 261, 263, 265
Silva, Maria da 42
Silva, Vera Alice Cardoso 79n, 112n, 138n, 145n
Simmel, Georg 21, 34, 37, 68
Simiand, François 30
Simonsen, Roberto 164, 185
Singer, Paul 61, 189
Siqueira, Moema Miranda 141n
Skromov, Paulo 190n
Soares, Benjamim 36
Soares, Martim 220
Sodré, Roberto Costa de Abreu 27
Sorá, Gustavo 227n, 237n, 239n
Sorj, Bernardo 244n
Souza, Herbert José de (Betinho) 203, 206, 209-210, 213, 215
Stone, Lawrence 58
Strater Ponthos, Conde de 87
Sturm, Heloisa Aruth 231n, 242n, 244n
Suplicy, Eduardo Matarazzo 169, 187, 259, 261, 263, 265

T

Tarso, Paulo de 210
Teixeira, Aleluia Heringer Lisboa 203n
Teixeira, Anísio 40
Theodoro, Chico 94
Toledo, Roberto Pompeu de 179n, 188n
Tolstói, Leon 25

Tomizaki, Kimi 193n, 232n
Tragtenberg, Maurício 39, 41-42
Trubek, David 232
Truman, Harry S. 238

U

Uricoechea, Fernando 41n

V

Valadares, Antônio Carlos de 102
Valadares, Benedito 23, 25, 26, 57, 103, 144, 149, 152, 153, 164n, 175, 184, 186, 197, 200n, 254, 256
Valadares, Odete 23, 103, 197
Vargas, Getúlio 44, 95, 103, 136-137, 140n, 147, 152-154, 159, 164n, 165, 179, 185, 187, 197, 200n, 203n, 206, 259, 264
Vaz, Alisson Mascarenhas 79n, 103n, 104n, 138n, 143n, 145n, 148n, 153n, 154n, 179n, 197n
Veiga, Pimenta da 258, 260, 262, 265
Veloso, Caetano 45
Verjus, Anne 214n
Viana, Hélio 33
Viana, Oliveira 134n, 165, 185
Vianna, Eremildo Luiz 30
Vianna, Martha 203n, 213n, 215n
Von der Weid, Jean Marc 27

W

Wagley, Charles 237, 247
Wagner, Anne-Catherine 221
Weber, Florence 70n
Weber, Max 33, 41, 162n
Weffort, Francisco 137n
Werneck, Felipe 242n, 244n
Winter, Guilherme 158
Wirth, John D. 52n, 92, 112, 141n

X

Xausa, Leônidas 236-237

Título	Transmissão Familiar do Poder Político
Autor	Letícia Bicalho Canêdo
Editor	Plinio Martins Filho
Produção Editorial	Carlos Gustavo Araújo do Carmo
Capa	Gustavo Piqueira (Casa Rex)
Revisão e Índice	Carolina Bednarek Sobral
Editoração Eletrônica	Carlos Gustavo Araújo do Carmo
Formato	16 x 23 cm
Tipologia	Minion Pro
Papel	Cartão Supremo 250g/m² (capa)
	Chambril Avena 80g/m² (miolo)
Número de Páginas	280
Impressão e Acabamento	Lis Gráfica